云南省农村最低生活保障发展研究

宁亚芳 / 著

R esearch on the
Development of Rural Minimum
Living Security System in
Yunnan Province

社会科学文献出版社
SOCIAL SCIENCES ACADEMIC PRESS(CHINA)

民族地区社会保障研究的积极探索

（代序）

宁亚芳博士的专著《云南省农村最低生活保障发展研究》，是在其博士学位论文基础上加工完善而成的。出版之前，亚芳同志希望我为该书正式出版写一个序。作为作者的博士学位论文指导老师，我粗略谈如下几点意见。

通过本书我们可以看到民族地区社会救助制度甚至社会保障制度发展的一个缩影。云南省是一个集边疆、民族、贫困、山区为一体的省份，国家扶贫重点县和贫困人数都居全国前列，云南同样也是我国精准扶贫的主战场。从 2010 年国家出台《关于做好农村最低生活保障制度和扶贫开发政策有效衔接扩大试点工作的意见》，到全国全面实施精准扶贫，农村最低生活保障制度的减贫作用一直被放在突出位置。总体而言，云南省农村贫困问题十分严重的现状决定了农村最低生活保障制度良性运行的重要性。研究该制度及其减贫效果成为提升云南省脱贫攻坚效果的重要突破口。同时也对提升其他西部民族省份的农村最低生活保障制度减贫成效和评估全国范围内精准扶贫成效具有借鉴意义。

本书问世是宁亚芳博士在民族地区持续开展社会保障问题实地调研的重要阶段性成果。亚芳博士从硕士阶段开始研究社会保障问题，2012 年攻读博士学位以来对中国西部民族地区的社会救助制度更加关注，并且开展了文献学习和实地调查研究相结合的求学治学之路。在基于对民族八省区农村地区反贫困和精准扶贫实践的田野调查、跟踪观察和问卷数据分析基础上，作者选择云南省为研究范围，重点关注了该省农村最低生活保障制度的发展和减贫成效。云南省农村最低生活保障制度在发展过程中具有全国一般性，也面临一些特殊的制度环境。作者分析了农村最低生活保障制度在云南省农村反贫困中的特殊重要性，对该制度的减贫效果进行检验，并挖掘出云南农村最低生活保障制度下一步发展面临的一些主要问题。一段时期以来，学术界和基层干群对于民族地区的社会保障制度建设如何考虑民族因素存在争论，因此该书从分析云南省农村最低生活保障制度发展的特殊性、农村最低生活保障制度与民族政策的关系出发，结合新时代精准扶贫与乡村振兴战略的要求，探索性地总结出了新时代云南省农村最低生活保障制度发展的总体思路，并提出了相应的对策建议。

作者对云南省社会救助制度的调查研究体现出一些新意，有一定的学术创新。改革开放以来，社会保障制度的研究方兴未艾，相关成果层出不穷，很多成果都为中国社会保障制度的创新发展提供了理论借鉴和重要参考。宁亚芳博士的著作将我国农村贫困问题最严重的云南省作为研究对象，不仅在民族地区具有较强的代表性，而且聚焦民族地区社会救助制度这个最值得关注的问题开展调查研究，把民族因素、区域因素结合起来分析，将社会政策、民族政策放在一起研究，很有新意。同时，作者集中分析民族地区的贫困问题及社会保障在治理贫困中的基础地位和重要作用。本书以反贫困目标作为分析背景，以阿玛蒂亚·森的能力贫困理论为理论支撑，从提升地区、群体、家庭（个体）发展能力为切入点，探索了最低生活保障制度与民族政策的衔接关系，探索性地回应了我国社会保障制度的发展如何考虑民族因素这一问题。

作者在深入调查和分析比较基础上提出了值得关注的一些重要结论。一是云南省农村最低生活保障制度在建制步伐上并未落后于全国其他省份，而且资金投入方面加强了对边境地区、民族地区的倾斜性财政扶持。由于民族省份贫困问题的严重程度以及地方财政能力的不足，云南省等民族省份最低生活保障制度的建设必须发挥中央和地方两个积极性。二是农村最低生活保障制度在缓解农村家庭的贫困和收入不平等方面发挥的积极作用值得高度重视。无论是从生存权理论出发，还是从阿玛蒂亚·森的能力贫困理论出发，农村最低生活保障制度在反贫困行动中的对象定位只能是家庭或者个人。农村最低生活保障制度与民族政策衔接中的角色定位要凸显地区范围内的生存权这个基础，必须向该地区处于绝对贫困状态的各民族公民提供最基本的生活保障。精准扶贫精准脱贫是习近平新时代全面建成小康社会的关键。社会保障属于精准脱贫的最后保障，发挥好相关作用至关重要。社会救助制度的作用尽管在一定程度上存在显著的地区差异和民族差异，但其缓减贫困和收入不平等的作用必须予以重视，尤其是低保户的主观评价结果等现象值得反思。三是需要针对云南省农村最低生活保障制度发展面临的主要问题对症下药，切实发挥好社会保障制度反贫困的积极作用。云南省具有保障水平地区差异大，保障资金自我筹集难度大，管理运行能力不足等问题，而且在民族地区具有普遍性。这些问题必须解决，这是本书提出的重要建议与启示。四是关注云南省及民族地区社会保障制度发展的特殊性，在重视普遍问题的同时高度关注边境民族地区一些特殊问题。云南省的特殊省情使得农村最低生活保障制度发展存在以下特殊性：农村少数民族多生多育制造了救助压力、跨境通婚带来的救助压力救助人资格的挑战、境外势力对制度缓贫作用空间的挤占。五是提出了以云南省为代表的民族地区农村最低生活保障制度未来发展思路。在新时代加快完成精准扶贫、脱贫攻坚和决胜全面建成小康社会的时代背景下，以提升缓贫效果和增强自我发展能力为总体目标，从个人层面的生存权、发展权保障和地区层面的财政能力扶持两个角度出发，充分考虑少数民族社会成员基本饮食、生活消费结构和民族地区县级政府财政能力弱的特殊性，建立起符合少数民族食物消费结构的最低生活保障标准，并确立科学明确的多级政府财政责任分担机制，解决当前存在的缓贫效果有限、保障水平不公平的问题，实现民族地区社会成员由早期的"纵向公平感”平稳过渡到拥有较强的“横向公平感”。实现农村最低生活保障制度自身规律良性发挥基础上的社会稳定功能的发挥，让该项制度的运行回归制度自身规律和理性之中。

本书作为作者几年调查研究工作主要成果的集中展现，不论对个人还是所在的研究领域，都具有积极的意义。该书提炼了我国农村最低生活保障制度在民族地区的实践特色，为社会救助制度反贫困理论的发展和创新提供支撑，也为研究社会保障制度在民族地区进行收入分配做出了难得的实证经验研究，并通过对社会保障政策与我国民族政策的关系进行梳理和分析，为政府部门完善民族地区农村社会救助制度提供对策建议。这些尝试说明作者在自己的领域开始崭露头角，为自己的学术之路奠定了相对坚实的基础。当然作为年轻学者的开篇著作，本书在不少地方还需要进一步完善提高。希望作者以此为动力，继续努力攀登，取得更大的进步。

以上看法，权当序。

王延中

2018 年 4 月 18 日

目　录

第一章　导论

一　选题背景与意义

（一）选题背景

1. 云南农村贫困问题十分突出

云南省是一个集边疆、民族、贫困、山区为一体的省份，国家扶贫开发重点县有 73 个，占全国总数的 12.3%，居全国首位。此外，云南省还有 7 个省重点扶贫县。2013 年，全国人均 GDP 已达 6995 美元，而云南省人均 GDP 只有 4050 美元；云南农民人均纯收入 6141 元，与全国 2020 年的目标相差近 6000 元。[①] 国家统计局依照 2011 年人均 2300 元农村贫困线测算出 2011 年末云南省贫困人口为 1014 万人，居全国第二位。[②] 根据《云南省脱贫攻坚规划（2016—2020 年）》的表述，2015 年年底云南省仍有 88 个国家扶贫开发工作重点县，精准扶贫建档立卡贫困人口多达 471 万、涉及 4277 个贫困村，总体贫困发生率 12.7%。精准扶贫建档立卡贫困人口仍然主要集中分布于连片特困地区、边远地区、革命老区、少数

[①] 《2013 年云南省国民经济和社会发展统计公报》，http://www. sei. gov. cn/ShowArticle. asp？ArticleID＝240187，访问时间：2014 年 5 月 2 日。

[②] 《云南：贫困人口数量居全国第二》，http://www. yn. xinhuanet. com/newscenter/2013－01/21/c＿132116537. htm，访问时间：2014 年 3 月 2 日。

民族聚居区和边境地区。①

  云南省是中国扶贫攻坚的主战场之一，贫困面广、贫困程度深、返贫现象突出、脱贫难度大等是云南省贫困地区的普遍特点。特别是民族地区，由于历史、自然等原因，贫困人口多，贫困发生率高，深度贫困问题突出，扶贫任务更加艰巨。② 在《中国农村扶贫开发纲要（2011—2020 年）》划定的全国 14 个集中连片特困地区中，云南省有 91 个片区县，占云南省所辖县个数（129 个县）的70.5%，居全国第一位；2012 年，这 91 个扶贫重点县农民人均纯收入比全省平均水平低 7.6%，比全国平均水平低 37.4%。③ 云南省乌蒙山片区、滇桂黔石漠化区、滇西边境山区和藏区等 4 个连片特困地区是云南省贫困人口比重最大、深度贫困人口最集中的地区。其中少数民族人口 1058 万人，占全省少数民族的 74.4%，8 个人口较少民族④基本集中在 4 个片区内⑤。此外，云南省人口较少民族、"直过区"民族⑥和沿边跨境少数民族等特殊困难群体和特殊区域贫困问题突出。云南有 16 个少数民族沿国境线而居，贫困发生率达45.2%；还有 12 个"直过区"民族基本处于整体贫困状态。2015

---

① 《云南省人民政府关于印发云南省脱贫攻坚规划（2016—2020 年）的通知》，http://www.yn.gov.cn/yn_ zwlanmu/qy/wj/yzf/201708/t20170814_ 30233.html，访问时间：2017 年 7 月 27 日。

② 丁忠兰：《云南民族地区扶贫模式研究》，中国农业科学技术出版社，2012，第 9~13 页。

③ 韩斌：《基于自我发展能力的云南扶贫开发之思考》，《新西部》2013 年第21 期。

④ 人口较少民族是指总人口在 30 万人以下的少数民族，全国共有 28 个。

⑤ 李丹丹：《云南贫困县数量居全国之首——6 月底将启动两片区扶贫攻坚》，《昆明日报》2012 年 3 月 23 日第 A02 版。

⑥ 云南"直过区"民族是指 20 世纪 50 年代初，党和政府对云南边疆还处在原始社会末期或已进入阶级社会，但阶级分化不明显，土地占有不集中，生产力水平低下的景颇、傈僳、独龙、怒、德昂、佤、布朗、基诺族和部分拉祜、哈尼、瑶等民族，采取特殊的"直接过渡"方式，即不进行土地改革，使其直接地但却是逐步地过渡到社会主义社会，使其实现了历史性的跨越。

年，云南省少数民族贫困人口占全省建档立卡贫困人口的43.4%。特有15个少数民族共计有贫困人口191.8万人，贫困发生率28.2%、高出全省15.5个百分点；部分少数民族处于深度贫困和整体贫困状态，尤其是4个集中连片特困地区贫困人口总数占全省贫困人口的比例超过80%。① 为加快推进全国精准扶贫精准脱贫的步伐，全面建成小康社会，习近平总书记在2017年6月23日召开的深度贫困地区脱贫攻坚座谈会上明确提出了加快推进深度贫困地区脱贫攻坚工作。深度贫困地区具体指"三区三州"，其中云南的怒江傈僳族自治州就属于"三州"之一。该州4个县（市）均为国家扶贫开发工作重点县，2015年年底全州人均地区生产总值20895元，相当于云南省人均地区生产总值的72.54%，全国的41.80%，有绝对贫困人口14.84万，贫困发生率为33.1%（该州的福贡县的贫困发生率位居全省最高，达到41.96%），贫困发生率不仅居云南省之首，在全国也位居前列。② 总体而言，云南省农村贫困问题十分严重的现实决定了农村最低生活保障制度良性运行在精准扶贫精准脱贫中发挥兜底保障的作用十分重要。研究该制度的发展问题成为了提升云南省农村反贫困行动效果的重要突破口，也是评估我国精准扶贫精准脱贫成效的重要组成部分。

2. 农村扶贫开发政策存在不足

联合国发布的《中国实施千年发展目标进展情况报告》指出：虽然中国已经远远超过了千年发展目标所设定的任务，如何使中国剩余的贫困人口脱离贫困线仍是一项艰巨的工作。③ 从国家整个农村

---

① 《云南省人民政府关于印发云南省脱贫攻坚规划（2016—2020年）的通知》，http://www.yn.gov.cn/yn_ zwlanmu/qy/wj/yzf/201708/t20170814_ 30233.html，访问时间：2017年7月27日。

② 郑长德：《"三区""三州"深度贫困地区脱贫奔康与可持续发展研究》，《民族学刊》2017年第6期。

③ 郭佩霞、邓晓丽：《中国贫困治理历程、特征与路径创新——基于制度变迁视角》，《贵州社会科学》2014年第3期。

扶贫开发政策体系存在的问题来看，效率导向的扶贫战略具有一种"过滤效应"，这一效应在现实中表现出扶贫开发政策在实施过程中往往倾向对脱贫能力强、人力资本程度较高的有劳动能力的对象给予扶持，而失去劳动能力或者人力资本不足、脱贫能力差的贫困者则会在"过滤效应"下被"过滤"掉。也有研究表明，农村扶贫开发政策在云南省的反贫困效果并不理想。云南省农村反贫困政策体系存在的主要问题包括贫困标准偏低，覆盖面较窄；农村反贫困的制度建设滞后，扶贫贴息贷款普遍存在"贷富不贷贫"的现象，产业扶贫政策难以惠及贫困程度深的贫困者；农村社会保障制度建设滞后，部分脱贫农民极易返贫，容易陷入贫困恶性循环；农村反贫困政策往往具有"自上而下"的特征，因而导致贫困人口在扶贫项目的选择、扶贫资源的分配、管理机制以及利益分享等方面参与不够①。在 2001~2010 年，一些扶贫政策事实上扩大了贫富差距。② 为了解决农村贫困地区绝对贫困人口的基本生存问题，2010 年，国家出台了《关于做好农村最低生活保障制度和扶贫开发政策有效衔接扩大试点工作的意见》，希望通过社会保障制度与扶贫开发政策的衔接来解决扶贫开发政策的低效率问题。《"十三五"脱贫攻坚规划》也提出，完善低保对象认定办法，建立农村最低生活保障家庭贫困状况评估指标体系，将符合农村最低生活保障条件的贫困家庭全部纳入农村最低生活保障范围。加大省级统筹工作力度，动态调整农村最低生活保障标准，确保 2020 年前所有地区农村最低生活保障标准逐步达到国家扶贫标准。加强农村最低生活保障与扶贫开发及其

---

① 田茂海、王荣党：《农村反贫困政策的综合绩效评估及实证研究——以云南省为例》，《经济研究导刊》2012 年第 13 期。

② 沈海梅：《国际 NGO 项目与云南妇女发展》，《思想战线》2007 年第 2 期。杨云红：《怒江州扶贫机制调整问题探究》，《中共云南省委党校学报》2013 年第 2 期。

他脱贫攻坚相关政策的有效衔接。[①] 农村最低生活保障制度在减贫方面的作用更加得到重视。

3. 西部民族地区经济增长缓贫效果减弱

经济学往往认为经济增长可以通过涓滴式增长和亲贫增长两种增长类型间接和直接地使贫困群体在经济发展过程中受益，并改变贫困状况。研究证明，早期的中国贫困人口减少与经济增长的弹性系数约为 -0.8，即 GDP 每增长 1%，农村贫困人口可以减少 0.8%。[②] 中国贫困问题的解决首先要归功于经济增长；但是，西部地区农村贫困人口占全国的比重则从 1978 年的 43.6% 增加到 2009 年的 65.9%，贫困发生率是全国农村贫困发生率的 2.18 倍，是东、中部农村贫困发生率的 6.08 倍。基于各类时间序列数据和区域性数据的实证研究也表明，长期而言，中国整体的经济增长具有较好的亲贫性，但西部农村经济增长的亲贫性欠佳。收入分配不平等程度的加剧阻碍了贫困的缓解，并在一定程度上抵消了经济增长的减贫效应。政府支出支配型经济发展模式在城乡分割时导致了减贫与经济发展的互斥。增长质量下降与收入分配不公平导致的贫困人口受益比重下降以及获取收入机会的减少成了中国减贫放缓的重要原因。多个发展中国家的反贫困实践也表明，属于绝对贫困对象中的最为严重的贫困者实际上无法借助经济发展的"涓滴效应"在短时间内实现脱贫。因此，伴随着经济增长亲贫困效应的边际递减，政府有必要通过社会保障制度加强收入分配改革的力度，以实现社会成员对经济发展成果的共享。我国经济发展态势进入新常态之后，全国经济发展的减速换挡已经对民族地区外出务工人员的就业机会产生

---

① 《国务院关于印发"十三五"脱贫攻坚规划的通知》，国务院网站，http://www.gov.cn/zhengce/content/2016 - 12/02/content_ 5142197. htm，访问时间：2017 年 2 月 3 日。

② 刘荣章、陈志峰、翁伯琦：《海西背景下福建省农村扶贫开发的挑战与对策》，《东南学术》2012 年第 5 期。

了阶段性的挤压。加之民族地区本地产业吸纳产业劳动力数量极其有限，本地劳动力人力资本积累不足，我国西部民族地区的经济增长的减贫效果大打折扣。

4. 云南省是研究民族地区农村最低生活保障制度的"好代表"

社会救助制度在反贫困方面的作用和优势为世界各国所重视，西方福利国家甚至已经完成了将早期的针对绝对贫困人口的基本生活保护的被动式社会救助制度改革为应对绝对贫困和相对贫困的发展型社会政策。当前，我国在全国范围内推行了以最低生活保障制度为核心，包括农村五保供养制度、专项社会救助制度、灾害救助、临时救助等一系列救助项目在内的社会救助体系，逐步发挥了较好的"托底线、救急难"的作用。在此过程中，我国也并没有依据少数民族和民族地区的差异而建立个性化或者单独的社会救助制度。因此，西部民族地区农村最低生活保障制度运行与其他地区面临着一些普遍性的问题。例如，农村最低生活保障标准低、"应保尽保"难以实现、筹资困难、监管不规范、基层工作人员数量不足且专业性不够、家计调查实施难、低保待遇社会化发放难，这些问题普遍制约了我国农村最低生活保障制度反贫目标的有效实现。云南农村最低生活保障制度在实际运行中存在不足也主要表现为家庭收入量化困难，保障对象界定不够规范；保障标准偏低，低保对象专项救助难度大；评审过程还不够严格，保障的范围不够广泛；基层管理力量不强，等等。[①] 除此之外，由于云南省作为民族地区省份之一，少数民族贫困问题严重和民族地区欠发达的状况使得基层政府工作人员和部分学者呼吁应当建立民族地区社会保障制度，以体现对少数民族的特殊照顾。这一问题实质上是关于社会救助制度保障对象资格确立标准的讨论，属于社会保障学术研究的基础性研究问题之

---

① 郝坚峰：《云南省社会救助现状分析与对策建议》，《中国民政》2011 年第 11 期。郭跃华等：《民族地区农村最低生活保障制度研究——以云南省大理白族自治州宾川县为例》，《云南行政学院学报》2012 年第 4 期。

一。云南省既具备贫困问题最为严重，又具备少数民族种类多、农村少数民族人口比例高、属于边境省份等特点，正是社会救助制度保障对象资格确定是否需要考虑民族因素的极具代表性的研究对象。而且，当前对于民族地区农村最低生活保障制度的运行效果、制度特点等研究并不深入，在内容上表现为既"蜻蜓点水"又"千篇一律"。

5. 云南省农村反贫困成效事关小康社会的全面建成

党的十八大报告提出要确保到 2020 年实现全面建成小康社会宏伟目标。党的十九大报告则进一步提出，团结带领全国各族人民决胜全面建成小康社会，奋力夺取新时代中国特色社会主义伟大胜利。并且，随着中国特色社会主义进入新时代，我国社会主要矛盾已经转化为人民日益增长的美好生活需要和不平衡不充分的发展之间的矛盾。解决新时代下的社会主要矛盾措施中，反贫困依然是重中之重，完善农村社会最低生活保障制度也是解决不平衡不充分的发展问题的题中之义。从当前的小康社会建设进程来看，西部民族地区农村与东中部地区存在很大差距，当前西部民族地区经济社会发展水平不平衡不充分的问题仍然十分突出，内生发展驱动力弱、自我发展能力不强、社会发育程度不高、公共服务供给不足，在经济发展与民生改善方面存在诸多不利因素，直接影响着我国 2020 年决胜全面建成小康社会的目标。2012 年，习近平总书记提出："全面建成小康社会，最艰巨最繁重的任务在农村、特别是在贫困地区。没有农村的小康，特别是没有贫困地区的小康，就没有全面建成小康社会。"[①] 2014 年中央农村工作会议指出，要以保障和改善农村民生为优先方向……搞好农村民生保障和改善工作。李克强在 2014 年政府工作报告中指出，"加快推进集中连片特殊困难地区区域发展与扶

---

① 李斌：《从近期总书记活动报道看时政报道新趋势》，《中国记者》2013 年第 3 期。

贫攻坚……我们要继续向贫困宣战，决不让贫困代代相传"①。西南地区省份，尤其是这些省份中的民族地区的贫困问题是最需要给予解决的。2015年，习近平总书记在云南省调研考察中提出了一系列关于加快民族地区全面建成小康社会的指示，包括"全面实现小康，一个民族都不能少"，"要加快贫困地区、民族地区经济社会发展，为到2020年如期实现全面建成小康社会奋斗目标加紧奋斗"。② 2017年，党的十九大报告则明确提出，要坚决打赢脱贫攻坚战。让贫困人口和贫困地区同全国一道进入全面小康社会是我们党的庄严承诺……坚持大扶贫格局，注重扶贫同扶志、扶智相结合，深入实施东西部扶贫协作，重点攻克深度贫困地区脱贫任务，确保到二〇二〇年我国现行标准下农村贫困人口实现脱贫，贫困县全部摘帽，解决区域性整体贫困，做到脱真贫、真脱贫。③ 云南省是我国西南地区的重要门户省份，在对外贸易（连接东南亚、南亚）、边疆社会稳定、国防安全、"一带一路"建设、民族团结进步等方面都处于十分重要的地位。如何通过完善农村最低生活保障制度的发展，与产业、教育、健康、生态和文化等扶贫形成合力，为云南省农村反贫困行动提供助力，对云南省决胜全面建成小康社会，促进民族地区和少数民族的全面发展、全面进步具有十分重要的现实意义。

（二） 研究意义

1. 理论意义

本书的理论意义在于：第一，基于对云南省农村最低生活保障

---

① 《李克强作政府工作报告》，http：//news. xinhuanet. com/politics/2014 - 03/05/c_ 126222608. htm，访问时间：2014年5月2日。

② 《习近平考察云南：坚决打好扶贫开发攻坚战》，http：//politics. people. com. cn/n/2015/0121/c70731-26427089. html，访问时间：2015年1月22日。

③ 《习近平十九大报告全文（实录）》，新浪网，http：//finance. sina. com. cn/china/gncj/2017 - 10 - 18/doc - ifymvuyt4098830. shtml？ from = wap，访问时间：2017年10月18日。

制度执行与实践的归纳，提炼我国农村最低生活保障制度在民族地区的实践特色，为社会救助制度反贫困理论的发展和创新提供支撑。第二，基于对云南省农村最低生活保障制度的政策运行特点、政策缓贫效果、政策主观评价的分析，为研究社会保障制度在民族地区收入分配进行一定程度上的经验研究。第三，通过对社会保障政策与我国民族政策的关系进行梳理和分析，以探索性的跨学科（经济学、社会学和民族学）分析方式，厘清农村最低生活保障制度在民族地区反贫困行动中应当扮演的角色和功能定位，为社会救助制度有关受助人资格确定方面的基础性研究提供思路参考。

2. 实践意义

本书的实践意义在于：为民政部门提供农村最低生活保障制度在民族地区缓解贫困的效果的实证检验，并提供可参考的农村最低生活保障制度评估方法。同时，为完善民族地区农村社会救助制度提供对策建议，为农村扶贫工作部门创新民族地区农村扶贫开发工作方式提供对策建议。

二 相关概念界定

民族地区是指以少数民族社会成员为主聚集生活的地区。中国的少数民族主要分布在西部、北部等边境地区。在学术研究上通常有"民族自治地方""民族地区""西部民族地区""民族八省区"等称谓。这些称谓的不同就在于对区域范围界定的不同。例如，胡鞍钢、温军认为民族地区包括内蒙古、广西、西藏、宁夏、新疆、云南、贵州、青海等 8 个省区以及少数民族众多、民族自治地方面积较大的四川、重庆、甘肃等省市。① 云秀清、贾志刚认为广义的民

---

① 胡鞍钢、温军：《社会发展优先：西部民族地区新的追赶战略》，《民族研究》2001 年第 3 期。

族地区是指由五大民族自治区和 5 个多民族省份所组成的地区，具体包括云南、贵州、西藏、新疆、广西、宁夏、青海、四川、内蒙古、四川 10 省（区），以及 10 个省（区）之外一些省中由少数民族所组成的民族聚居地区。[①] 石路认为最宽泛意义上的民族地区不仅包括民族五大自治区及云南、贵州、青海，还包括其他所有少数民族自治州、自治县。[②] 由此而言，包括云南省在内的"西部民族八省区"是已有的学术研究中"民族地区"范围界定的核心构成部分。本书中的民族地区也是按照以西部民族八省区进行范围的确定。

云南省作为民族八省区的成员之一，是我国少数民族人口最多的省份。据 2016 年云南统计年鉴数据显示，2015 年，云南省总人口 4741.8 万，少数民族人口为 1596.8 万，占总人口数的 33.7%。人口在 5000 人以上的少数民族有 24 个，依次是彝族 522.25 万、哈尼族 168.81 万、白族 162.12 万、傣族 126.68 万、壮族 125.9 万、苗族 124.59 万、回族 72.34 万、傈僳族 69.24 万、拉祜族 49.21 万、佤族 41.52 万、纳西族 32.1 万、瑶族 22.78 万、景颇族 14.81 万、藏族 14.74 万、布朗族 12.08 万、布依族 6.09 万、普米族 4.36 万、阿昌族 3.94 万、怒族 3.3 万、基诺族 2.36 万、蒙古族 2.34 万、德昂族 2.09 万、满族 1.4 万、水族 0.92 万。15 个世居少数民族 80% 以上的人口居住在云南；我国在云南省的国境线长 4062 千米；有 16 个跨境民族，还有 8 个少数民族人口数在 30 万人以下，属于人口较少民族。云南尚有未识别的克木人、芒人等，共计 7400 余人。云南省目前下辖 16 个地级行政单位，包括 8 个地级市、8 个自治州；以及 129 个县级行政单位，包括 12 个市辖区、10 个县级市、78 个县、

---

① 云秀清、贾志刚：《改革开放以来中国发展民族地区经济主要政策措施研究》，《银山学刊》2004 年第 5 期。

② 石路：《民族地区建立突发公共事件响应机制探析》，《贵州民族研究》2006 年第 4 期。

29 个自治县。①

三　相关文献综述

（一）　国外相关文献研究

1. 社会救助减贫的理论争论

贫困和不平等的缓解一直是福利国家在实施社会福利政策时考虑的主要目标之一，包括社会救助制度在内的社会转移支付则是实现缓解贫困与不平等的政策类型之一。而且，从学者们的研究关注点的转变来看，LeFebvre（2007）、Esping Andersen and Myles（2009）和 Caminada et al.（2010）等发现，近些年来大量的研究重点从先前关注社会保险、收入分配和经济增长转向了对社会转移支付在缓解贫困方面的效果和效率的研究。但是，对于社会救助制度能否真正实现反贫困的观点，基于理论逻辑推导层面和政策效果实证检验方面的研究结论使得学者对该观点存在争议。

第一，支持社会救助制度能反贫的论点。

"转移支付"概念的提出者庇古（1920）从边际效用模型出发，通过转移支付在富人与穷人间进行收入分配，可以提升穷人的消费倾向，而又不会对富人的消费倾向造成严重的负面影响；转移支付之后，全社会的总效用仍然处于增加状态，因此他支持向穷人提供惠及贫困人员的社会救助。凯恩斯（1936）则认为，从边际消费倾向递减规律出发，国家可以通过提供社会福利政策等措施刺激消费，尤其使穷人的有效需求得到较好的满足，最终实现充分就业和促进社会公平。萨缪尔森（1954）等认为，通过社会保障进行收入再分配可以实现帕累托改进，增加社会总效用。冈纳·缪尔达尔（1968）

---

① 云南统计年鉴 2016 编委会：《云南统计年鉴 2016》，中国统计出版社，2016，第 381 页。

对发展中国家贫困人口的食物保障、营养状况、教育水平等进行分析后指出，可以设计出一套减缓贫困的社会福利制度运作体系。Lal and Myint（1996）对 25 个国家进行比较研究后认为，在结构性贫困、耦合性贫困、极度贫困三种贫困中，极度贫困则需要永久性转移收入来减弱。实际上，Behrendt（2002）、Smeeding（2006）、Nolan and Marx（2009）、Caminada et al.（2012）都证实了社会支出和贫困程度确实是负相关。

针对学者从"贫困陷阱"的视角否认社会救助制度的反贫困效果，Heckman，Lalonde and Smith（1999）则认为积极的社会救助制度与促进就业的机制能够通过促使有劳动能力或部分劳动能力的社会救助对象实现再就业，从而克服其贫困状况。此外，Michael and Christopher（2006）认为社会转移收入的保护作用表现为降低贫困家庭的多元化投资需要，避免其陷入极度贫困。Mahler and Jesuit（2004）对 13 个发达国家 1980~2000 年的财政再分配效果进行比较研究表明，发达国家社会保障调节收入分配差距的作用要明显大于税收。Petrongolo（2007）则证实了美国的 New Deal 项目在提高救助对象求职率和降低贫困发生率方面有着显著效果。

Kangas and Palme（2000）、Ferrarini（2006）发现，现代福利国家的社会福利政策在缓解处于生命周期两端人群例如老年人、儿童等人群面临的经济贫困方面的作用尤其明显。Scruggs and Allan（2005）认为不同福利国家在对抗贫困方面获得的成功不仅仅是与社会福利支出有关，而且在很大程度上是由社会政策项目的设计所决定的。Smeeding（2004）研究发现，在社会保障制度的社会转移支付作用下，美国的老年贫困率只有 8.6%，但是老年贫困率在没有社会保障制度保护的情况下高达 42%。Esping-Andersen and Myles（2009）的"劫富济贫"观点（"The Robin Hood" thesis）认为针将选择性的社会救助待遇发放给最贫困的人员可以形成最强的再分配效应。Lal and Anuj（2009）从转移性收入激励作用的视角发现转移性收入是减少贫困和不平等的有效潜在工具。

第二，支持社会救助制度不能反贫的论点。

一些学者从经济增长与社会救助二者之间的关系视角否认了社会救助能够实现反贫困。Arrow（1979）、Friedman and Friedman（1979）、Lindbeck（1995）等认为由于可观的社会救助待遇的支付会导致高额的税收，从长期来看，社会救助制度无法减少贫困，反而还会影响经济增长。另外，还有观点认为社会福利制度的缺失或不当会引起新的贫困。Okun（1975）认为，社会过分地征收累进所得税可能降低人们的努力程度而不去寻找工作，使穷人收入进一步下降。

此外，社会救助待遇的低水平和瞄准率差也被认为是限制其反贫困效果的重要原因。Tullock（1983）、Lee（1987）、Crook（1997）认为保障待遇太低无法实现贫困的缓解，补贴性的政府社会救助待遇更多的流向了中间和高收入阶层。Esping-Andersen（1990）、Castles and Mitchell（1993）则认为相比美国而言，大多数其他工业化国家的社会福利项目因其普惠性的特点导致其更加无法针对性的瞄准贫困人员。

还有一些学者则从社会救助待遇的"污名"效应否认了社会救助能够反贫困。Korpi and Palme（1998）的"再分配悖论"观点（The "paradox of redistribution" thesis）认为由于家计调查式的选择性社会救助政策难以获得选民的支持，因而这些社会救助制度通常不那么慷慨并且存在潜在的污名化，这反而导致选择性社会救助政策在反贫困和促进平等方面的作用弱于普惠性政策。由于污名效应导致的低待遇水平和低受助率并不能令人满意地减轻贫困。社会救助导致"贫困陷阱"同样成为学者质疑社会救助反贫困效果的重要理由之一。Esping-Andersen（1990）、Castles and Mitchell（1993）认为许多贫困人员劳动力技能低下导致其更加依赖政府的财政转移支付而非选择从事工资较低的工作，最终导致贫困率的升高。Cantillon

（2011）指出当前欧盟更多倾向于关注社会福利政策在激励就业和帮助被救助者摆脱福利依赖，因而导致对社会福利政策在贫困缓解方面的目标及重要性关注不够。在这样的背景下，Cantillon et al.（2012）发现，主要的欧盟 15 国中与基于贫困线进行家计调查式的净社会救助待遇在 21 世纪以来都出现了下降。

社会福利制度运行导致的收入不平等加剧和贫困人口上升也引起学者对社会福利政策反贫困效果的反思。Atkinson et al.（2002）、Smeeding（2002）、Fritzell and Ritakallio（2004）等也指出，尽管福利国家的社会福利政策在缓减贫困与社会排斥方面取得了不小的成绩，但是也并不意味着社会福利政策总能如此。20 世纪 80 年代以来，大部分西方国家的经济贫困持续增长、收入不平等程度也在拉大。因此，社会福利政策在什么样的条件下多大程度上能真正实现反贫困仍然值得质疑和反思。

在影响社会救助政策反贫困绩效的因素研究方面，Esping-Andersen and Myles（2009）研究发现对社会福利待遇进行收入征税会显著的影响待遇领取者的购买力，而且不同国家间的这种效应存在重大差异。Dallinger（2010）则指出，影响社会支出的反贫困效果既有社会背景的因素，也有制度运行的因素，以及一些其他值得挖掘的中间变量。Watson and Maître（2013）指出社会人口结构的变化以及其他很多与社会政策关系不大的因素都会对社会救助的反贫困效果和效率带来影响。

2. 社会救助减贫效果的评价方法

自从英国女王伊丽莎白一世颁布《济贫法》之后，有关社会救助效果的研究也随着产生。从社会救助制度的国际发展经验来看，对于社会救助制度的目标定位和社会福利改革的价值取向往往会直接或间接的影响着对社会救助反贫困效果的关注侧重点以及方法的选择。纵向来看，世界范围内对社会救助政策的反贫困效果评价无论是在评价内容上还是指标体系的选择上都越来越全面化和精细化。

英国学者 Rowntree 在 1899 年对约克郡进行的贫困状况及贫困线调查在一定程度上开启了学术界对社会救助反贫困效果的研究。Rowntree and Lavers（1951）总结发现，自 1899 年以来对于约克郡的三次调查结果都显示社会救助制度并没有向贫困家庭提供充足救助。这一研究引起了学术界对于社会救助制度反贫困效果的质疑与研究兴趣，为了验证 Rowntree 和 Lavers 的研究结论，Atkinson and Maynard and Trinder（1981）继续以约克郡为研究对象进行贫困状况和社会救助待遇的研究，证实了约克郡的社会救助政策在反贫困成效方面存在不足。Cole and Utting（1962）对英国 1959~1960 年的老年人口调查研究发现 10% 以上的老年人有资格领取社会救助待遇但却未领取。Townsend（1979）对英国 20 世纪 50~60 年代贫困老人的社会救助受助率的研究发现贫困老年人受助率低，受助范围窄。这些来自英国的社会救助政策存在的受助率低下和"应保未保"情况的实证研究引起了其他国家学者的注意和反思。例如，美国学者 Dellaportas（1980）利用数学集合理论①评估了美国针对低收入家庭的"一揽子福利计划"公共救助项目（benefit package）待遇支出的错误率，结果表明超过获得该项救助的家庭中，非贫困家庭占比超过了 50%。

20 世纪 80 年代之后，西方学者对社会救助制度的评估从制度内的指标测量转变为对社会救助制度待遇的支出与贫困人员减少之间可能存在的关系的研究，并在此基础上衍生出了对社会救助财政支出效率的研究及社会救助待遇财政支出效率的国际比较。Beckerman（1979a）指出社会转移支付的减贫效果和减贫效率存在区别，前者是指社会支出实现减贫目标的程度，而后者则是考察一个单位贫困的减少需要多大水平的社会转移支出。因而进一步细化了从社会转

---

① G. Dellaportas 将研究对象分为由贫困家庭构成的子集和由接受了公共救助家庭构成的子集，依据两个子集相交之外的两个部分在各自集合中占的比例大小来评估公共救助待遇支出的错误率。

移支付财政支出视角去研究社会救助政策的反贫困效果。Beckerman 这一研究的重要意义在于将社会转移支付的支出与贫困发生率之间的关系进行细化，并一度将学者对于社会救助制度反贫困效果的研究指标和方法聚焦于对贫困发生率的测量。而且 Hagenaars（1987）、Foster and Shorrocks（1988）也认为由于贫困发生率具备简单、直观的优点，且在贫困线可以变动的条件下，贫困发生率则是一个非常优良的贫困测度指标。但是，Watts（1968）和 Sen（1976）从贫困测量的理论上指出了用贫困发生率来测量贫困变动情况的局限性，即贫困发生率包含的信息量少、对穷人的收入分布不敏感、在反贫困政策上存在误导、不适用于以家户为对象的调查数据。事实上 Kanbur 和 Mukherjee（2006）还发现贫困发生率无法识别人口死亡对其产生的影响。此外，学者们从社会救助政策评估的视角对使用单一的贫困发生率来评价社会救助制度反贫困效果的局限性。Atkinson（1995）、Laura，Jolliffe and Gundersen（2012）等认为，一方面，仅仅关注贫困率的变动来评价社会救助政策的反贫困效果往往忽视了社会救助制度对获得社会救助待遇后仍然处于贫困的社会成员的贫困变动状况的研究。另一方面，如果将贫困发生率最小化作为衡量社会救助制度反贫困效果的唯一指标，那么政策执行者会倾向于将离贫困线最近的人纳入救助范围。而 Foster，Greer and Thorbecke（1984）提出的反映贫困规模和程度的综合指标——FGT 加权贫困指数为学者们拓宽社会救助政策对贫困变动产生影响的测量指标提供了一个能够克服理论与实践中不足的更优的方法。FGT 加权贫困指数包含贫困发生率、贫困差距以及贫困差距平方 3 个指标。Mitchell，Harding and Gruen（1994）用贫困差距比（Poverty Gap Ratio）对 10 个 OECD 国家的社会转移支付水平及其反贫困效果进行了国际间比较。基于 Esping-Andersen 对福利国家体制的划分，Behrendt（2002）使用卢森堡的微观调查数据，对瑞典、英国和德国三个国家基于家计调查的社会救助政策的反贫困绩效和模式进行比较。比较指标就包括贫困发生率、贫困家庭在不同贫困范围内的变动情况、贫困差距的削减情况三个方面。在 FGT 加权贫困指数方法的推动下，学者对社会救助政策反贫困效果研究由仅仅关注社会救助待遇支出与贫困人数之间的关系拓展为对社会救助待遇支出对获救助后仍未脱贫人群的减贫效应。自此，FGT 加权贫困指数方法成了评价社会救助政策乃至整个社会转移支付政策在贫困缓解方面的基础的、主要的方法。而且，近年来的学者还围绕该法进行了具体计算上的一些改进和创新。

随着学者对社会救助政策及社会转移支付政策的国际比较研究的增多，有些学者发现利用 FGT 加权贫困指数方法在某些方面和一定程度上难以适用于各国经济社会环境的多样性及制度内容的不同条件下的国际比较研究。DeFina and Thanawala（2002）则引入"贫困人员之间的不平等程度"、低收入人口规模、社会救助支出占 GDP 的比例等对社会救助反贫困效果进行测量。Heady 和 Mitrakos 和 Tsakloglou（2001）根据社会转移支付水平和资金规模等指标对欧盟主要国家进行研究发现社会转移支付待遇越高、拨付的资金规模越大往往有更大的收入分配影响。Allegrezza，Heinrich and Jesuit（2004）等利用卢森堡等国数据将社会救助转移支付、贫困和收入分配之间的关系引入到社会救助反贫困效果的检验中，他们发现社会救助待遇能够减少贫困，但也同时扩大了收入分配的不公，收入分配的公平和贫困减少有效性之间在一定程度上存在抵消关系。从社会救助反贫困效果的研究内容与方法的选择演变来看，进入 21 世纪后，借助 FGT 加权贫困指数的优势，收入分配这一指标也被采纳到测量社会救助政策反贫困效果研究中来。Hölsch and Kraus（2006）则进一步采用聚类分析法对已有学者采用过的指标进行综合聚类，对每一类型中的国家的社会救助制度的反贫困效果进行比较。Merle Zwiers and Ferry Koster（2014）认为，尽管大量的研究都从社会支出与贫困程度的关系上进行了国际比较研究，但是这些仅仅关注于国家层面的研究忽视了对一国之内的社会支出与贫困程度之间关系的研究，例如一国之内的城乡之间的不平等。作者利用 2008 年的 Eurostat and European Social Survey 数据在跨国比较的基础上对国家内部的社会支出与贫困程度之间关系存在的地区差异进行了分析。

3. 社会救助减贫效果研究的典型实践

本书对西方发达国家近来有关社会救助反贫困效果评价研究的代表性实践和最新动向进行了综述，选取的代表性国家包括美国和爱尔兰。

在有关社会救助制度的反贫困效果研究方面，以美国最大的社会救助项目之一的补充性营养救助计划（Supplemental Nutrition Assistance Program，SNAP）为例，学者们对于该制度的研究经历了从研究制度运行的外部效果到研究制度待遇对贫困的影响程度，并且对于贫困的变动指标选择越来越精准。Iceland et al.（2001）、Blank（2008）等从贫困发生率的角度检验了 SNAP 待遇的效果。用贫困发生率的变动情况来测算政府在社会救助政策方面的反贫困效果这一方法一度为美国官方所采用。但是也有学者尝试从新的视角和方法对美国社会救助制度的反贫困效果进行检验。Scholz et al.（2009）等对政府的社会转移支付在多大程度上缩小了总的贫困差距以及贫困人员的收入与贫困线之间的差异总和进行了探索。Newman et al.（2011）等则将研究重点聚焦在对政府转移支付在贫困人员的不同收入阶层以及人群之间的分配趋势上。相比学者们对于社会安全网项目的反贫困效果评估往往聚焦于贫困发生率的变动程度而言，Laura，Jolliffe and Gundersen（2012）则指出，从贫困的深度和严重程度的视角出发能反映出社会救助制度待遇在多大程度上引起了获得救助后仍然处于贫困线之下的家庭收入的变动，尤其是贫困严重程度测量指标能更加敏感地反映出社会救助待遇对于最贫困家庭福利的改进情况。因此，他们利用美国当前人口调查（Current Population Survey）的横截面数据，对 SNAP 在 2000～2009 年的减贫效果进行了研究。具体方法就是对加入补充性营养救助制度待遇后的家庭贫困指标与未加入该待遇时的家庭贫困指标进行比较，利用FGT 贫困指数分解方法测算 SNAP 待遇对贫困人数比例（headcount）、贫困差距指数（poverty-gap index）和贫困差距平方指数（squared poverty-gap index）的影响。结果发现 SNAP 在缓解贫困深度和贫困严重程度方面的效应要相对强于贫困发生率。

Dorothy Watson and Bertrand Maître（2013）利用 2004～2011 年爱尔兰的调查数据，用社会转移支付的受益人数比例、社会转移支付财政支出总额、接受社会转移支付的家庭所占的比例，以及每个家庭平均接受的社会转移支付的数额、社会转移支付对象的结构、不同收入组的社会转移支付每周的待遇接受额等指标反映了社会转移支付项目的发展水平。而以非贫困人员、仅在社会转移支付给付之前贫困的人员和获得社会转移支付之后仍然贫困的人员的比例的变动情况，以及分离出救助受助率和待遇的充足性对贫困发生率的影响、非转移性收入与贫困线的差距来测算社会转移支付缓减贫困的成效。在此之前，Longford and Nicodemo（2010）提出了利用社会转移支付贫困缓解潜力指标来测算用于社会转移支付的财政支付在缩小受救助之前的家庭可支配收入和贫困线之间的差距的作用程度。具体而言，社会转移支付贫困缓解潜力值＝来自各种渠道的社会转移支付的平均数额/贫困线与获得救助前的家庭可支配收入之间的平均差异。如果社会转移支付的支出大于贫困差距，则该比值大于 1，反之则小于 1。在 Longford 和 Nicodemo 的基础上，Dorothy Watson and Bertrand Maître（2013）则基于 FGT 加权贫困指数的理念和计算方法设计了一个评估社会转移支付制度反贫困效果的评价体系，该体系包括三个指标，即社会转移支付贫困缓解潜力（poverty reduction potential）、社会转移支付贫困缓解成效（poverty reduction effectiveness）、社会转移支付贫困缓解效率（poverty reduction efficiency）。在测量社会转移支付的贫困缓解成效指标方面，具体而言，该指标的计算公式为（获得救助前的在贫困线之下的总人数比例-获得救助后仍在贫困线之下的人口比例）/获得救助前的在贫困线之下的总人数比例。Dorothy Watson and Bertrand Maître（2013）认为也可以从贫困差距（获得救助前的家庭可支配收入和贫困线之间的差距）的缩小程度来测量。社会转移支付贫困缓解效率指标的含义是指社会转移支付资金专门用于减贫目标的程度，主要考察资金使用的总额以及获得救助的群体是否仍然身处贫困。其具体计算公式为（获得救助前的家庭可支配收入与贫困线的平均差距-获得救助后的家庭可支配收入与贫困线的平均差距）/获得救助性收入的平均数量。Dorothy Watson and Bertrand Maître（2013）利用上述设定的指标对爱尔兰 2004~2011 年社会转移支付的减贫效果进行了分析，并将爱尔兰与欧盟的主要成员国进行了比较，结果表明爱尔兰的社会转移支付减贫效果整体上要好于欧盟的主要国家。但是就爱尔兰自身而言，社会转移支付的减贫效率指标运行情况并不十分理想。

（二）国外文献研究述评

本书对于国外文献的梳理主要从社会救助减贫理论的争论、社会救助制度减贫效果的评价方法、社会救助制度减贫效果研究的典型实践三个方面，对国外有关社会救助制度减贫效果在价值取向、指标选择、研究方法方面的演变和发展以及社会救助制度减贫绩效评价方法的最新运用实践进行了梳理和总结。

社会救助制度作为福利国家在反贫困方面的重要制度安排，在伴随着西方工业化发达国家的发展以及后期的福利国家的发展与改革过程中，在反贫困、收入分配和福利改进方面发挥了重要的作用。因而对于社会救助制度减贫理论进行研究的文献十分丰富。对于社会救助制度反贫困理论存在争论的原因，本书通过总结发现主要表现在以下几个方面：一是持自由主义理念的学者以及基于经济学视角的学者对社会救助制度在运行过程中存在的不足和在某些具体的制度运行环境下产生的某些负面效应等研究导致了他们质疑社会救助制度在反贫困方面的实际作用。这样的论点要么只是基于宏观逻辑推理层面的分析，要么就是基于部分实证数据的分析检验，也有很多学者利用不同的数据证实了社会救助制度在反贫困方面积极作用的存在和发挥。实际上，国外有关社会救助制度反贫困的理论争论大多是在认同社会救助制度反贫困作用的前提下，对社会救助制度在具体的制度运行环境中产生的问题进行了揭露，当然，极端的自由主义者和认为贫困完全应当由个人负责的学者的观点则除外。这些有关社会救助制度减贫在理论上的争论以及背后的论证方法一方面为本书研究农村最低生活保障制度减贫效果提供了研究假设方面的思路借鉴，另一方面则为农村最低生活保障制度的减贫效果评估方法提供了技术上的参考。

概括而言，国外社会救助制度减贫效果的评价方法研究和使用表现出了以下的特点。第一，社会救助制度减贫效果评价方法和指标的构建随贫困理论和观念的变化而变化。第二，社会救助制度减贫效果的评估内容从单一的指标间的相关性分析逐步转向了深入的精细化研究，借用数学方法和计量方法的突破，后来的评估内容和评估指标选择都趋向于将社会救助制度减贫成果单列出来进行定量研究，将对社会救助制度的减贫效果的认识推向深入。第三，对社会救助制度减贫成果的评价从关注政策自身的运行绩效转变为政策对贫困和收入分配的影响。

本书还从美国和爱尔兰的社会救助项目和收入转移支付项目的减贫绩效研究动态进行了介绍，从有关两国的社会救助制度减贫绩效的研究内容与方法来看，都表明从社会救助制度对贫困程度的影响以及收入分配的影响来测量社会救助制度减贫真实效果成为一种共识。而且，评估指标的内容也更加趋向全面和深入，对社会救助制度减贫效果的研究进行了探索性尝试，为相关的研究提供了很好的思路和评价方法上的参考。

总体而言，一方面，国外学者采用不同的研究方法和数据得到了社会救助政策在减贫效果方面存在争论的结果，但是这些研究并没有动摇大多数人对于社会救助反贫困功能的共识。另一方面，测量社会救助减贫效果的评价方法与指标的发展也呈现了一定程度上的共性，研究社会救助政策对贫困程度和收入分配的影响成为了目前社会救助减贫绩效研究内容的聚焦点。而学者对典型国家的社会救助政策和收入转移支付政策的减贫绩效的研究也为本书提供了最新的思路和技术参考。

（三）国内相关文献研究

1. 公共政策评估方法研究

根据学者们的理解和定义，公共政策评估是评估发起者依据设定的具有科学性和可操作性的政策评估标准、指标和框架，对公共政策的系统、政策执行过程、政策引致结果等内容给予评价的活动，公共政策评估的目的就在于为政策内容和政策执行的改善提供针对性的对策建议，最终保障公共政策目标的实现。

从政策评估的价值和重要性出发，张国庆（1997）提出政策评估在本质上是寻求、证明和确定政策价值的过程，评估价值标准的选择、排序和组合将直接影响评估的结论及其合理性和可靠性。在公共政策评估标准的选择方面，陈振明（2003）认为可以从政策的公平性、政策的效益、政策的生产力、政策的效率、政策的反馈度等五个标准对公共政策进行评估。宁骚（2003）也提出了更多维度的公共政策评估标准，具体包括社会公正、政策效益、政策效率、政策的影响、政策的反馈性、社会生产力的发展、社会可持续发展等七个方面。张金马（2004）则认为公共政策的评估应当从公平性、有效性、效率、可行性四个大的方面的标准实施。基于这些研究思路，高兴武（2008）把政策评估的标准总结为三个方面的标准：政策系统的评估标准、政策过程的评估标准和政策结果的评估标准。

基于政策评估的目标，李允杰、丘昌泰（2008）认为对公共政策进行评估就应当实现以下几个方面的目标：提供政策运行绩效的信息，为重新建议和配置政策资源提供依据，为决策层、政策执行者以及其他相关参与主体提供有关所评估政策的信息。朱俊生等（2013）则将公共政策评估的方法引入到了中国社会保护政策的研究，认为减贫是社会保护政策多维目标中的重要目标之一，因而提出从社会保护政策对贫困人口的包容能力、保障水平、政策的公平性三个维度研究社会保护政策的减贫效应。

2. 社会救助制度评估研究

在救助对象瞄准的评估方面，肖云、吴维玮（2010）认为农村最低生活保障制度的对象瞄准率低直接影响了该项制度的实施效果，要将科学瞄准救助对象和实施救助对象的动态管理有机结合起来，提高制度资源的利用率，保证制度实施的有效性和公平性。张伟宾（2010）对重庆两个国家扶贫重点县的入户调查数据分析发现，农村最低生活保障制度覆盖率仅为 14.8%，农村最低生活保障制度资金的漏出率则在 40% 之上，低保瞄准率也仅为 65%。解垩（2016）基于 2011~2012 年中国健康与养老追踪基线调查数据分析发现，农村最低生活保障制度的瞄准失效，低保金流向非贫困家庭的漏损率为 10%，把贫困家庭排除在外的排斥率高达 84%。上述指标都在说明农村最低生活保障制度很大程度上偏离了保障贫困人口生存权、降低不平等程度、维护农村社会稳定的政策预期目标。

在财政投入角度的评估方面，范西庆、顾昕、高梦滔（2007）认为，公共服务的评估标准可以包括公平性、效率以及可及性等诸多方面。但社会救助政策的核心价值观是公平，横向公平性指标集中体现了社会救助的公平价值取向，是社会政策评估的新范式。黎民（2008）从政府社会救助拨款是否足额到位、社会救助拨款在整个社会保障拨款中所占比例是否合理、社会救助拨款在城乡之间分配是否公平、社会救助资源在不同地区之间分配是否公平四个方面研究了我国社会救助资源分配的公平性。结果表明，我国政府对社会救助的转移支付在总额上不足且占比不足，社会救助在资源分配上重城市、轻农村，对贫困地区扶持力度弱。孙睿、史建民、段玉恩（2011）从农村最低生活保障制度资金供需关系角度出发，对全国11个代表性省份的抽样调查数据研究显示，农村最低生活保障制度资金仅能满足1/3的需要，缺口很大。李建秋（2017）研究发现，根据民政部、财政部、国家统计局的数据，2010～2015年，农村最低生活保障的财政支出占GDP的比重不足0.2%，占财政总支出的比重仅为0.5%。且与社会保险的财政投入相比，2013～2015年，农村最低生活保障的财政预算年增长额和年增长率分别是社会保险制度财政预算的1/15和2/3。

在待遇标准的评估方面，李实、杨穗（2009）对城市最低生活保障制度的实证研究发现，城市最低生活保障制度标准过低，政策缩小收入差距的作用不明显。丁建定（2009）对建立合理城市居民最低生活保障标准调整机制的理论问题进行了探讨。王增文（2010）引入农村最低生活保障制度救助力度系数和生活救助系数从横向和纵向的视角对农村最低生活保障制度的救助水平进行评估。结果表明，各地农村最低生活保障标准相差较大，而且部分省份农村最低生活保障标准的差距与经济发展的差距不相称，农村标准偏低。杨雪、王志斌（2011）以社会保障的基本理论为依据，将马斯洛需求层次理论和扩展线性支出系统结合，测算了31省的低保线适度参照标准，并从与人均食品支出比重的对比、占人均可支配收入比重的对比、占人均消费支出比重的对比等将低保标准与测算标准进行了比较分析，研究认为很多地区的城市居民最低生活保障标准要比实际贫困线低，对于贫困家庭和贫困人口的生活质量改善作用有限。丁煜、柏雪（2012）则构建了由低保标准和实际保障水平构成的低保水平指标体系，从标准与收入状况的相对水平和与消费状况的相对水平2个维度对36个中心城市的评估表明，各城市最低生活保障制度水平无论是相对于收入状况，还是相对于消费状况，都仍处于低水平，且城市间差距较大。韩克庆、郭瑜（2012）基于"中国城市低保制度绩效评估"项目调查数据研究发现，低保补助在绝对值和相对值两个层面都不算高，但是最低生活保障待遇领取者总体上还是维持了较高的满意度。作者基于此认为最低生活保障领取者对于福利并没有过高期盼，容易得到心理满足。

在制度整体绩效评估方面，中国城市居民最低生活保障政策研究课题组（2005）以辽宁为例评估了城市最低生活保障政策的成效。城市最低生活保障政策自身运行绩效的评估指标包括最低生活保障对象的规模、分类和构成，城市最低生活保障标准、资金规模和人均补差额，城市最低生活保障制度实施的行政程序，最低生活保障工作的工作机构等。何晖、邓大松（2010）基于层次分析法构建了制度内在指标、制度社会性指标、制度财务指标对2007~2008年中国分省区的农村最低生活保障制度运行绩效进行了评价。中国各省间农村最低生活保障的运行绩效存在明显差异和层次性，但与该省的经济发展水平无必然联系。林闽钢、高传胜（2012）基于"结果-过程相结合"的绩效评估视角，设计了涵盖最低标准、标准调整、财政支持、工作经费、补差水平、替代水平、应保尽保、分类管理、动态管理等9个指标对各省城乡最低生活保障制度实施绩效进行了评估比较。尽管指标体系相对比较全面，但是其局限性在于一方面没有考虑不同地区和城乡间贫困结构的差异以及制度运行环境的差异；另一方面则是以低保户实名信件投诉和上访发生数量等衡量应保尽保率，以及用低保人群中有劳动能力的人数占最低生活保障总人数的比重来衡量最低生活保障对象的分类管理等指标设定的科学性欠缺。朱俊生等（2013）从社会保护政策的视角出发沿用农村最低生活保障救助力度系数、农村最低生活保障生活消费救助系数、农村最低生活保障食品消费系数考察全国各省的农村最低生活保障制度保障水平及其减贫效果。景跃军、孙昱淇、李元（2013）则提出农村发展型最低生活保障制度的概念，并构建一套包含保障对象的全面性、保障内容的内生性、救助形式的效益性、制度管理的可发展性等4个维度的指标体系对农村发展型最低生活保障制度的效果进行度量。

在制度运行机制评估方面，洪大用（2005）认为城市最低生活保障制度实施的刚性约束与地方政府的变通运作不同程度的影响和制约了低保制度反贫困效果的实现。黄晨熹等（2005）对上海市最低生活保障制度的研究认为，社会救助标准体系中存在不利于低保家庭退出救助的因素，包括如最低生活保障待遇的替代率、救助标准抵扣和渐退措施、最低生活保障附带福利等。与最低生活保障资格挂钩的各种附带福利弱化了最低生活保障对象正规就业的劳动激励。梅建明、刘频频（2005）对武汉市387户最低生活保障家庭的调查分析发现，该制度在操作过程中存在较多的搭便车现象影响了制度目标的实现。侯明喜（2007）指出由于管理信息系统建设滞后、信用体系的不完备等原因，社会保障目标瞄准机制出现的偏差使得福利资源短缺与浪费并存问题严重。刘君、黄崇山（2011）则指出，从最低生活保障政策的覆盖面和最低生活保障标准等宏观角度评估最低生活保障政策的保障效果的研究成果较多，但是对于从街道办和居委会这些街头官僚所拥有的自由裁量权对最低生活保障政策实施效果的影响的微观层面的研究则很少。因此，作者基于广州市最低生活保障政策的实施过程，从微观角度探讨了街头官僚（即街道办、居委会工作人员）在多大程度上影响了最低生活保障政策的实施效果以及相关政策的改进，并提出了对策建议。刘君等的这一研究尽管未直接评估最低生活保障制度的反贫困绩效，但是却为研究影响低保制度反贫困效果的因素提供了探索性的视角。从待遇发放方式的角度出发，周沛（2012）认为最低生活保障制度以单一的现金救助的方式，实际上不利于全方位改善和提升被救助者的生活状况。石声萍、吴芳（2012）对重庆农村的研究也发现将近四成农村贫困群体在最低生活保障的需求与供给方面存在不匹配和不对称现象。张兴杰、张开云、梁雅莉（2012）则从残疾人贫困的视角出发，认为残疾人社会救助体系实践中存在一种观念，即只强调资金或实物的扶助，而不是同等看重和配以相关救助服务，鼓励受助对象生理和心理康复并举、就业和自立。

3. 民族地区农村最低生活保障制度研究

当前学术界专门针对民族地区的社会救助制度研究成果并不多，而其中研究民族地区农村最低生活保障制度的成果则更少。而从现有的对民族地区的社会救助或最低生活保障制度研究成果来看，大多表现为研究人员对政策的宏观评估以及研究思路也大多雷同，趋向于某一民族省份或市县的最低生活保障制度内容介绍、存在的问题以及对策分析。

第一，民族地区农村最低生活保障制度研究。

李琼（2008）从民族地区农村最低生活保障制度的路径选择出发，认为民族地区农村最低生活保障制度存在保障面窄、最低生活保障标准低、最低生活保障对象瞄准困难等问题。贾毅、贡保草、马文君（2009）以临夏回族自治州为研究范围，李显坤（2010）以克拉玛依市为例，指出农村最低生活保障制度层次低、范围小、覆盖面窄、社会化程度低、救助资金不足、救助资金管理缺乏制度法律的规范、低保救助具体业务操作不规范、制度公平性差等问题。黄瑞芹（2013）对湖南省两个贫困民族自治县的实地调研发现，现行农村最低生活保障户的确定方法使得民族贫困地区农村最低生活保障制度的目标瞄准效果存在一定偏差（漏出率达1/4，漏损率超过1/10）。朱启国、贺伟（2013）从制度模式、财务机制和工作网络三个方面对我国西部民族地区农村最低生活保障可持续发展问题进行研究，认为西部民族地区由于条件的限制和制度本身的设计缺陷，使得最低生活保障制度一直难以发挥其应有的作用。叶慧

（2014）通过对 18 个西南民族扶贫县 596 户农户关于农村最低生活保障制度实施状况的调查表明仅有 46.7% 的农户感觉满意。存在的问题依次是，最低生活保障户产生程序不合理、政府补贴太少、低保户名额太少。

第二，云南农村最低生活保障制度研究。

也有一些本土学者对云南民族地区农村最低新生活保障制度进行了研究。早在农村最低生活保障制度在全国推行之前，唐新民、王庆玲（2006）认为云南农村除五保户供养制度外，其他救济措施尚未形成规范的制度。特殊人群能够获得的救济待遇也不高，对保障基本生存作用很小。而且边境地区、"直过区"和人口较少民族并没有在社会救济政策方面得到特殊保障安排。之后，林静、唐新民（2008）从国家安全和边疆稳定的视角，认为建立和完善中国边疆少数民族地区的社会保障制度，对于维护边境地区的社会稳定作用重大。就边疆特困民族的最迫切需要来看，应当率先建立特困民族最低生活保障。普艳杰、李克艳（2012）则指出云南农村最低生活保障制度缺乏规范性、法律依据不足，救助标准低且覆盖面窄，州市、县的最低生活保障救助资金不足且来源渠道窄。周峰、卢燕（2012）认为云南农村弱势群体最低生活保障制度存在立法效力不高、立法层次复杂，最低生活保障制度与其他救助制度接轨机制不全，最低生活保障资金社会监督欠缺，保障指标分配不均，补助标准偏低等不足。郭跃华等（2012）对于大理市宾川县农村最低生活保障的研究表明，农村最低生活保障存在家庭收入量化难，救助对象界定不规范，最低生活保障标准偏低，评审过程不严格，基层管理能力差等问题。金璟、李永前、起建凌（2013）研究了云南部分人口较少民族地区农村最低生活保障标准的"两轨制"现象。"两轨制"的存在导致低保制度不能实现"应保未保"；地方政府只重视救助广度，却忽视对深度贫困群众的救助；为避免有限的最低生活保障名额分配矛盾，基层政府违背最低生活保障待遇发放原则。最终导致最低生活保障救助效果受到影响。起建凌等（2013）从最低生活保障待遇的实际购买力水平视角出发，认为云南人口较少民族地区因地处偏远，运输成本高，食品物价反而比城市高，导致贫困人员的生活成本高。因此，在这些地区实施农村最低生活保障时，应当基于国家贫困线综合考虑物价因素和当地农村居民的食品自给程度，适当上调低保标准。

此外，也有少数学者对云南民族地区农村的最低生活保障制度作用及效果进行了分析，谢清、杨蠹、庄闻喜（2009）则对云南省普洱市50个最低生活保障家庭的生活状况进行了问卷调查，研究表明最低生活保障对象生活条件仍然艰苦、就业困难，社会网络资源薄弱；被访低保户并未出现"福利依赖"现象。并认为提升最低生活保障救助对象瞄准率，及时递送最低生活保障待遇仍是最低生活保障救助政策的重点。普艳杰、李克艳（2012）认为，标准不高的农村最低生活保障待遇在解决贫困人口实际困难和稳定农村经济社会发展方面仍然发挥了重要作用。刘苏荣（2012）则从国家认同的角度认为对于来说，单纯的扶贫开发无法帮助他们真正脱贫，只有完善的最低生活保障制度才能保障边疆少数民族地区贫困人口的基本生活，解决绝对贫困问题，增强他们的国家认同感。

在完善云南农村最低生活保障制度的对策建议方面，郭昆、李崇科（2012）建议建立针对少数民族特困群体的特殊保障机制。刘苏荣（2012）则从维护边境社会稳定的视角给出了完善云南边疆少数民族地区农村最低生活保障制度的策略。这些学者提出的具体建议主要包括：准确界定最低生活保障对象，降低少数民族地区州、县财政负担比例，确保最低生活保障救助对象及时、足额地享受最低生活保障待遇，对农村最低生活保障救助对象实施动态管理，完善农村最低生活保障制度与扶贫开发、促进就业以及其他农村社会救助项目协同，等等。

(四) 国内文献研究述评

总体而言，现有的研究为评估民族地区农村最低生活保障制度减贫绩效提供了研究思路和技术方法上的诸多启示。

在公共政策评估方法的研究文献方面，尽管该领域的学者指出中国的政策评估理论研究还相对薄弱，但是陈振明等公共管理学的专家在公共政策评估的价值理念选择、公共政策评估的必要性和作用、评估标准的设定等方面的研究内容，以及对国外公共政策评估研究的介绍为本书研究云南省农村最低生活保障制度发展问题的评估思路和评估方法的选择提供了重要参考。

在社会救助制度绩效评估研究方面，国内理论界对于社会救助制度反贫困效果的研究思路主要包括三个方面，一是从社会救助制度本身发展水平进行度量；二是从社会救助待遇引起贫困率的变动程度实证分析社会救助减贫效果；三是借助公共政策评估方法对社会救助制度进行绩效分析。很多的有关最低生活保障制度的经验性研究和实证研究更为本书开展农村最低生活保障制度发展问题研究提供了富有参考意义的研究假设。但是，现有有关社会救助制度评估的研究同样存在如下局限：第一，尽管有关最低生活保障制度和社会救助制度的评估指标有很多，但是这些指标的选取往往表现出了零散性和非系统性的特点，背后缺乏一致性的理论支撑。第二，部分研究则将最低生活保障制度或社会救助制度自身的发展水平评估指标等同于减贫效应的指标，缺乏科学性，并且使得一些学者往往过多地关注于相关研究，而无法对最低生活保障制度等在缓解贫困方面的具体作用进一步探究。第三，对于最低生活保障制度评估指标并没有达成共识。

在民族地区农村最低生活保障制度研究方面，当前学术界对于全国范围内的民族地区的农村最低生活保障制度关注并不够。现有的研究在研究民族地区农村最低生活保障制度时很少有人从民族学的视角出发总结民族地区农村最低生活保障制度运行的特点与差异性，因而现有的很多有关民族地区最低生活保障制度的研究实际上只是落脚于西部某一省份或某些省份贫困地区。在这样的逻辑下，我们会发现学者的研究内容和结论基本雷同，并没有体现出农村最低生活保障制度的发展和运行机制在民族地区与非民族地区之间的差异。而在对策建议研究中，一方面，有部分学者强调应当考虑民族地区的特殊性，但是对于民族地区的特殊性并不清晰，因而更多的是停留在宏观层面的主观判断，而缺乏基于民族学视角或者社会弱势群体视角下对民族地区农村社会救助制度特殊性设计的逻辑及机理的分析。另一方面，诸多学者则认为民族地区的农村最低生活保障制度应当更加注重从提高标准、拓宽救助资金来源和提升基层管理能力等方面着力。总体而言，现有的有关民族地区农村最低生活保障制度的研究大多是基于学者的主观判断以及宏观描述分析了西部民族地区该制度的运行现状与实施，研究思路、研究内容与结论大多雷同，缺乏对农村最低生活保障制度在民族地区运行中的特殊性进行总结，缺乏对该制度在民族地区的反贫困效果的客观实证检验及差异性的挖掘。通过专门针对云南民族地区农村最低生活保障制度的研究文献梳理发现，有学者注意到了从民族类别（人口较少民族、跨境民族）、国家认同、边疆社会稳定等视角对农村最低生活保障制度的作用及必要性进行了分析，但是对于该项制度的反贫困效果的检验研究较少。已有的少量有关低保户对低保制度的满意度研究无法形成对农村最低生活保障制度反贫困效果的全面认识。在研究思路、内容与结论方面也存在一定程度上的雷同，缺乏对农村最低生活保障制度在云南民族地区运行中的特殊性以及反贫效果进行总结与检验。

四　研究思路

本书的研究目的是从农村最低生活保障制度在云南省发展过程中面临的特殊制度环境出发，分析出云南省农村最低生活保障制度在云南省农村反贫困行动中的特殊重要性；并依据微观调查数据，对云南省农村最低生活保障制度的减贫效果进行检验。在对发展现状和减贫效果分析的基础上，进一步挖掘云南农村最低生活保障制度面临的主要问题。由于学术界和政府政策界对于民族地区的社会保障制度建设如何考虑民族因素存在争论，因此本书在完成主要问题的归纳之后，分别从云南省农村最低生活保障制度发展的特殊性、农村最低生活保障制度与民族政策的关系两方面出发，探索性地总结出云南省农村最低生活保障制度发展的总体思路，并针对总体思路的落实，提出相应的一些对策建议。

本书的主要研究内容如下。

第一，对开展农村最低生活保障制度研究的基础理论进行梳理。主要从生存权理论、贫困理论、社会控制理论三个方面进行。由于贫困问题和制度建设等特殊的环境，在完成理论基础梳理的基础上，对农村最低生活保障制度在云南省社会保障制度中的重要性"兜底"角色的表现以及成因进行分析，以探索性地回答农村最低生活保障制度在反贫困行动中所扮演的特殊重要性角色。

第二，对云南省农村最低生活保障制度的现状进行论述。具体而言，着重于制度的建制历程、政策内容（主要包括保障对象确定、待遇标准制定和资金筹集办法），运行现状（主要包括保障水平、保障人数、资金投入）三个方面。

第三，对云南省农村最低生活保障制度的实际减贫效果与主观评价进行分析。减贫效果是利用微观调查数据进行，具体包括基于 FGT 指数的缓贫效果检验、基于基尼系数的收入分配效应检验。主观评价则主要是从低保户与非低保户、不同地区的低保户、不同民族间的低保户三个层面进行交互分析。

第四，对云南省农村最低生活保障制度发展面临的主要问题进行分析。按照吉尔伯特的社会福利政策分析框架，对于社会福利政策的评估，通常从政策对象是谁、价值取向是什么、如何递送待遇，以及财政支持由谁出四个方面进行。在这一思路下，本书将从制度的实际保障水平差异问题、资金筹集问题、管理运行问题等主要方面进行论述。

第五，对云南省农村最低生活保障制度发展的特殊性。对于特殊性的确定，主要是基于云南省农村地区的制度环境的特殊性。这些特殊制度运行环境主要包括少数民族人口比例高、贫困问题严重、边境地区等等。因此，本书选择从少数民族多生多育、跨境婚姻、境外势力等三个方面来论述。

第六，对云南省农村最低生活保障制度与民族政策的关系进行梳理。这一部分主要是结合我国区域发展政策、民族政策在扶持和保护少数民族群体方面所持的价值理念和政策实践，从而探析最低生活保障制度在反贫困行动中如何认识其与民族政策的关系，并且结合国外社会保障制度实践在确定受助对象资格的认定方面的经验，来回答最低生活保障制度在与民族政策的衔接中如何进行角色定位。

第七，提炼出云南省农村最低生活保障制度未来发展的总体思路，并对完善云南省农村最低生活保障制度的发展提出对策建议。

五　研究方法

（一）文献研究

本书的研究需要采用文献研究法系统地梳理国内外有关社会救助制度以及公共转移支付反贫困的理论、公共政策绩效评估理论、贫困测量理论与模型、收入分配理论、民族理论与民族政策等相关方面的文献。主要用于对本书研究提供支撑性观点、理论依据、研究思路和研究内容的设计与安排。此外，本书还需要对有关云南农村最低生活保障制度的政府政策文件、工作总结与调研报告材料、材料汇编等政策法规条文进行文献梳理。

（二）统计研究

本书需要对多类数据进行数理统计分析检验农村最低生活保障制度的减贫能力、减贫效果和政策受众的主观评价。具体而言，本书需要采用民政部门公布的季报和月报数据从省级层面、市州层面、县级层面对云南省农村最低生活保障制度的实际保障水平、待遇标准、筹资水平等进行详细的纵向和横向比较。同时，本书还需要利用微观调查数据进行 FGT 加权贫困指数模型的计算，以及有关基尼系数变动的测算等，以实现对农村最低生活保障制度实际缓贫效果的检验。另外，本书需要依据问卷调查数据进行交互分析，研究农村最低生活保障制度的主观评价情况。

六　资料来源

本书的资料来源类别及来源渠道如下：

第一类，学术性文献。国内学术性文献来源包括纸介文献和电子文献两类。纸介文献主要包括图书、期刊和优秀博士学位论文。来源渠道包括：中国人民大学图书馆、国家图书馆。此外，云南省社会科学院出版的有关云南经济社会发展的未公开发行的资料和书籍也是本书的重要学术文献的来源。电子文献来源渠道包括：中国期刊全文数据库、万方数据资源系统-会议论文数据库、万方数据资源系统-数字化期刊全文库、中文科技期刊数据库（维普）中国博士学位论文全文数据库、超星电子图书、读秀知识库、复印报刊资料系列数据库-全文数据库，等等。国外文献检索也分为纸介文献检索和电子文献检索。外文纸介文献的检索来源渠道包括：中国人民大学图书馆、国家图书馆外文库。电子文献搜索渠道包括：EBSCO-Academic Source Premier、Elsevier Science Direct 数据库、JSTOR、牛津大学出版社牛津期刊现刊库、ProQuest-Academic Research Library、

Springer 电子期刊数据库、Sage 电子期刊、Taylor & Francis 期刊数据库、Source OECD（经济合作与发展组织在线图书馆）。此外，谷歌学术搜索引擎也是本书的主要国外文献搜集来源渠道。

第二类，政策法规条文。主要是有关云南农村最低生活保障制度的相关政策文件、法律条文、政府工作报告、部门工作总结、部门调研报告，等等。这一类文献也包括纸介版和电子版文献两类。其中纸介版文献的来源渠道为：向云南有关政府部门索取。这一部分资料已经依托中国社会科学院省院合作项目"民族团结进步边疆繁荣稳定示范区建设"课题组进行了县乡一级政府部门材料的收集。电子版文献的来源渠道为：民政部官网、云南民政厅以及地方民政局网站、云南民族网，等等。

第三类，统计数据资料。统计数据资源的内容包括：民政部官网公布的各级低保数据，来源渠道为民政部官网。《中国统计年鉴》和《云南统计年鉴》、云南州县一级的统计年鉴，以及相关的统计年鉴，来源渠道为国家统计局官网、中国经济与社会发展统计数据库、中国人民大学图书馆、国家图书馆等。

第四类，问卷调查数据。本书使用的问卷调查数据来源于中国社会科学院民族学与人类学研究所组织的"21 世纪初中国少数民族地区经济社会发展综合调查"2013 年在云南 4 个抽样区县的家庭问卷数据。使用的问卷数据包括被访者的人口学特征数据（性别、年龄、民族）、经济社会特征数据（家庭人口数、户籍、个人与家庭收入、受教育程度、工作类型、宗教信仰等），以及有关农村最低生活保障制度评价的相关主观认知评价数据。

七　研究创新之处

本书的创新之处表现在以下两个方面：

第一，在研究范围的选择上，本书选择了我国农村贫困问题最严重的西南民族地区省份之一云南省作为研究范围，并从制度运行环境的特殊性出发，从云南省的贫困问题十分严重、少数民族人口在农村分布比例高、边境地区人员流动等因素出发，归纳提炼了农村最低生活保障制度在云南省的发展实践中面临的一般性问题和特殊性问题，拓宽了以往对于农村最低生活保障制度研究的关注焦点。

第二，结合民族政策和民族理论，以反贫困目标作为分析背景，以阿玛蒂亚·森的能力贫困理论为理论支撑，以提升地区、群体、家庭（个体）发展能力为切入点，分析农村最低生活保障制度在整个扶持少数民族和民族地区发展政策体系中所扮演的角色及发挥的作用，探索性地回应了我国社会保障制度的发展如何考虑民族因素这一问题。

第二章　农村最低生活保障制度研究的理论基础

农村最低生活保障制度是我国社会救助制度体系中的重要构成部分，覆盖对象通常是农村绝对贫困人员，发挥着缓解贫困和缩小不平等作用。在整个社会保障体系中，社会救助制度通常被认为是处于最底层的一道安全网，而农村最低生活保障制度则是农村社会救助制度这道安全网中的最后一道安全网，其保障功能的基础性是可想而知的。但是，由于最低生活保障制度实行属地管理，加之这项制度运行的环境存在明显的地区差异，因而也就导致了最低生活保障制度的基础性保障功能和角色的重要性会存在差异。云南省农村贫困问题的特殊性、经济社会发展状况的特殊性使得农村最低生活保障制度在云南省的社会保障体系中具有与其他省份不同的特殊重要性。

一　主要理论基础

（一）生存权理论

生存权理论之所以作为研究农村最低生活保障制度的理论基础，在于这一理论从经验事实层面、逻辑层面和学理层面不仅证明了一个国家的公民维持基本生存和作为一个社会人所拥有的尊严的当然权利；而且还明确了国家积极保障和促成公民生存权实现的当然义务。马克思、恩格斯在《德意志意识形态》一文中认为："我们首先应该确立一切人类生存的第一个前提也就是一切历史的第一个前提，这个前提就是：人们为了能'创造历史'，必须能够生活，但是为了生活，首先就需要衣、食、住以及其他东西。"① 宣扬生存权理论的最终落脚点在于，国家依法履行其维护公民生存权的义务。

生存权是在早期人权文献和立法中（如美国的《弗吉尼亚权利法案》和《独立宣言》）有关生命权和社会救济权规定的基础上发展起来的，在此过程中，逐步演变为一项实际法律权利。1791年法国的《法国宣章》则规定："实施公共救助的总机构应当被建立，这一机构的使命应定位如下：为弃婴、残疾人和健壮的贫困人员给予必要的保障和提供工作机会。"② 1886年，奥地利法学家安东·门格尔出版的《全部劳动史论》首次提出生存权的说法。按照他的理解，生存权可以被定义为：社会财富的分配应确立一个一般性的客观标准，该标准必须使所有人都能获得与其生存条件相适应的基本份额；当国民陷入生存危机状态时国民则有权要求国家优先向其提供必要的食物和劳动机会，国家在此过程中应当充分体现出对这些陷入生存危机的国民的帮助的优先性。③ 这是最早从学术的角度对生存权进行的定义，之后比较有代表性的学者定义有日本学者大须贺明的观点，他认为生存权主要是指生活中的贫困者和失业者等有权请求国家给予帮助，从而能过上正常人的生活，从而维持其作为一个社会人应有的尊严。④

而生存权作为一项权利被明确地写入法律，宣明国家有保障公民生存权，要以1918年苏俄的《被剥削劳动人民权利宣言》和1919年德国的《魏玛宪法》为标志。《魏玛宪法》第163条规定："国家应当保障德国国民充分享有参与劳动的机会，以此确保国民的

① 《马克思恩格斯全集》（第3卷），人民出版社，1975，第31页。
② 赵雪纲、王雅琴：《生命权与生存权概念辨析》，《中国社会科学院研究生院学报》2004年第6期。
③ 章亮明等：《和谐社会中社会保障立法的生存权思想》，《价格月刊》2005年第12期。
④ 〔日〕大须贺明：《生存权论》，林浩译，法律出版社，2001，第16页。

生活；如果劳动机会无法满足国民劳动意愿的需求，那么，国家就应义不容辞地提供依法向这些未能如愿劳动的人提供基本生活保障"[1]。随着 20 世纪 20 年代末以来的资本主义国家的经济危机所造成的大量社会问题和贫困问题，以及第二次世界大战结束后世界各国对国家重建的期望和价值取向，生存权越发地得到了重视和发展。生存权在第二次世界大战后，成为各国宪法和国际人权法的重要内容。公民权理论也一时成为当时西方国家倡导公民社会权、建设福利国家或者建设"社会国家"的重要理论基础。也是在这一时期，世界各国对于公民权所包括的内容进行了扩展和确认，以 1948 年通过并发布的《世界人权宣言》的规定内容（如可参见第 25 条第 1 款的内容）为代表，为世界各国保障和维护本国国民公民权提供了参考。生存权属于社会权的范畴，具体而言，生存权应包括社会保障权、适当生活水准权和健康权。[2] 这一点可以从《经济、社会和文化权利国际公约》对《世界人权宣言》第 25 条规定内容的进一步延伸中得以体现。即《经济、社会和文化权利国际公约》的第 9 条、第 11 条、第 12 条规定的内容。[3]

通过上述对国外的法律文本内容、代表性学者观点以及国际公约的一系列规定可以发现，生存权旨在为人提供能维持最基本生存所需的必要帮助，并且这种最低生存还必须是符合作为一个社会人所必须拥有的尊严状态下的生存。生存权是温饱权基础上的一种权利，这种权利相比温饱权而言，多了一个特征，即最低限度合于人性尊严。基于这种逻辑，生存权的概念应当包括如下两个方面的内容：第一层是维持人的生活的基本的物质需要；第二层是人们能有

---

① 赵雪纲、王雅琴：《生命权与生存权概念辨析》，《中国社会科学院研究生院学报》2004 年第 6 期。

② 龚向和：《生存权概念的批判与重建》，《学习与探索》2011 年第 1 期。

③ 《经济、社会、文化权利国际公约》，http：//www.un.org/chinese/hr/issue/esc.htm，访问时间：2014 年 7 月 8 日。

尊严地享有这些基本需要。① 因此，国家在履行保障公民生存权的时候，关键在于如何把握和确认"最低限度且符合人性尊严"这个度。因此，维护和实现公民权的义务主体不仅仅要考虑到公民权真实效果的实现，同时也需要考虑到履行这项义务所需要花费的资源。如果对最低限度且符合人性尊严的认定标准过低，那么公民权的实现程度以及享受公民权救助的人的实际生活改善状况将大打折扣。

关于生存权的讨论，除了首先需要明确上述的何为"最低限度的有尊严的生活标准"外，另一个重要的讨论焦点是国家应当如何履行其保障国民生存权。美国学者 Shue Henry 从国家义务的角度提出了"三层义务论"，即避免剥夺的义务、保护个人不受剥夺的义务、帮助被剥夺者的义务。② 挪威学者艾德将"三层义务论"扩展为"四层义务论"：四项义务内容是：尊重、保护、促进和提供。③ 大须贺明则认为，有两种方式值得国家进行尝试：一种是赋予人们之前所无法获取的机会；另一种是在没有其他资源足以保障基本生存时，国家作为资源提供者，补足国民生存所必需的食物等资源。④ 并且，他还指出，国家在履行保障公民权的义务时，需要处理好以下几类关系，即第一，依据生存权内容确定国家预算；第二，突出低于国民平均生活水平的国民获得保障的优先性；第三，任何国民在无法维持生存时均有权获得救助；第四，生存救助与参与劳动并重；第五，生存权保障水平的最低限度性。⑤

---

① 龚向和：《生存权概念的批判与重建》，《学习与探索》2011 年第 1 期。
② Shue, Henry, 1996, *Basic Rights: Subsistence, Affluence and U. S. Foreign Policy.* Princeton University Press, p. 13.
③ 〔挪〕艾德等：《经济、社会和文化权利教程》，中国人权研究会译，四川人民出版社，2004，第 20~21 页。
④ 〔日〕大须贺明：《生存权论》，林浩译，法律出版社，2001，第 550 页。
⑤ 〔日〕大须贺明：《宪法保障中的生存权问题》，载张庆福主编《宪政论丛》（第 1 卷），法律出版社，1998，第 396~397 页。

生存权理论作为研究农村最低生活保障制度的基础理论之一，首先在于为国家积极干预绝对贫困者的反贫困行动提供了法律基础，保障公民的生存权是国家当然的一项法律义务。其次，生存权理论关于生存权内容的阐述和发展则为农村最低生活保障制度待遇水平的确定提供了科学依据。包括最低限度的生存需要，以及有尊严的生存水平。这些内容的论述都反映在各国社会救助待遇标准制定之中。而且，公民权其实也对贫困线的划定起着基础性的指导作用。福利国家和发展中国家的社会救助项目，尤其是关于最低生活保障或者最低收入维持计划的实践经验表明，各国依据本国的政治体制、经济水平、文化价值理念，确定了差异显著的最低生活保障标准以及最低保障实施的不同的政策运行办法。

而生存权理论对研究云南农村最低生活保障制度最直接的理论启示则在于：当被救助对象以少数民族为主时，这些群体的饮食消费结构与其他社会成员存在差异，且在本民族传统文化习俗下对生存权的理解和维护方式不同的时候，我国实行属地管理的农村最低生活保障制度在这些地区应如何合理地确定最低生活保障标准。

（二）贫困理论

最低生活保障制度是现代社会救助制度的核心组成部分，该项制度运行的价值理念和实施办法很大程度上都体现着资本主义市场经济体制国家的贫困理论的内容与变化。

经济基础决定上层建筑，资本主义市场经济的发展本质、规律及形态深深地影响了西方社会对贫困的认识及研究。早期的研究在以古典政治经济学构建的"工具性"贫困观为起点的基础上，较少地关注致贫原因和贫困本质的分析，而是注重采用经验研究的方法研究贫困的测量与反贫困措施。贫困问题的理论研究被搁置了，舒尔茨指出，在经济学有关贫困问题的研究中，缺乏理论支撑性很强的专门研究。① 布斯和朗特里的贫困研究一直被视为经验研究的典范。二人先后于 19 世纪末对伦敦郊区和约克郡的贫困进行了以个体统计资料为特征的大规模调查研究，布斯将"穷人"定义为一个中等家庭一周收入 1 磅或不到 1 磅的那些人，而朗特里则把一个家庭的总收入不足以维持家庭人口最基本的生存活动的要求确定为贫困。② 他们二人对于贫困定义与测量的里程碑式的意义在于：从收入角度界定了"生存贫困"也即"绝对贫困"，成为了西方经济学、社会学等学科研究贫困的起点，也是西方欧洲国家近现代时期贫困观演变的基石。1948 年，世界银行报告使用收入贫困概念，首次将全世界贫富国家与国民生产总值挂钩，年均收入低于 100 美元者，即列为贫穷、未发展或欠发展。德国的恩格尔在朗特里等的基础上提出了"恩格尔系数"，成为了国际上常用的一种测定贫困线的方法。美国学者奥珊斯基则运用恩格尔定律测量美国的贫困线，认定一个家庭将预算的 30% 以上用在食品开支上就是贫困的。此后，在贫困的测量方面，又先后出现了贫困人口比例、贫困距离率（平方）、基尼系数、洛伦茨曲线等分析方法和工具。这些方法和工具使得工业社会和市场经济中纷繁复杂的贫困现象、特定的贫困人口、贫困的分布状态、贫困程度等可以按照某种同一数量标准识别出来，为政策制定者治理贫困人口提供了依据。之后的经济学家又进一步提出了消费、福利等概念以补充和完善用经济状态描述贫困生理的、自然的特征。如此，生活方式的差异便可依据一个指定的标准简单化为生活水平的高低之分，而贫困的社会性、历史性和文化特征则被藏匿起来。由于"工具性"贫困观重点关注消费和收入，因此在此思路下的反贫困措施主要是通过增加收入能力和提高消费水平。

----

① 〔美〕西奥多·舒尔茨：《论人力资本投资》，吴珠华等译，北京经济学院出版社，1990，第 54 页。
② 周怡：《解读社会——文化与结构的路径》，社会科学文献出版社，2004，第142 页。

经济增长和抑制贫困的"涓滴效应"假说是其中的典型代表措施，此外伴随工业化产生的社会救助制度在维持贫困工人的基本生存方面发挥着"兜底"作用。

尽管收入贫困的概念的作用在一系列实证研究和应用研究中得到了证实，但是，这一概念的局限性与不足也逐步被学者们所诟病。尽管基于绝对贫困和收入贫困的单维视角下的"工具性"贫困观衍生了众多的绝对贫困识别方法，但是"二战"后西方国家的经济社会发展水平的极大提高、新社会问题的持续涌现以及建设福利国家呼声的高涨，使得起源于资本原始积累时期的并长期停滞不前的"工具性"贫困观越来越无法适应社会环境的变化。

20世纪60年代以后，彼得·汤森认为贫困是因为缺乏资源而被剥夺了享有常规社会生活水平和参与正常社会生活的权利，因此提出了相对剥夺方法为相对贫困概念奠定了基础。[1] 维克托·富克斯则最早明确提出了相对贫困概念并使用贫困标准进行了研究，他把美国贫困线确定为全国人口收入分布中位数的50%[2]，这一方法被OECD成员国家的学者广泛沿用和发展。从绝对贫困转向相对贫困定义尽管使得救助对象范围扩大，但实际上相对贫困仍然是以收入为核心的贫困测量办法，在贫困理念与绝对贫困并无实质区别。为此，在重新定义贫困和实现贫困观的"革命"道路上，学者们进行了不断的探索。其中，勒内·勒努瓦的社会排斥理论和阿玛蒂亚·森的能力贫困理论代表了西方学术界贫困定义从单一的收入维度到多维的转变，标志着西方社会贫困观从"工具性"贫困观走向了充满人性和良知的回归。社会排斥理念的贡献在于从贫困的致因和结果两个视角分析了弱势群体在市场经济中被隔离。就其分析视角而

①　Townsend, P., 1979, *Poverty in the United Kingdom: A Survey of Household Resources and Standards of Living*, University of California Press, pp. 109-115.

②　Fuchs, V., 1967, *Redefining Poverty and Redistributing Income*, The Public Interest, pp. 86-94.

言，在某种程度上正是阿玛蒂亚·森（另写作阿马蒂亚·森）提出的能力贫困在社会中的种种具体表现，即市场经济竞争中的弱势群体因为各种主观或客观能力不足而无法参与社会融合。20 世纪 80 年代，森提出了分析贫困的权利方法。他认为，贫困是权利不平等造成的。① 相比传统经济学的，森的分析框架存在诸多不同之处。其中最大的不同在于，森的分析框架更多的是强调"能力集"的增大以提升人的发展能力；而传统经济学强调的是物品的充足所引起的社会成员的效用趋于最人，而"人们讨论贫困不只是经济收入的不足，而应当是社会成员基本可能能力的不足"②。能力贫困理论的提出意味着西方社会贫困观乃至全球的贫困观根本性转变，这种转变就在于尊重了贫困的相对性本质却又体现了贫困致因的绝对性特征。能力对于任何社会结构中的成员都是十分基础并且重要的，而所谓的商品需求则在不同的社会结构中表现出明显的差异，而且同一社会结构中社会成员所处的环境的不同也会对商品需要的理解存在差异。③ 有学者对比汤森和森的贫困理论，并将二者区别为"绝对的相对"和"相对的绝对"。④ 相比于早期基于收入线的相对贫困概念，森的能力贫困理论推动西方贫困观由收入单维视角转向人性色彩浓厚的多维视角的逻辑就在于：基于追求幸福能力集的绝对性分析了能力贫困的致因和表现的多维性。用森的话说，真正重要的是个人面临的"能力集"或"选择集"，而不是他实际做出的选择。⑤

---

① 〔印度〕阿马蒂亚·森：《贫困与饥荒》，王宇、王文玉译，商务印书馆，2001，第 6~7 页。

② 〔印度〕阿马蒂亚·森：《以自由看待发展》，任赜、于真译，中国人民大学出版社，2002，第 9~23 页。

③ Sen, A., 1983, Poor, Relatively Speaking, Oxford Economic Papers, *New Series*, Vol. 35, No. 2, pp. 153-169.

④ 杨立雄、谢丹丹：《"绝对的相对"，抑或"相对的绝对"——汤森和森的贫困理论比较》，《财经科学》2007 年第 1 期。

⑤ 〔印度〕阿马蒂亚·森：《以自由看待发展》，任赜、于真译，中国人民大学出版社，2002，第 9~23 页。

随后，西方发达国家和发展中国家的学者都致力于构建最完善的"能力集"，以测量出贫困的真实面貌。这些努力一方面表现为大量新的贫困概念的出现；另一方面则是国际组织制定了一系列的多维贫困测量办法进行国际比较，例如世界银行的"广义福利贫困"，联合国发展计划署的"人类发展指数"和"人类贫困指数"，英国牛津大学贫困与人类发展研究中心的"多维贫困指数"，等等。而在反贫困措施方面，西方国家则是推行积极的社会政策，包括社会福利制度和社会服务的提供等。这些措施不仅以主动预防的角色促进社会成员人力资本的积累从而实现和维护个体在市场经济竞争中的起点公平，而且还以事后援助和支持的方式，维持个体不至于掉入"绝对贫困"中面临生存危机。此外，一系列的社会服务则使得社会成员能积极地融入社会，增进社会成员间的有机团结。[1]

西方贫困理论的发展变化对研究云南农村最低生活保障制度发展问题的直接启示在于，第一，在市场经济发展程度和现代化程度不高的西部民族地区，不能完全生搬硬套植根于西方资本主义国家的贫困理论。在分析我国民族地区农村贫困致因和制定反贫政策的过程中，需要尊重和遵循民族地区农村经济社会发展的实情。第二，能力贫困理论的提出为完善云南农村最低生活保障制度的保障标准制定办法，以及最低生活保障制度与其他反贫困政策的整合衔接提供了理论支撑。

（三）社会控制理论

西方学者在解释社会福利政策的发展时，一种被提到的观点就是社会控制观念和理论是推动资本主义国家社会福利政策发展的一个重要动力，尤其是对中央集权国家而言，基于社会控制动机出发而有针对性的建设社会福利政策是较为常见的。这种观点尤其受新

---

[1]　宁亚芳：《从道德化贫困到能力贫困：论西方贫困观的演变与发展》，《学习与实践》2014 年第 7 期。

马克思主义学者的积极推崇。将社会福利政策归因于社会控制的需要这种观点没有全面地论述社会福利政策发展动因，但是从社会控制的视角出发能帮助我们充分认识农村最低生活保障制度在实现社会稳定等方面的政治效果。

就"社会控制"一词的出现而言，目前学者公认的是由美国社会学家罗斯于1869年首次提出，提出社会控制一词背后的逻辑就是对社会秩序维护的思考。罗斯认为，尽管人类社会在很长一段时间依托亲情、感情等自然方式维系着有序的私人关系和社会关系，但是在社会进步的进程中，往往体现的是以稳定的不受人的情感影响的关系逐渐取代无常的私人关系。而现代社会中的这种新型关系，即社会和人的关系的维护所依赖的机制，就是社会控制。① 按照罗斯的定义，社会控制是一种有意识、有目的的政治统治，在内容上包括对于意志、情感和判断的控制。而实现上述控制的方式则包括政治、经济、法律、文化、道德、宗教、舆论、教育、礼仪等诸多方面。② 罗斯在论述其社会控制理论学说的过程中，特别强调社会成员个体主观能动性在社会控制过程中的重要作用。"社会控制"是人们的一种自觉地的努力，实现诸多方面的关系协调；例如，个人与社会、行为与规范、当前与长远、局部与整体，最终的结果就是实现社会各个因素的有序整合。③ 而且，罗斯还强调，除了要实现社会稳定这一目标外，如何积极发挥社会成员的主观能动性和自觉性，也是社会控制措施需要关注的。④

---

① 〔美〕E. A. 罗斯：《社会控制》，秦志勇、毛永政等译，华夏出版社，1989年，第9页。

② 高和荣：《社会学视野下的贫富差距及其社会控制》，《云南社会科学》2003年第3期。

③ 武中哲：《罗斯的社会控制观及其对我国的启示》，《理论学刊》2006年第6期。

④ 〔美〕E. A. 罗斯：《社会控制》，秦志勇、毛永政等译，华夏出版社，1989，第320页。

从罗斯的论述中可以发现的是，社会控制的手段必须是多元的，才能有效地调节社会与人之间的关系，促成社会秩序的和谐。而国家作为调节社会和人之间关系的一个重要责任主体，其可以采取的社会控制措施应当包括来自政治、经济、法律、文化等多个方面，这些措施往往带有一定强制性或者基于法律层面的权利与义务关系。就贫困问题而言，这既是社会秩序失序的表现，同时也是社会与人之间关系不和谐的表现。尽管个人致因在贫困成因中是不可忽视的一个部分，但是造成贫困问题的原因往往大多来自社会层面。例如资本主义市场经济体制对无产阶级工人的剥削，经济危机导致大量家庭陷入贫困，等等。贫困问题所体现的社会失序、社会与人之间关系的不协调则对国家的积极干预提出了要求。国家无论是基于公民的生存权等诸项法律权利，还是基于个人与国家的契约关系，抑或是基于类似于"父权主义"国家的对子民的爱护理念等，国家都有动力去运用社会控制的手段来维系社会秩序的有序和稳定。

因而，社会控制理论通过对调节社会与人之间关系和谐并促成社会稳定的逻辑思路及价值理念为国家积极采取干预措施提供了理论指导。社会福利政策，具体到最低生活保障制度，正是国家主动承担责任主体的角色和义务，直面社会成员面临的贫困问题，以采取生存维持或者最低收入维持等被动救助的方式化解贫困者的生存风险，进而间接地起到了缓解贫困问题给社会成员带来的巨大压力和风险，使得贫困者与社会之间可能存在并恶化的矛盾趋于化解，社会与人之间的关系恢复正常。有学者就指出，社会保障作为近代工业社会的产物，其产生之处的功能就在于解决因社会变迁或社会转型而造成的社会贫富差距拉大、社会贫困以及社会发展的问题。[①]最低生活保障制度直接地缩小着社会的不平等和不公平，贫富差距也得以有效控制，进而使得贫富之间的对抗趋于和缓，社会稳定的

---

① 高和荣：《社会学事业下的贫富差距及其社会控制》，《云南社会科学》2003年第 3 期。

目标得以实现，这是该制度产生的巨大社会效果与政治效能。①

同时，在社会控制理论的逻辑下，正确理解农村最低生活保障制度作为社会控制措施之一的合理角色也十分必要。社会控制就其内容阐述而言，并不表明这一个概念带有贬义色彩。但是，社会控制超过了合适的度，那么社会控制的具体形式将可能为被控制者所厌恶。而就社会保障制度而言，作为一项以生存权、社会权、福利权等法律权利为基础的制度安排，是一种积极良性的社会控制措施，带有强烈的国家履行其义务和承担责任的色彩，明显区别于早期带有施舍色彩的临时救济。而且最低生活保障制度依法实施，并产生的诸如缩小贫富差距、缩小不平等、缓解贫困等正是人类社会追求公平正义价值理念的体现。因此，需要正确评价最低生活保障制度在促进社会稳定方面的政治效果。这一点，在研究云南省农村最低生活保障制度方面显得尤为重要。因为，农村最低生活保障制度在云南省的实践中不仅会面临促进少数民族国家认同的问题，也关系着维护边境地区稳定。农村最低生活保障制度在云南的实践会使得其可能产生的政治功能更加明显。同时，也正是这一点，农村最低生活保障制度在云南的实践中可能面临着违背制度自身规律而完全变为维护社会稳定工具的风险。

二 社会救助制度在社会保障制度中的角色

（一）社会救助制度的"生存保障"角色

社会保障制度或体系从构成来看，一般可以归为三类，即社会救助、社会保险和社会福利。在制度目标上，社会保障体系的上述三个子项目的制度目标是不一样的。而正是制度目标的不一样，决

①　郑功成：《维护生存权与底线公平的根本性制度保障》，《中国社会保障》2009年第9期。

定了社会救助在社会保障制度或体系中扮演着最基本的"生存保障"角色。具体而言,社会保险制度的目标往往是运用保险精算的大数法则,通过风险共担方式,以雇主和劳动者等多方缴费来帮助参保劳动者分散风险和预防风险。社会福利则是旨在通过国家财政力量提升全体公民(居民)或者部分人群(老年人、儿童、残疾人等)的生活质量和幸福感,其制度目标在于满足人们更高水平的需求。而相对于前两者而言,社会救助制度的目标则是保障贫困的社会成员的基本生活,缓解贫困人员的贫困程度,外在效果表现为绝对贫困人数的减少、贫困程度的减轻以及贫困发生率的降低等,如图2-1所示。社会救助制度被很多学者定义为社会保障制度的最低层次,是社会弱势群体的"生命线"。如果将社会保障制度比喻为社会的一道安全网的话,那么社会救助制度就是这张安全网中的最后一道安全网。社会救助制度体现了人道主义精神,是社会保障制度的基础,好比社会保障这张安全网的网底,是社会稳定的最后一道防线,扮演着不可替代的角色。[1] 联合国在其提议的构建"社会保护地板层"中强调,各国在社会服务、社会转移、经济保障等项目中,保障水平和覆盖的人口范围均应当根据国情(财政潜力、人口结构和发展趋势、收入分配、贫困面和覆盖面缺口等)、政治选择、覆盖人群的群体特征和预期结果来确定。在任何情况下,保障水平应确保人们获得基本的食物和其他最基本的物品及服务。[2]

通过基于社会成员的生活需求的层次性分析发现,社会救助制度在整个社会保障制度或体系中往往具有"生存保障"的功能,保障的是社会成员最基本的生存需求。在实际的制度运行中,社会救助制度也往往面对的是贫困人员。

---

[1]　冯英、聂文倩:《外国的社会救助》,中国社会出版社,2008,第7页。

[2]　国际劳工局:《世界社会保障报告(2010—2011)——危机期间和后危机时代的社会保障覆盖》,人力资源和社会保障部社会保障研究所译,中国劳动社会保障出版社,2011,第20页。

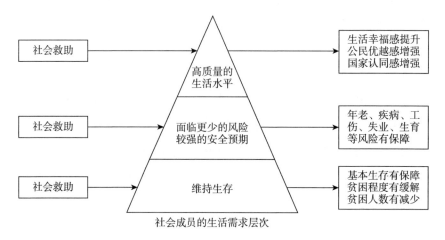

图 2-1　社会救助的"生存保障"角色

（二）社会救助制度的"兜底"角色

1. 社会救助制度的补充性"兜底"角色

社会救助制度除了在满足社会成员需要上扮演的是"生存保障"角色之外，从整个社会保障制度和体系的发展进程而言，社会救助制度在理论上往往又具有弥补社会福利和社会保险制度无法保障和覆盖到的人群的保障作用。换言之，在理论情况下，由于社会保险制度和社会福利制度的实施，大部分社会成员能够得到较好的经济保障和福利服务，而仅有一小部分社会成员的生活水平或收入水平低于贫困线而成为贫困人群。这些无法通过社会保险和社会福利制度摆脱贫困的社会成员，则需要依靠社会救助制度兜底性救助，维持最基本的生活水平。

社会救助制度这种"兜底"角色在不同发展时期和不同国家存在明显差异。从社会保障制度的发展历程来看，社会救助制度的"兜底"角色在农业社会中发挥着重要的济贫作用，而在工业化时代的福利国家中扮演着补充性的"兜底"角色。

以英国政府 1601 年出台的《济贫法》为例，在当时的农业社会中，英国政府负责提供的社会救济则是唯一的官方主办的社会救助制度。在处于同样社会形态的的瑞典等国家，当时的社会政策也主要局限为为贫困人口提供社会救济方面。在当时的社会形态、经济发展水平、价值观念等的背景下，英国颁布的《济贫法》以及其他欧洲国家政府对《济贫法》的效仿，使得社会救助制度在资本主义工业化时代之前的社会中，作为唯一的社会政策措施而处于救济贫困人员行动的最前线，发挥着核心作用。而随着资本主义工业化时代的到来，人们的就业形式发生了急剧变化，现代化产业的迅速发展，人们面临的社会风险类型与结构也随着产业结构的变化而发生了变化。再加上资本主义兴起初期需要为进行资本积累而导致的对就业人员的剥削和压迫，仅仅依靠过去的政府社会救济已经无法适应工业化大生产时代中大量贫困工人产生的现实。因而现代社会保险制度应运而生，成为缓解产业工人贫困状况的重要社会保障制度。

其后，随着欧美工业化国家财富能力的增强，公民权理念和价值观的发展，社会福利制度也愈发完善。欧洲众多福利国家的建成不仅意味着这些国家公民的福利水平和生活质量有了提高，而且也意味着社会福利和社会保险制度发挥着越来越重要的作用。在此阶段，以家计调查和低水平为特征的社会救助制度在整个社会保障体系中越发地扮演着补充性的角色或者辅助角色。社会救助在现代社会保障制度体系中的辅助性角色也体现在贝弗利奇的报告《社会保险及其相关服务》一书中，该报告拟定设立公共救助方案，以补充对社会保险不能完全保护到的人们的保障和救助。[1] 这种特征可以从福利国家的社会保障财政支出结构得到证实。因为，社会保险制度和社会福利制度的快速发展，使得绝大多数劳动就业者及其家庭能够维持较高的生活水平，而仅有很小一部分贫困人员需要依靠社会

---

① 冯英、聂文倩：《外国的社会救助》，中国社会出版社，2008，第 5~6 页。

救助制度的救助。欧美福利国家社会保障制度的发展实践表明，社会保险、社会福利和社会救助三者之间在保障公民生活方面的作用存在此消彼长的关系。而且随着福利国家建设的推进，以及社会保险制度主体地位的确定，社会救助制度在西方福利国家将长期扮演着补充性的"兜底"角色。

2. 社会救助制度的重要性"兜底"角色

社会救助制度的"兜底"角色在不同国家存在差异。正如图2-2所示和上述所论述到的，社会救助制度在西方发达工业化福利国家的社会保障制度或体系中扮演着补充性的"兜底"作用。但是，发展中国家的社会救助制度则在保障社会成员生活水平和反贫困方面发挥着最重要的作用。这种重要性的"兜底"角色意味着，在一国（地区）内，由于受各种因素的影响，社会保障制度的建设中，社会保险制度覆盖的人群有限，社会福利制度项目缺失、实施范围有限、待遇水平偏低，因而导致社会救助制度在保障公民生活水平和缓解贫困方面的压力巨大，在整个社会保障制度中发挥着主要作用，整个社会保障制度在对象覆盖上表现出了较强的"选择性"特征而非"普惠性"特征。

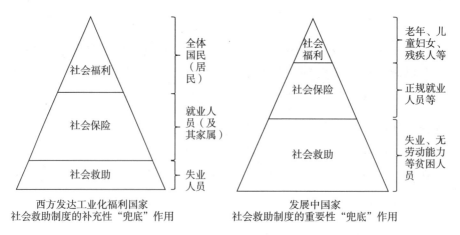

西方发达工业化福利国家
社会救助制度的补充性"兜底"作用

发展中国家
社会救助制度的重要性"兜底"作用

图2-2 社会救助的"兜底"角色

在大多数发达国家（除澳大利亚和新西兰），由于社会保险未覆盖人群相对较少，社会救助型项目尽管非常重要，但也只是发挥补缺功能，只扮演配角；仅为由于某种原因没有被主流社会保险覆盖的小部分群体提供收入保障和其他形式的待遇。而在许多中低收入国家，非缴费型的收入转移型保障项目近年来则变得日益重要。特别是那些非正规经济规模庞大，而社会保险制度仅覆盖少部分人口的国家，建立非缴费型的保障项目有利于消除贫困。在大多数发展中国家，多数充满希望的制度创新都有助于把各国那些尚未保障的人群覆盖进来，这些项目均属于现金转移型保障项目，比如巴西的Bolsa家庭项目、墨西哥 Oportunidades 项目、南非的社会补助制度等等。

导致社会救助制度在一个国家的社会保障制度或体系中扮演重要性"兜底"角色的原因主要包括以下几个方面：第一，受产业结构特点的影响，社会保险制度覆盖的参保人数占全国劳动就业人数比重较少。第二，受国家经济社会发展阶段的影响，社会福利制度的支付占社会保障制度各项目支出总和的比重偏低，在制度的保障对象上具有"选择性"特点。正如上文所述，社会救助作用到底是充当补充性的"兜底"角色还是重要性"兜底"角色，正是由社会救助、社会保险和社会福利三者的作用范围此消彼长的结果所决定的。

三　农村最低生活保障制度在云南社会保障制度中的重要性"兜底"角色

（一）重要性"兜底"角色的表现

农村最低生活保障制度在云南省的社会保障制度体系中扮演着重要性"兜底"角色。这种重要性"兜底"角色正如上文谈到的那样，主要表现为农村最低生活保障制度在云南省的社会保障制度或体系中扮演着比社会保险和社会福利更为重要的角色，在保障社会成员基本生活和缓解贫困方面的作用空间更大，地位更重要。

从宏观层面上讲，导致农村最低生活保障制度在云南省出现这种特殊的重要性"兜底"角色，除了有上述提及的原因之外，也有云南省作为我国西部民族省份所具有的特殊原因。总体来看，云南省作为西部民族地区省份，与其他民族地区省份一样，在城乡人口结构、产业结构、贫困状况、经济社会发展水平等方面与东部地区省份存在差异，这种制度运行环境的差异决定了云南省农村最低生活保障制度特殊重要性"兜底"角色的形成。

其内在逻辑是：云南省作为我国西南民族地区省份，贫困发生率和贫困程度排在整个西部地区省份中的前列。同时，农村人口比重远远高于城镇人口比重，2011~2016 年，云南省城镇化率依次仅为 36.8%、39.31%、40.48%、41.73%、43.33%、45.03%[①]；加之长期受多方面因素的制约，偏远农村地区社会发育程度低，基本公共服务供给能力薄弱，加之农村地区产业结构单一且以种养殖业和初级原材料加工为主。[②] 这些因素使得主要适用于市场经济和工业化生产社会下的社会保险制度在云南省分散风险和缓解贫困方面的作用十分有限。而就目前我国社会保障制度的整体水平来看，社会福利制度的发展仍然滞后于社会保险制度和社会救助制度，社会福利制度的作用空间同样较为狭小。而我国的社会救助制度的特点是，以最低生活保障制度为核心、各项专项社会救助项目共同作用解决公民的贫困问题。此外，在云南，由于少数民族社会成员构成了农

---

① 数据来源：详见 2012~2016 年历年《云南省年国民经济和社会发展统计公报》。

② 2012~2016 年，云南省第一产业就业人员占比依次为 56.79%、55.5%、53.7%、53.58%和 52.95%。详见云南省统计局《云南统计年鉴 2017》（中国统计出版社，2018），第 388 页。

村最低生活保障制度的重要政策对象，该项制度的实施效果还关系到国家认同、民族关系和边境地区稳定等重大问题。

而 2014 年实施的精准扶贫、脱贫攻坚战略则对最低生活保障制度的"兜底"角色的形成提出了最直接的现实要求。习近平总书记在湖南湘西十八洞村考察时首次作出"实事求是、因地制宜、分类指导、精准扶贫"的重要指示。2015 年，习近平总书记在贵州调研时最早提出"低保政策兜底一批"的要求；而在随后的中央扶贫开发工作会议上，再次强调"社会保障兜底一批"，要求对完全或部分丧失劳动能力的贫困人口，发挥低保兜底作用。① 随着精准扶贫的"五个一批"随即被提出，并作为各级党委、政府制定精准扶贫精准脱贫规划、开展精准扶贫、脱贫攻坚工作的核心框架，各地实事求是、因地制宜在"五个一批"的基础上提出了"六个一批""七个一批"② 等一系列的精准扶贫精准脱贫政策体系。"五个一批"具体含义是指，发展生产脱贫一批、易地扶贫搬迁脱贫一批、生态补偿脱贫一批、发展教育脱贫一批、社会保障兜底一批。在 2016 年国务院颁布的《"十三五"脱贫攻坚规划》中，专门设立了专栏 12"兜底保障"，用以强调发挥最低农村最低生活保障在精准扶贫中的兜底保障作用。云南省在实施"五个一批"之初，就将社会保障兜底一批定位为：对丧失劳动能力的贫困人口实施兜底性保障政策，实施农村最低生活保障标准与扶贫标准"两线合一"，通过兜底性保障政策解决一批丧失劳动能力贫困人口的基本生活。③ 在农村最低生活保障兜底保障工作方面，云南省民政部门开展了农村最低生活保障精

---

① 《黄树贤：切实发挥民政在脱贫攻坚战中的兜底保障作用》，http：//theory. people. com. cn/n1/2018/0118/c40531－29771714. html，访问时间：2018年 1 月 19 日。

② 如大理州洱源县于 2016 年实施发展生产、搬迁安置、生态补偿、发展教育、改善基础设施、金融扶贫和社会保障兜底等"七个一批"工程。

③ 《云南将实施"五个一批"确保 574 万贫困人口脱贫》，http：//www. sohu. com/a/48257757＿ 258993，访问时间：2016 年 3 月 12 日。

准施保专项行动，同时推进农村最低生活保障与扶贫开发在对象、标准、政策、管理方面的有效衔接。① 据统计，2016 年云南省享受农村最低生活保障兜底保障的精准扶贫建档立卡人口达 154.35 万之多，全省农村最低生活保障标准提高到 2734 元/（人·年），尤其是计划于 2016 年脱贫摘帽的县，农村最低生活保障标准更高［12 个计划脱贫摘帽县提高到 3100 元/（人·年）］。②

因此，可以说，特殊的制度运行环境和社会保障制度体系的总体发展水平，以及精准扶贫政策体系的现实需要，共同导致了农村最低生活保障制度在云南社会保障制度中的重要性"兜底"角色。下面，本书就一一就云南农村最低生活保障制度的重要性"兜底"角色形成的原因进行详细分析。

（二）重要性"兜底"角色的成因

1. 云南农村贫困的特殊性

西部民族地区一直是我国扶贫攻坚的主要战场，云南省作为西部民族地区省份之一，是一个集边疆、民族、贫困、山区等特点为一体的省份。从贫困县的数量来看，有国家扶贫开发重点县 73 个（另有 7 个省重点扶贫县），占全国总数的 12.3%，居全国首位。从农村居民收入来看，以 2011 年为例，全国人均 GDP 为 5432 美元，云南省人均 GDP 仅为 3000 美元；按人均收入计算，2011 年，云南省农民人均纯收入 4722 元，比全国制定的 2020 年的农民人均纯收入的目标值少了 7000 多元。③ 从贫困人口数量来看，国家统计局依照 2011 年 2300 元农村贫困线测算出 2011 年末云南省贫困人口为

---

① 《云南省民政工作精准施保扛好兜底保障责任》，http://yn.yunnan.cn/html/2018-03/07/content_5110738.htm，访问时间：2018 年 3 月 9 日。

② 《云南：聚力"六个精准"打赢脱贫攻坚战》，http://yn.people.com.cn/n2/2016/1109/c378439-29277721.html，访问时间：2016 年 11 月 17 日。

③ 《全面建成小康社会云南怎么办》，《云南日报》2012 年 12 月 23 日第 3 版。

1014万人，居全国第二。[①] 有数据指出，截至 2012 年年底，云南、贵州、西藏等民族地区省份的贫困发生率仍然高于 20%。[②] 从云南省的贫困发生率变化来看，云南省贫困发生率长期处于高位波动。直到 2013 年我国开始实施精准扶贫战略后，云南等地农村贫困问题十分严重的西部地区的贫困状况逐步得到缓解，2015 年和 2016 年，云南省贫困发生率降至 10% 左右。但是，云南省的贫困发生率排在全国前列、精准扶贫工作难度也十分巨大。国家民委的统计数据表明，2013 年，民族八省区农村贫困人口占乡村人口比重为 17.1%，民族八省区贫困面较大，西南少数民族地区的扶贫开发任务仍然繁重。[③] 2015 年民族八省区农村贫困发生率为 12.1%，依然比全国（5.7%）高 6.4 个百分点。云南、广西、贵州三省区贫困人口占民族八省区贫困人口的 79%，主要分布在滇桂黔石漠化片区、滇西边境山区和乌蒙山片区。并且，民族八省区减贫速度近两年慢于全国，脱贫攻坚的难度越来越大。[④]

表 2-1 云南贫困发生率及贫困人口数（2000~2016）

单位：万人，%

年份	2000	2003	2006	2008	2011	2012	2015	2016
贫困发生率	29.6	23.4	18.7	15.2	—	21.6	12.7	9.8
贫困人口占总人口比重	23.7	18.7	15.0	17.1	21.9	20.5	9.9	7.6

[①] 《云南：贫困人口数量居全国第二》，http://www.yn.xinhuanet.com/newscenter/2013-01/21/c_132116537.htm，访问时间：2014 年 4 月 8 日。

[②] 《扶贫办主任：中国仍有近 1 亿贫困人口》，http://china.caixin.com/2013-12-26/100622165.html，访问时间：2014 年 4 月 8 日。

[③] 国家民委经济发展司：《2013 年民族八省区农村贫困人口比上年减少 559 万人》，http://www.seac.gov.cn/art/2014/4/21/art_3_203179.html，访问时间：2014 年 4 月 8 日。

[④] 国家民委经济发展司：《发布：2015 年民族地区农村贫困情况》，http://www.seac.gov.cn/art/2016/4/11/art_31_251389.html?from=timeline&isappinstalled=0，访问时间：2016 年 7 月 12 日。

续表

年份	2000	2003	2006	2008	2011	2012	2015	2016
贫困人口	1005	820	670.8	777.7	1014	954	471	363

　　资料来源：2000 年和 2006 年的贫困发生率及 2006 年的贫困人口数据摘自丁忠兰《云南民族地区扶贫模式研究》（中国农业科学技术出版社，2012），第 9 页。2000 年与 2008 年的贫困人口数摘自周紫林《云南国家级贫困县贫困难题破解研究》，云南大学出版社，2009，第 2 页。2008 年贫困发生率数据摘自鲁刚等《社会和谐与边疆稳定》（中国社会科学出版社，2011），第 21 页。2012 年贫困发生率数据摘自财新网《扶贫办主任：中国仍有近 1 亿贫困人口》，http://china.caixin.com/2013 - 12 - 26/100622165.html。2012 年贫困人口数据依据中国新闻网《云南 2012 年 150 万贫困人口脱贫》，http：//www.chinanews.com/df/2013/01 - 21/4506063.shtml 公布的数据，用 2011 年的 1014 万相减得到。2015 年贫困发生率摘自《云南省脱贫攻坚规划（2016-2020 年）》。2016 年贫困发生率数据摘自新华网《云南五年 441 万人脱贫贫困发生率下降到 9.8%》，http：//www.xinhuanet.com/local/2017-09/12/c_1121651788.htm。

　　自实施精准扶贫精准脱贫以来，云南省按照中共中央和国务院的"两不愁、三保障"要求，重点将"直过民族"和人口较少民族、革命老区和 4 个集中连片特困地区作为精准扶贫精准脱贫重点，对贫困对象实行精准识别、精准帮扶、动态管理。但是，从各类型地区和人群来看，贫困发生率依然偏高。根据《云南省脱贫攻坚规划（2016—2020 年）》显示，2015 年年底建档立卡贫困人口主要分布在集中连片特困地区、边远山区、革命老区、少数民族聚居区和边境地区。

　　分地区来看，根据笔者整理在云南省调研收集的资料显示，按照国家扶贫新标准，截至 2011 年，普洱市有贫困人口 88.52 万人，贫困发生率达 42.1%。[①] 2012 年，按照年收入 2300 元的贫困标准，怒江傈僳族自治州有贫困人口 31.29 万人（785 元以下深度贫困人口

---

　　① 普洱市人民政府扶贫开发办公室：《普洱市人民政府扶贫开发办公室关于给予批准执行〈普洱市农村扶贫开发新十年行动计划〉（2011—2020 年）的请示》（普扶办发〔2013〕109 号），收集日期：2013 年 11 月 12 日。

5.89 万人），贫困发生率达 71.1%。① 2015 年，怒江傈僳族自治州 4 个县（市）均为国家扶贫开发工作重点县，有 14.84 万绝对贫困人口，贫困发生率为 33.1%（该州福贡县的贫困发生率位居全省最高，达到 41.96%）②，贫困发生率不仅居云南省之首，在全国也位居前列。2012 年，红河哈尼族彝族自治州农村贫困人口 103.81 万人，居全省第二位，农村贫困发生率 28.8%。③ 楚雄彝族自治州的武定县 2013 年的贫困发生率则高达 90%。④ 昭通市地处乌蒙山贫困片区腹地，是云南省贫困面最大、贫困程度最深、贫困人口最多的地区。经过扶贫开发和精准扶贫战略的实施，该市贫困发生率从 2012 年的 32.6% 下降到 2016 年的 21.5%⑤，但依然远远高于全国平均水平。迪庆藏族自治州作为四省藏区之一，贫困问题也十分严重。该州 201 年的农村贫困发生率为 63.7%，在整村推进、精准扶贫措施推动下，2014 年的农村贫困发生率有所下降但依然高达 36.38%。⑥ 到了 2015 年底，迪庆藏族自治州农村居民人均可支配收入仅为全国平均的 56.8%、全省平均的 78.7%，农村贫困发生率达 30%。⑦ 截至 2017

---

① 李强、王小霞、邓道勇：《怒江发展需要突破性政策支持》，《中国经济时报》2013 年 7 月 31 日。

② 郑长德：《"三区""三州"深度贫困地区脱贫奔康与可持续发展研究》，《民族学刊》2017 年第 6 期。

③ 红河州扶贫办：《打好扶贫攻坚战促进边疆民族地区发展——红河州扶贫办 2013 年扶贫工作情况汇报》，收集日期：2014 年 1 月 14 日。

④ 中共武定县委县政府：《全国推进民族团结进步示范县建设建设美丽和谐新武定》，收集日期：2014 年 1 月 16 日。

⑤ 《昭通：让 113.37 万贫困人口全面脱贫全面小康》，http://yunnan.china.com/news/jryw/11181127/20170915/25120626_all.html，访问时间：2017 年 8 月 18 日。

⑥ 《迪庆藏区贫困发生率降至 36.38% 半数农户用上太阳能》，http://www.chinanews.com/df/2015/07-30/7438140.shtml，访问时间：2015 年 8 月 12 日。

⑦ 迪庆州人民政府办公室：《迪庆州六措施稳步推进脱贫攻坚工作》，http://www.diqing.gov.cn/zwgk/fzgh/4219549853712268416，访问时间：2016 年 5 月 14 日。

年，该州贫困发生率依然高达 32.54%。①

除了农村贫困发生率高之外，云南省广泛分布于农村边远地区的人口较少民族、"直过区"民族和跨境民族的贫困率则更高，是云南省扶贫攻坚和社会救助的重点帮扶对象。以人口较少民族为例，据相关部门统计，2010 年，云南省 395 个人口较少民族聚居建制村农民人均纯收入仅为 2293.5 元，人均有粮 406.1 公斤。② 当年 395个建制村中，贫困人口达到 26 万之多，贫困发生率为 34.3%。比全省民族地区高出 24.8 个百分点，比全省总体水平高出 25.7 个百分点。③ 从具体的人口较少民族来看，傈僳族属于云南省四个特困民族之一，96% 以上的独龙族、90% 以上的怒族、89% 以上的普米族群众处于贫困状态，白族支系"拉玛人""勒墨人"，景颇族支系"茶山人"整体处于深度贫困状态。而基诺族和布朗族聚居的 55 个建制村的贫困发生率为 26.7%。④ 2011 年，拉祜族群众人均纯收入达到1190 元。⑤ 有学者对龙陵县龙山镇的阿昌族的调查表明，阿昌族家庭年均总收入分布在 100~999 元的比例高达 68.1%。⑥ 受历史、自然环境、地理位置、民族文化等多重因素的影响，人口较少民族往往居住在偏远的农村山区或边境地区，这些群体与外界的交流相对较少，多维持本民族原生态的生活方式，受市场经济和现代化影响

① 左旭东：《"输血"与"造血"并举物质脱贫与精神脱贫并重——访十九大代表、云南省委书记陈豪》，《农民日报》2017 年 10 月 23 日第 1 版。

② 《云南帮扶人口较少民族跨越发展》，http：//www.seac.gov.cn/art/2014/9/23/art_ 8012_ 214860.html，访问时间：2014 年 10 月 18 日。

③ 杜琼：《云南人口较少民族自我发展能力提升问题研究》，《云南行政学院学报》2013 年第 5 期。

④ 李强、王小霞、邓道勇：《怒江发展需要突破性政策支持》，《中国经济时报》2013 年 7 月 31 日。

⑤ 红河州民宗委：《关于如何加快对金平拉祜族群体综合扶贫开发的调研报告》，收集日期：2014 年 1 月 14 日。

⑥ 李韧、黄自能：《云南人口较少民族阿昌族生活质量调查分析》，《学术探索》2014 年第 7 期。

的程度偏弱，再加上缺乏较强的自我发展能力，因而陷入绝对贫困的概率更大，抵御经济贫困的能力较低。贫困发生率往往远高于全省平均水平。截至 2015 年，云南少数民族贫困人口占全省建档立卡贫困人口的 43.4%。全省特有 15 个少数民族有贫困人口 191.8 万人，贫困发生率 28.2%、高出全省 15.5 个百分点；部分少数民族处于深度贫困和整体贫困状态。①

以边境民族地区为例，云南省边境 25 县（市）的农村贫困发生率也普遍高于全省的贫困发生率。2008 年，边境 25 县（市）中农村贫困发生率超过云南省贫困发生率的市（县）达到 80%。其中贫困发生率超过 30% 的县有 8 个，占 32%。

表 2-2　云南省边境 25 县（市）农村经济情况、

贫困人口及贫困发生率

	2007 年少数民族人口比例（%）	2008 年农村贫困人口占农村人口比例（%）	2008 年贫困发生率（%）	备注
云南全省	34.0	12.2	15.2	
沿边 8 州市	50.7	16.4	—	
沿边 25 县市	60.5	17.7	22.2	
保山市	9.4	13.7	15.2	
腾冲县	7.0	9.2	9.7	省级扶贫县
龙陵县	5.1	16.8	18.2	国家贫困县
德宏州	52.2	11.0	14.5	
瑞丽市	57.4	4.3	9.1	

① 《云南省人民政府关于印发云南省脱贫攻坚规划（2016—2020 年）的通知》，http：//www.yn.gov.cn/yn_ zwlanmu/qy/wj/yzf/201708/t20170814_ 30233.html，访问时间：2017 年 7 月 27 日。

续表

	2007 年少数民族人口比例（%）	2008 年农村贫困人口占农村人口比例（%）	2008 年贫困发生率（%）	备注
盈江县	59.7	14.8	18.2	
陇川县	55.5	17.1	21.8	
芒市	50.4	4.2	5.4	
怒江州	91.7	26.4	33.1	
泸水县	87.1	17.2	24.2	
福贡县	98.8	38.3	42.4	
贡山县	96.3	37.5	49.6	
临沧市	39.6	19.6	23.3	
镇康县	27.4	30.3	35.1	国家贫困县
耿马县	51.9	17.4	22.4	
沧源县	93.2	32.4	41.2	国家贫困县
普洱市	61.3	19.3	24.6	
澜沧县	76.8	32.8	41.2	国家贫困县
西盟县	93.9	36.1	48.4	国家贫困县
孟连县	85.5	19.1	23.0	国家贫困县
江城县	79.3	28.0	33.9	国家贫困县
西双版纳州	75.7	6.2	10.6	
景洪市	68.7	3.2	6.7	
勐腊县	73.5	7.6	14.5	国家贫困县
勐海县	87.4	9.4	12.1	
红河州	57.0	14.0	17.9	
绿春县	98.4	32.4	36.3	国家贫困县

续表

	2007 年少数 民族人口 比例（%）	2008 年农村贫困 人口占农村人口 比例（%）	2008 年贫困 发生率（%）	备注
金平县	85.6	26.2	29.1	国家贫困县
河口县	64.2	7.3	17.0	
文山州	57.4	15.4	16.8	
马关县	49.3	18.5	20.6	国家贫困县
麻栗坡县	40.5	24.7	26.6	国家贫困县
富宁县	76.5	19.4	20.6	国家贫困县

资料来源：其中"2007 年少数民族人口比例""2008 年农村人口占农村人口比例""2008 年贫困发生率"转引自鲁刚等《社会和谐与边疆稳定》（中国社会科学出版社，2011），第 16~22 页。

　　总的来看，云南省的贫困人口分布在云南省西部、西北部、东南部、东北部地区，而且主要分布在一些少数民族聚居区、民族自治地方、边疆地区和高寒山区或革命老区。[①] 总体而言，云南省贫困人口的分布呈现区域性、民族性、特殊性特征。

　　贫困人口分布的区域性表现为：贫困人口主要居于高寒山区、深山区、石山区、石漠化区、干热河谷和远离城镇、交通干线等地区，分布面广，涉及全省 16 个州、市。从具体的行政区域的分布来看，云南农村贫困人口主要分布在国家级重点扶贫县和省级重点扶贫县中。全国 14 个集中连片特困地区中，涉及云南省的分别为六盘山区、乌蒙山区、滇桂黔石漠化区、滇西边境山区。在这 4 个连片特困地区中，云南省有 91 个片区县，占 129 个县总数的 70.5%，居全国第一位。2012 年，91 个片区县农民人均纯收入低于全省平均水

————————

[①]　周紫林：《云南国家级贫困县贫困难题破解研究》，云南大学出版社，2009，第 39、40 页。

平 7.6%，低于全国平均水平 37.4%。① 2011 年以来，云南省 91 个片区县的贫困发生率由 2011 年的 32.2%降至 2013 年的 20.8%。此外，2013 年云南省在 4 个连片特困地区的 91 个片区县之外，增加了 2 个重点县；到 2013 年年底还有贫困人口 661 万人，居全国第二位。② 2015 年，4 个集中连片特困地区贫困人口占全省贫困人口的比例高达 80%以上。③

贫困人口的民族性表现为：贫困人口呈现民族集中、整体集中的连片状态，特别是远离交通、城镇带动和资源开发有限的深度贫困民族聚居乡村，其贫困程度呈现民族整体性、整村性甚至整乡连片的群体性。从分布于 4 个连片特困地区的少数民族比例来看，乌蒙山片区等 4 个连片特困地区中有少数民族人口 1058 万人，占全省少数民族的 74.4%，8 个人口较少民族基本集中在 4 个片区内。④ 而从具体的少数民族来看，傈僳族、独龙族、怒族、普米族群众基本全部处于贫困状态，白族支系"拉玛人""勒墨人"，景颇族支系"茶山人"整体处于深度贫困状态。⑤

贫困人口分布的特殊性表现为：聚集于革命老区、民族"直过区"、沿边战区和沿江自然保护区的深度贫困人口，其贫困程度深，不仅受特殊自然地理环境的制约，而且受社会发育程度、历史政策

---

① 韩斌：《基于自我发展能力的云南扶贫开发之思考》，《新西部》2013 年第 21 期。

② 《云南省人民政府扶贫开发办公室在 2014 年扶贫日新闻发布会上发出向贫困宣战的倡议书》，http://www.ynfp.cn/news_ show.asp? newsid = 721，访问时间：2014 年 10 月 18 日。

③ 《云南省人民政府关于印发云南省脱贫攻坚规划（2016—2020 年）的通知》，http://www.yn.gov.cn/yn_ zwlanmu/qy/wj/yzf/201708/t20170814_ 30233.html，访问时间：2017 年 7 月 27 日。

④ 《云南贫困县数量居全国之首——6 月底将启动两片区扶贫攻坚》，《昆明日报》2012 年 3 月 23 日第 A02 版。

⑤ 云南省怒江州政府扶贫开发领导小组办公室主任胡荣才：《怒江州扶贫开发工作情况介绍》，收集日期：2014 年 1 月 15 日。

沿革的影响，带有极强的政治特殊性。云南有 16 个少数民族沿国境线而居，贫困发生率达 45.2%；还有 12 个"直过"民族基本处于整体贫困状态。其中地理分布区域集中明显，金沙江、澜沧江、怒江三江沿线深度贫困人口 68.35 万人，占规划区内深度贫困人口的 44.56%，边境县深度贫困人口 36.45 万人占规划区内深度贫困人口的 23.76%。[①] 此外，云南省人口较少民族、"直过区"民族和沿边跨境少数民族等特殊困难群体和特殊区域贫困问题突出。

由于民族地区，尤其是边境民族地区和属于连片特困地区的民族地区的农村社会成员普遍面临贫困问题，这种群体普遍式贫困现状则意味着这些地区社会成员构成的"风险池"的风险分散和风险共担能力过低，无法有效通过社会保险这种方式为贫困社会成员提供缓解经济贫困方面的帮助。有学者认为，出于多种因素的制约，少数民族贫困地区并不具备推行社会保险制度的基础和有利条件。相反，最低生活保障制度恰恰弥补新农保制度等无法推行的不足（例如保障水平低、收入分配逆向调节等），缓解这些地区贫困人员的贫困程度。[②]

2. 云南省社会保险制度发展不足

云南省少数民族地区的产业结构特点总体表现为第一产业过大，第二产业过小，第三产业质量不高，重工业过重，轻工业过轻。而单就农业结构来讲，种植业比重过大，非种植业比重过轻，甚至仅仅只有单一的、落后的种植业。[③] 根据国家统计局公布的《中华人民共和国 2016 年国民经济和社会发展统计公报》数据显示，2016 年

[①] 云南省政府扶贫领导小组办公室：《云南省深度贫困群体扶贫攻坚调研报告》，收集日期：2014 年 1 月 6 日。

[②] 谢和均、王定俭：《少数民族地区新型农村养老保险模式选择——来自云南省的实证研究》，《云南行政学院学报》2011 年第 5 期。

[③] 谢和均、王定俭：《少数民族地区新型农村养老保险模式选择——来自云南省的实证研究》，《云南行政学院学报》2011 年第 5 期。

全国三次产业结构比例为 8.6 : 39.8 : 51.6。云南省 2016 年全省的三次结构比例则为 14.9 : 38.4 : 46.7，第一产业结构比重远高于全国平均水平。而从 8 个民族自治州的三次产业结构来看，除迪庆州以外，其余 7 个自治州的第一产业产值比重均高于全国平均水平。其中，文山州、西双版纳州、大理州、德宏州等 4 个民族自治州的第一产业产值比重超过 20%（见表 2-3）。

表 2-3　云南省 8 个民族自治州三次产业结构

单位：%

	第一产业产值占总产值比重			第二产业产值占总产值比重			第三产业产值占总产值比重		
	2016 年	2012 年	2005 年	2016 年	2012 年	2005 年	2016 年	2012 年	2005 年
全国	8.6	9.4	12.4	39.8	45.3	47.3	51.6	45.3	40.3
全省	14.9	16.1	19.3	38.4	42.9	41.3	46.7	41.1	39.5
楚雄州	19.2	23.5	26.2	38.0	42.0	40.6	42.8	34.5	33.1
红河州	16.1	17.2	18.6	45.1	53.6	52.9	38.8	29.3	28.5
文山州	21.1	24.1	32.1	35.7	38.4	29.4	43.2	37.5	38.6
西双版纳州	25.2	29.0	35.8	26.9	29.3	22.9	47.9	41.7	41.3
大理州	21.1	21.7	29.0	38.2	42.4	33.3	40.7	35.9	37.7
德宏州	24.1	28.7	33.1	24.4	33.6	21.6	51.4	37.7	45.3
怒江州	15.8	15.3	19.1	29.9	34.9	33.8	54.2	49.8	47.1
迪庆州	6.4	8.0	19.1	36.2	40.2	36.1	57.3	51.8	44.9

注：因计算机进行四舍五入，所以部分数据加总之和存在不等于 100% 的情况。

资料来源：全国数据来自《中华人民共和国 2005 年国民经济和社会发展统计公报》《中华人民共和国 2016 年国民经济和社会发展统计公报》，云南及各州数据依据《云南省统计年鉴》（2017、2013、2006）整理计算得到。

再从云南省 29 个民族自治县的三次产业结构来看，2016 年，有石林县等 25 个民族自治县的第一产业比重超过 20%。与同年全国水平的三次结构情况相比，29 个民族自治县的第一产业产值比重均高于全国水平。而与云南省平均水平相比，所列的 29 个民族自治县第一产业产值比重均高于云南全省平均水平（见表 2-4）。

表 2-4　云南省 29 个民族自治县三次产业结构

单位：%

	第一产业产值占总产值比重			第二产业产值占总产值比重			第三产业产值占总产值比重		
	2016 年	2012 年	2005 年	2016 年	2012 年	2005 年	2016 年	2012 年	2005 年
全省	8.6	9.4	12.4	39.8	45.3	47.3	51.6	45.3	40.3
石林县	24.9	16.1	19.3	27.0	32.9	25.6	48.1	41.5	44.6
禄劝县	27.2	25.6	29.8	27.9	29.5	16.7	44.9	38.3	38.7
寻甸县	27.2	32.2	44.6	30.4	32.6	18.6	42.4	38.4	41.3
峨山县	16.0	29.0	40.1	38.0	47.1	36.1	46.0	36.5	41.9
新平县	15.0	16.5	22.0	39.0	64.5	47.2	46.1	21.8	29.7
元江县	25.8	13.7	23.1	20.1	26.4	27.5	54.1	43.8	37.5
玉龙县	20.4	29.9	35.0	42.1	28.2	22.1	37.5	46.2	39.7
宁蒗县	24.0	25.6	38.2	36.6	32.0	25.6	39.3	41.0	39.1
宁洱县	23.3	27.0	35.3	36.6	371.2	24.3	40.2	36.5	41.67
墨江县	26.9	26.6	33.8	31.4	37.2	28.5	41.7	32.8	39.3
景东县	37.9	29.5	32.3	29.2	27.5	23.0	32.9	29.7	33.6
景谷县	31.5	42.9	43.4	38.0	40.8	39.8	30.5	21.5	26.3
镇沅县	40.8	37.5	33.8	29.0	23.6	21.5	30.3	30.5	36.5
江城县	33.8	45.9	42.0	35.2	40.3	23.1	31.0	22.0	35.1

续表

	第一产业产值占总产值比重			第二产业产值占总产值比重			第三产业产值占总产值比重		
	2016 年	2012 年	2005 年	2016 年	2012 年	2005 年	2016 年	2012 年	2005 年
孟连县	38.3	37.8	41.8	20.0	19.6	23.3	41.7	35.3	36.9
澜沧县	28.9	45.1	39.8	37.9	35.5	27.0	33.2	31.2	32.9
西盟县	23.1	33.3	40.1	21.2	19.5	18.1	55.7	50.0	53.5
双江县	27.4	30.5	28.4	34.1	41.0	21.9	38.5	28.7	34.6
耿马县	36.0	30.4	43.5	30.1	33.2	24.3	33.9	28.8	32.2
沧源县	25.2	38.0	43.6	33.8	40.8	24.0	41.0	31.9	39.1
屏边县	22.5	27.3	36.9	37.1	37.1	36.0	40.4	35.3	32.3
金平县	23.7	27.6	31.7	47.0	45.2	33.3	29.3	27.1	29.0
河口县	22.7	27.7	37.7	22.8	22.2	18.8	54.6	49.1	56.8
漾濞县	28.3	28.6	24.5	36.9	48.6	32.8	34.8	21.6	25.5
南涧县	26.3	29.9	41.7	31.7	38.0	10.6	42.0	33.7	44.9
巍山县	32.7	28.3	44.6	30.1	33.5	18.2	37.2	31.7	36.7
贡山县	21.9	34.8	45.1	20.7	36.1	20.4	57.3	38.0	48.9
兰坪县	14.6	25.9	30.7	37.0	53.2	52.9	48.4	31.6	31.5
维西县	13.1	15.3	15.6	33.7	32.9	26.6	53.2	52.3	43.0

注：因计算机进行四舍五入，所以部分数据加总之和存在不等于 100% 的情况。

资料来源：依据《云南省统计年鉴》（2017、2013、2006）的数据进行整理计算得到。

从云南省 25 个边境县的产业结构来看，也证实了云南民族地区以第一产业为主的产业结构特点。结合上述对民族自治州、民族自治县和边境地区县在不同时期的三次产业结构情况来看，云南少数民族人口占比较高的地区的产业结构普遍以第一产业为主，并且第一产业在三次产业中的比重远远高于全国平均水平和云南省平均水平。这就意味着，相对其他地区，云南省，尤其是云南民族地区的大部分就业人员无法通过参加城镇职工基本养老保险、生育保险、失业保险和工伤保险等社会保险项目来化解劳动过程中和生活中的风险。社会保险制度在分散就业人员经济贫困方面的作用相比其他地区要小。

表 2-5　云南 25 个边境县的三次产业结构（2016、2012、2005）

单位：%

	第一产业产值占总产值比重			第二产业产值占总产值比重			第三产业产值占总产值比重		
	2016 年	2012 年	2005 年	2016 年	2012 年	2005 年	2016 年	2012 年	2005 年
全省	8.6	9.4	12.4	39.8	45.3	47.3	51.6	45.3	40.3
腾冲县	21.0	24.0	32.3	35.8	35.3	23.3	43.1	40.7	44.4
龙陵县	28.6	33.5	36.9	40.8	40.8	31.9	30.6	25.8	31.2
江城县	33.8	37.8	41.8	35.2	40.3	23.1	31.0	22.0	35.1
孟连县	38.3	45.1	39.8	20.0	19.6	23.3	41.7	35.3	36.9
澜沧县	28.9	33.3	40.1	37.9	35.5	27.0	33.2	31.2	32.9
西盟县	23.1	30.5	28.4	21.2	19.5	18.1	55.7	50.0	53.5
镇康县	23.0	21.6	36.5	31.5	52.1	31.7	45.5	26.4	31.9
耿马县	36.0	38.0	43.6	30.1	33.2	24.3	33.9	28.8	32.2
沧源县	25.2	27.3	36.9	33.8	40.8	24.0	41.0	31.8	39.1
金平县	23.7	27.7	37.7	47.0	45.2	33.3	29.3	27.1	29.0
绿春县	27.0	31.9	43.5	39.6	40.1	17.9	33.4	28.0	38.7
河口县	22.7	28.6	24.5	22.8	22.2	18.9	54.6	49.1	56.8
麻栗坡县	20.8	25.0	33.5	39.4	43.4	33.7	39.7	31.6	32.8
马关县	22.8	25.7	33.9	39.7	42.3	29.5	37.6	32.0	36.7

续表

	第一产业产值 占总产值比重			第二产业产值 占总产值比重			第三产业产值 占总产值比重		
	2016 年	2012 年	2005 年	2016 年	2012 年	2005 年	2016 年	2012 年	2005 年
富宁县	27.0	28.7	34.0	32.4	34.9	31.2	40.6	36.3	34.8
景洪市	18.0	23.5	30.3	29.6	32.7	25.1	52.4	43.9	44.6
勐海县	27.6	25.1	31.6	32.2	33.9	20.4	40.2	41.0	48.0
勐腊县	39.3	41.4	47.9	14.8	19.2	16.9	45.8	39.4	35.2
芒市	23.2	26.7	24.1	20.5	32.0	16.4	56.3	41.3	59.6
瑞丽市	11.0	19.6	33.4	22.4	19.6	22.5	66.6	60.9	44.1
盈江县	30.6	29.7	34.9	36.2	48.3	26.9	33.2	22.0	38.2
陇川县	38.7	41.4	44.0	20.0	30.2	20.6	41.3	28.7	35.4
泸水县	14.9	14.5	16.9	35.2	36.0	22.4	49.9	49.5	60.7
福贡县	23.4	21.8	28.9	14.0	34.5	30.0	62.6	43.7	41.1
贡山县	21.9	25.9	30.7	20.7	36.1	20.4	57.3	38.0	48.9

注：因计算机进行四舍五入，所以部分数据加总之和存在不等于 100%的情况。

资料来源：依据《云南省统计年鉴》（2017、20013、2006）的数据进行整理计算得到。

云南省各区县三次产业结构中以第一产业比重较高的特点，同样在就业人员比重构成上得到了反映。依据云南省 2010 年第六次人口普查数据整理计算发现，除了经济发展水平较高的 9 个区、市之外，其余 120 个县市从事农、林、牧、渔业的就业人口占总就业人口比重均在 40%以上。29 个民族自治县的农、林、牧、渔业就业人口占总就业人口比重则分布于 60%至 90%。25 个边境县中，除瑞丽市的该比重值为 42.43%，其余 24 个边境县、市的农、林、牧、渔业就业人口占总就业人口比重也均在 60%以上。

表 2-6　云南省 129 个区县农、林、牧、渔业就业

人口占总就业人口比重

从事农林牧渔业的就业 人口占总就业人比重		区县个数	其中民族 自治县个数	边境县 个数
0 ~ 40%	[5.36，36.00]	9	0	0
40% ~ 50%	[41.17，49.74]	5	0	1
50% ~ 60%	[55.52，59.41]	5	0	0
60% ~ 70%	[61.36，69.93]	20	4	3
70% ~ 80%	[70.30，79.79]	58	14	12
80% ~ 90%	[80.03，89.81]	31	11	9
90%⁺	[93.62]	1	0	0

资料来源：依据《云南省 2010 年第六次人口普查资料（下册）》数据整理计算得到。

从 2016 年云南省 129 个区市县的城乡就业人口占该县总人口的比重来看，仅有 6 个区的单位从业人员占比超过 20%，24 个县区市的单位从业人员占比在 10% 至 20%。而如果从国有单位和城镇集体单位职工占比这一指标来看，129 个县区市中没有 1 个县的该比重超过 10%，全省国有单位和城镇集体单位职工占比也仅为 3.7%。87 个县市区的国有单位和城镇集体单位职工占比低于全省水平。而从乡村从业人口占比来看，有 97 个县区市该比重超过全省水平（46.2%），换言之，75.2% 的县区市的乡村从业人口占该县总人口的比重较高，且超过全省水平。

表 2-7　2016 年云南省各县市城乡各类从业人员占该县总人口比重

单位：%

	单位从业 人员占比	乡村从业 人口占比	国有单位和城镇 集体单位职工占比
官渡区	29.4	5.0	4.9

续表

	单位从业人员占比	乡村从业人口占比	国有单位和城镇集体单位职工占比
盘龙区	26.3	7.1	7.9
五华区	25.3	3.4	5.9
红塔区	24.4	35.9	6.0
西山区	21.2	6.2	6.1
思茅区	20.0	22.6	8.0
麒麟区	19.4	30.3	5.9
呈贡区	18.2	27.9	5.7
古城区	18.1	21.5	8.2
大理市	17.2	27.7	5.7
富民县	16.0	53.5	3.5
安宁市	15.3	21.5	4.4
江城县	15.2	56.0	9.3
文山市	14.5	43.8	6.1
蒙自市	14.0	42.0	6.0
香格里拉市	13.9	38.9	7.3
东川区	13.5	53.5	3.4
个旧市	13.2	24.4	2.8
芒市	12.4	46.9	6.4
瑞丽市	11.5	34.1	5.7
临翔区	11.3	44.7	6.5
泸水市	11.1	47.8	6.4
贡山县	11.0	50.0	5.8
开远市	10.7	34.6	5.1
晋宁县	10.5	50.4	3.7

续表

	单位从业 人员占比	乡村从业 人口占比	国有单位和城镇 集体单位职工占比
隆阳区	10.4	46.8	3.2
新平县	10.3	55.6	3.7
玉龙县	10.1	55.6	4.9
易门县	10.0	50.6	3.1
河口县	10.0	26.3	7.2
景洪市	9.9	30.3	4.0
楚雄市	9.8	31.9	4.7
宜良县	9.8	54.5	4.8
水富县	9.0	32.5	4.8
全省	8.8	46.2	3.7
西盟县	8.6	48.3	4.0
峨山县	8.3	50.4	4.3
通海县	8.1	52.2	2.3
石林县	8.0	53.4	4.2
昭阳区	8.0	49.1	4.7
陇川县	7.9	51.6	5.2
德钦县	7.9	41.0	5.4
孟连县	7.7	49.5	5.9
宣威市	7.4	56.7	3.4
嵩明县	7.2	49.0	3.0
沾益区	7.0	43.9	2.5
石屏县	7.0	57.7	2.7
华宁县	6.9	54.7	2.6
马龙县	6.8	58.5	3.3

	单位从业 人员占比	乡村从业 人口占比	国有单位和城镇 集体单位职工占比
龙陵县	6.7	55.3	2.9
富源县	6.7	54.9	2.7
华坪县	6.6	41.2	3.9
兰坪县	6.6	53.4	3.4
弥勒市	6.6	51.6	2.5
元江县	6.6	53.3	3.6
双柏县	6.4	49.0	3.3
耿马县	6.4	50.5	3.2
腾冲市	6.4	54.2	2.9
盈江县	6.4	50.2	3.2
昌宁县	6.3	55.4	2.9
绥江县	6.3	34.7	4.7
沧源县	6.2	49.4	3.6
祥云县	6.2	40.1	2.0
澄江县	6.2	53.2	2.3
陆良县	6.1	47.5	2.8
屏边县	5.8	50.8	3.9
砚山县	5.8	56.2	2.7
江川区	5.7	56.8	2.4
师宗县	5.7	56.6	2.7
梁河县	5.6	53.4	4.0
景谷县	5.6	60.6	2.9
镇康县	5.5	52.4	2.7
牟定县	5.5	53.7	2.4

	单位从业 人员占比	乡村从业 人口占比	国有单位和城镇 集体单位职工占比
永德县	5.4	52.6	2.5
鲁甸县	5.4	51.6	3.2
漾濞县	5.4	47.6	4.1
永仁县	5.4	52.7	3.6
维西县	5.4	51.8	3.4
剑川县	5.3	44.5	3.0
云县	5.3	54.2	2.1
双江县	5.2	46.1	2.8
禄丰县	5.1	46.0	2.8
永平县	5.1	49.1	2.8
建水县	5.1	51.3	3.0
宁洱县	5.0	47.8	3.8
泸西县	5.0	50.0	2.9
罗平县	4.9	54.4	2.3
洱源县	4.8	55.5	2.3
勐海县	4.8	52.0	2.2
镇沅县	4.7	55.2	3.3
施甸县	4.7	61.3	3.2
寻甸县	4.7	65.0	2.7
武定县	4.7	55.0	2.8
永胜县	4.6	55.1	2.8
南涧县	4.6	60.7	2.9
景东县	4.5	55.6	2.5
南华县	4.5	46.4	2.6

续表

	单位从业 人员占比	乡村从业 人口占比	国有单位和城镇 集体单位职工占比
麻栗坡县	4.5	51.8	3.2
宾川县	4.5	50.8	2.3
云龙县	4.4	49.9	2.7
鹤庆县	4.4	50.2	2.3
勐腊县	4.4	32.5	3.2
元谋县	4.4	47.1	2.7
大姚县	4.3	56.6	2.6
巍山县	4.3	56.7	2.0
马关县	4.3	53.8	2.3
姚安县	4.1	45.4	3.1
弥渡县	4.0	50.3	1.9
宁蒗县	4.0	51.6	3.1
福贡县	4.0	51.8	3.6
禄劝县	3.9	63.8	2.2
绿春县	3.8	54.9	2.8
永善县	3.7	54.8	3.0
威信县	3.6	47.7	2.2
大关县	3.5	48.2	2.9
墨江县	3.5	46.5	2.5
会泽县	3.5	63.0	2.1
丘北县	3.4	52.1	2.4
凤庆县	3.3	52.3	1.8
红河县	3.3	51.5	2.8
巧家县	3.3	55.5	2.4

续表

	单位从业 人员占比	乡村从业 人口占比	国有单位和城镇 集体单位职工占比
彝良县	3.2	61.1	2.5
西畴县	3.2	57.7	2.8
盐津县	3.1	46.8	2.6
镇雄县	3.1	49.4	2.1
澜沧县	3.1	53.8	2.1
富宁县	3.0	59.0	2.3
金平县	3.0	52.4	2.1
广南县	2.7	55.7	1.8
元阳县	2.5	52.1	2.0

资料来源：依据《云南省统计年鉴2017》的数据进行整理计算得到。

由此看出，云南省就业人口的就业行业主要是农业，这也就意味着大部分劳动就业人员在目前情况下只能参加城乡居民社会养老保险制度以分散其退休后的经济贫困风险。而且，这种就业特点意味着云南省广大城乡劳动者还无法像城镇职工一样普遍参加工伤保险、生育保险和失业保险等社会保险项目，再加上目前城乡居民社会养老保险制度的缴费主体仅为政府和农民，筹资水平较低，也决定了云南省城乡广大劳动者的社会保险待遇在相当长的一段时期内处于偏低水平，再加上养老保险制度在实践中存在的扭曲执行等负面因素的影响，城乡广大劳动者依靠社会保险项目来化解贫困风险的可能性不大。

事实上，从历年参加城镇职工基本养老保险参保人数占总人数的比重也可以发现社会保险制度在云南省等西部民族省份缓解城乡劳动者经济贫困的作用空间并不大。本书选取了2002年、2006年、2013年的《中国劳动统计年鉴》和《中国统计年鉴2017》中社会保障部分的统计数据，整理计算发现，云南省城镇职工基本养老保险参保人数占总人数比重在上述三个年份分别为 5.67%、5.81%、7.82% 和 12.2%。分别在当年各地区排名中处于第 29 位、30 位、31 位和 29 位，处于全国末尾位置。而实际上，西部民族八省区均存在类似现象，即受产业机构的影响，参加城镇职工基本养老保险制度的人数占总人数比重偏低。2001 年，除新疆和内蒙古外，其余 6 个西部民族省份的上述比重值均低于全国水平，其中西南 4 个民族省区的上述比重值未超过 6%，分别列全国最后 4 位。2005 年，民族八省区的城镇职工基本养老保险参保人数占总人数比重略有提高，但整体排位情况与 2001 年几乎没有什么差异。从 2012 年的情况来看，民族八省区的城镇职工基本养老保险参保人数占总人数比重均低于全国水平，新疆和内蒙古等发展水平相对较高的民族省区在近年来的城镇职工养老保险制度发展步伐上相对落后了，而西南民族省份的上述比重则依然处于全国最低水平，其中云南排在倒数第二位，仅比西藏高出 3.5 个百分点。2016 年，民族八省区的城镇职工基本养老保险参保人数占总人数比重均低于全国水平的趋势并没有得到改变，云南、贵州、西藏等西南民族地区的省份依然在城镇职工基本养老保险参保人数占总人数比重方面垫底。

表 2-8　全国各地区城镇职工基本养老保险参保人数占总人数比重

单位：%

序号	2001 年		2005 年		2012 年		2016 年	
1	上海	40.98	上海	43.92	上海	59.53	北京	71.2
2	北京	30.75	北京	33.81	北京	58.31	上海	63.1
3	天津	28.03	天津	29.56	浙江	39.86	广东	49.0
4	辽宁	24.38	辽宁	28.28	广东	38.08	浙江	44.8
5	黑龙江	18.17	黑龙江	20.13	辽宁	36.66	辽宁	41.1
6	广东	15.69	广东	19.54	天津	34.70	天津	40.9

续表

序号	2001 年		2005 年		2012 年		2016 年	
7	吉林	14.46	浙江	19.28	江苏	30.65	江苏	35.8
8	新疆	13.77	江苏	17.73	黑龙江	26.42	重庆	31.2
9	海南	13.59	吉林	16.79	重庆	24.34	黑龙江	30.1
10	浙江	12.91	新疆	15.03	海南	24.15	宁夏	28.0
11	内蒙古	12.20	海南	14.60	吉林	22.99	全国	27.4
12	江苏	12.07	内蒙古	14.10	全国	22.47	四川	26.1
13	山东	11.31	山东	14.08	山东	21.30	新疆	26.1
14	山西	11.17	湖北	14.08	新疆	20.55	内蒙古	26.0
15	全国	11.11	全国	13.37	宁夏	20.28	山东	25.9
16	湖北	10.82	福建	11.52	湖北	20.27	吉林	25.9
17	宁夏	10.28	山西	11.43	福建	20.18	福建	25.3
18	青海	9.92	湖南	11.36	四川	20.00	海南	24.5
19	河北	9.57	宁夏	11.33	内蒙古	18.95	湖北	23.0
20	重庆	9.55	青海	11.05	山西	17.96	青海	22.3
21	陕西	9.46	重庆	10.37	陕西	17.15	江西	20.8
22	湖南	9.15	河北	10.33	湖南	15.79	陕西	20.7
23	江西	7.85	陕西	10.19	江西	15.71	山西	20.6
24	河南	7.71	四川	9.66	河北	15.44	河南	19.4
25	甘肃	7.47	江西	8.99	青海	15.01	河北	18.8
26	四川	7.11	河南	8.68	河南	13.51	湖南	17.4
27	安徽	7.06	甘肃	7.75	安徽	13.09	广西	15.5
28	福建	7.02	安徽	7.71	广西	10.95	安徽	14.4
29	云南	5.67	广西	6.19	甘肃	10.76	云南	12.2
30	广西	5.20	云南	5.81	贵州	8.88	甘肃	12.1

续表

序号	2001 年		2005 年		2012 年		2016 年	
31	贵州	4.19	贵州	4.92	云南	7.82	贵州	11.9
32	西藏	2.69	西藏	2.75	西藏	4.32	西藏	6.4

资料来源：依据《中国劳动统计年鉴 2013》和《中国统计年鉴》（2002、2006、2013、2017）数据整理计算得到。

从整个云南省的城乡居民社会养老保险的建制情况来看，2009年云南在 16 个县市启动新农保试点。云南省新型农村社会养老保险的初始实施时间是 2009 年 12 月 1 日，城镇居民社会养老保险则是于 2011 年 7 月 1 日开始实施。而根据云南省人力资源和社会保障厅发布的《2013 年云南省人力资源和社会保障事业发展统计公报》数据显示，2013 年末云南农村社会养老保险参保人数为 2084.06 万人，其中参加新型农村社会养老保险的人数为 2023 万人。参加城镇居民社会养老保险人数 126.20 万人，全年领取城镇居民社会养老保险待遇人数为 29.62 万人。全年领取农村社会养老金人数 414.41 万人，农村社会养老保险资金收入 138.82 亿元。资金支出 47.65 亿元。[①]而云南省正式全面实施城乡居民社会养老保险制度则是 2014 年 6 月1 日。根据《2016 年云南省人力资源和社会保障事业发展统计公报》，云南全省城乡居民基本养老保险参保总人数已达 2257.53 万人。全省领取城乡居民基本养老保险待遇人数为 500.28 万人，城乡居民基本养老保险资金收入 83.60 亿元，资金支出 49.15 亿元。[②]

那么云南城乡居民社会养老保险制度能否起到很好的作用呢？

---

① 《数读 2013 年云南省人力资源和社会保障事业发展统计公报》，http://yn.yunnan.cn/html/2014-07/21/content_3294389_2.htm，访问时间：2014 年12 月 23 日。

② 云南省人力资源和社会保障厅：《2016 年云南省人力资源和社会保障事业发展统计公报》，http://www.ynhrss.gov.cn/Uploads/NewsPhoto/2017-11-03/f057c1da-40c6-4ebc-acf0-6887229ab425.pdf，访问时间：2017 年 12 月 4 日。

从 2012 年以来，云南省共计 3 次（2012 年、2014 年、2017 年）对城乡居民基础养老金待遇水平进行了调整，但基础养老金待遇水平并不高。从 2017 年 7 月 1 日起，云南省城乡居民基础养老金最低标准由 75 元每人每月提高到 85 元每人每月。截至 2017 年 11 月，云南省参加城乡居民基本养老保险的 2257 万人中，有 512.84 万城乡老年居民领取了养老金。[①] 谢和均、王定俭认为，从云南省的实际来看，老年人的收入将越来越多依赖于社会保障体系。云南民族地区各县的农业人口比重大多在 80% 以上，新型农村养老保险政策需要覆盖的人数众多，该项制度在缓解云南农村地区农民的经济贫困风险方面的压力很大。[②]

再从当前城乡居民社会养老保险的待遇水平来看，待遇过低的问题一直是诸多学者评价该项制度的一个焦点，过低的养老金待遇在缓解农村老年人经济贫困和满足养老需要方面很难发挥作用。一项对云南省 2016 年城乡居民基本养老保险项目进行绩效再评价的报告也显示，云南省城乡居民基本养老保险的低层次统筹，人为分割了养老保险制度，形成了统筹范围小、层次低、资金分散、互济性差、抗风险能力弱的制度碎片化问题。[③] 有学者建议，基于中国广大农村地区，尤其是西部农村地区贫困问题的普遍性，可以采取非缴费型养老金制度来降低农村老年人的经济贫困问题。陈志国指出，国际经验表明非缴费型养老金制度在减少老年贫困方面起到了显著作用，以拉丁美洲国家为例，非缴费型养老金制度的实施，使阿根

---

① 《我省再次提高城乡居民基础养老金标准》，《云南日报》2017 年 12 月 19 日第 2 版。

② 谢和均、王定俭：《少数民族地区新型农村养老保险模式选择——来自云南省的实证研究》，《云南行政学院学报》2011 年第 5 期。

③ 云南省人力资源和社会保障厅：《2016 年城乡居民基本养老保险项目绩效再评价报告》，http://www.ynf.gov.cn/zdlyxxgk/jxxx/jxpj/jxzpj/201803/t20180305_536897.html，访问时间：2018 年 3 月 6 日。

廷、巴西、哥斯达黎加等国的绝对贫困率降低了 60%~96%。①

但是从制度的本质来看，非缴费型养老金制度仍然属于社会救助制度的范畴，而非社会保险制度的范畴。无论是学者基于城乡居民养老保险制度的反思而提出的非缴费型养老金建议，还是发展中国家的成功案例，都体现着这样一个趋势，即在某一地区社会成员普遍贫困的情况下，通过社会救助制度而非社会保险制度更能发挥缓解贫困和保障生活的作用。

3. 云南省社会福利制度发展不足

在我国，社会福利制度实践中，则主要包括老年人福利、儿童福利、残疾人福利与妇女福利等，也包括其他诸如高龄津贴和福利性服务。就目前中国的社会福利制度内容而言，它是老年人、儿童、残疾人、妇女等群体实现共享国家经济社会发展成果的重要途径之一。② 但是，受观念、立法、财政、管理体制机制等多方面因素的影响，我国的社会福利事业发展整体上滞后，覆盖人群主要包括老年人、残疾人、妇女儿童等人群，属于"选择性"的社会福利制度。社会福利制度在社会保障事业发展中的滞后既是我国的国情，也是我国大多数省份面临的共同问题。社会福利制度的实施往往遵循"属地管理"原则，因而社会福利制度的财政投入更多地需要有赖于云南省地方财政能力。然而受制于经济发展水平，云南省各级政府用于社会福利事业的财政支出十分有限。再加上社会福利制度立法不完善等因素的影响，使得需要政府财政大力支撑的社会福利事业仍然面临严重不足的问题。

---

① 陈志国：《发展中国家农村养老保障框架与我国农村养老保险模式选择》，《改革》2005 年第 1 期。

② 郑功成：《中国社会福利改革与发展战略：从照顾弱者到普惠全民》，《中国人民大学学报》2011 年第 2 期。

第三章 云南省农村最低生活保障制度发展现状

一 云南农村最低生活保障制度建制历程

从中国农村最低生活保障制度的建设步伐来看，在综合 20 世纪 90 年代中期以来在山西阳泉、山东烟台、四川彭州等地探索建立农村最低生活保障制度的试点经验的基础上，国务院于 2007 年 7 月 11 日发布《国务院关于在全国建立农村最低生活保障制度的通知》（国发〔2007〕19 号），要求在全国范围内建立农村最低生活保障制度。[①]

云南省早在 20 世纪 90 年代末期就进行了建立农村最低生活保障制度的试点。1998 年，云南省在江川县、弥勒县开展了建立农村最低生活保障制度的试点。1999 年，玉溪市 1 区 8 县全面推开农村最低生活保障。[②] 在同一时期，云南其他州（市）则普遍通过实施定期定量和临时救济相结合的救助形式帮扶农村贫困成员及家庭。在国务院发布通知之后，云南省政府决定从 2007 年起在全省全面建立和实施农村最低生活保障制度。该规定从全面建立和实施农村最

[①] 《国务院关于在全国建立农村最低生活保障制度的通知》（国发〔2007〕19 号），http://www.mca.gov.cn/article/zwgk/fvfg/zdshbz/200712/20071210006012.shtml。访问时间：2014 年 10 月 16 日。

[②] 普艳杰、李克艳：《云南农村弱势群体社会救助体系建立的模式选择》，《群文天地》2012 年第 3 期。

低生活保障制度的重要意义、保障对象和保障标准的确定、农村家庭收入的核实、农村最低生活保障工作政策工作流程、资金筹集与发放、资金监管、职责划分等八个方面对全省各地开展农村最低生活保障制度的工作进行了原则性的规定。

表 3-1　《云南省人民政府关于全面建立和实施农村最低
生活保障制度的通知》主要内容

项目	主要内容
政策意义	1. 统筹全省城乡经济社会协调发展； 2. 保障农村困难群众的基本生活权益； 3. 维护农村社会稳定
保障对象资格	1. 家庭年人均收入低于户籍所在地农村最低生活保障标准； 2. 持有当地常住户口的农村人口； 3. 农村人口与城镇人口混合家庭中已享受城镇最低生活保障的，不纳入农村最低生活保障范围
保障标准	1. 县级以上人民政府根据国家确定的绝对贫困标准和当地实际情况自行确定（不得低于农村绝对贫困标准，并适时调整）； 2. 遵循保障农村困难群众基本生活的原则，鼓励生产自救的方针； 3. 保障标准的制定与当地经济发展水平和财政承受能力相适应； 4. 县级民政部门按照当地维持农村困难群众吃饭、穿衣、用水、用电、燃料等基本生活的需要，并适度考虑未成年人义务教育的费用，科学制定保障标准
家庭收入核实	立足农村生产经营活动实际，将家庭收入核算与群众评议相结合，采取简便易行的方法。
运行机制	1. 属地管理，以户为单位，由户主提出申请或由村民小组提名报村委会； 2. 三级审核两榜公示的工作制度； 3. 实行动态管理，每年审核一次

续表

项目	主要内容
资金筹集	1. 坚持分级负担、多方筹措的原则； 2. 省级财政通过预算安排专项救助资金、争取中央支持等方式筹集资金，根据各地救助工作实际并综合考虑各州、市的贫困人口数、贫困人口的贫困程度、财政困难程度以及边境、人口较少民族和藏区特殊情况等因素，对各州、市给予适当补助； 3. 各州、市综合考虑行政区域内各县（市、区）的经济发展水平、农村绝对贫困人口比重、财政能力、农民人均消费支出、贫困状况等多种因素，科学合理地确定资金分担方案
资金发放	1. 差额补助； 2. 动态管理、分类施保； 3. 2007年暂按季度发放，从2008年起实行按月发放

注：笔者根据《云南省人民政府关于全面建立和实施农村最低生活保障制度的通知》整理汇总制成。

与《国务院关于在全国建立农村最低生活保障制度的通知》的内容相比，云南省政府出台的通知体现了以下特点。

第一，制度功能定位具有显著的政治性色彩。无论是中国古代社会救济思想和实践，还是现代社会保障制度在西方国家的兴起和发展，都或明或暗地体现了政策制定者对发挥社会保障制度维护社会秩序和社会稳定运行这一作用的期待。国务院2007年颁布的通知强调了在全国建立农村最低生活保障制度对于促进农村经济社会发展，逐步缩小城乡差距，维护社会公平的重要意义。而相比国务院的文本内容规定，云南省政府在国务院对农村最低生活保障制度的功能定位和意义阐述的基础上，更加突出了该项制度的建立对维护社会稳定、巩固党的执政、保障改革发展稳定大局等层面的意义和功能。云南省政府在《关于全面建立和实施农村最低生活保障制度的通知》中明确指出："全省全面建立和实施农村最低生活保障制度……是建设社会主义新农村和构建社会主义和谐社会的重要方面，也是巩固党的执政基础、加强党的执政能力的重要举措，对于……维护农村社会稳定，具有十分重要的意义。各级人民政府和有关部门要从改革发展稳定的大局出发，充分认识建立和实施农村最低生活保障制度的重要意义。"笔者通过对比民族八省区中其他七个省份的政府对建立农村最低生活保障制度的目标定位及意义阐述发现，云南省的官方文本阐述中对于农村最低生活保障制度功能的政治性色彩的强调也要明显强于其他西部民族地区省份。

表 3-2　民族八省区省份政府关于农村最低生活保障制度
目标及功能的定位

省份	对建立农村最低生活保障制度的意义及功能定位的文本阐述
新疆	稳定、持久、有效地解决农牧区贫困人口的温饱问题，维护社会稳定，促进全区经济社会全面协调可持续发展
贵州	对于统筹全省城乡经济社会协调发展，建设社会主义新农村，全面推进小康社会建设，实现贵州经济社会发展历史性跨越具有十分重要的意义
西藏	保障农村贫困居民的基本生活
内蒙古	维护和保障农村牧区居民的基本生活权益，推进自治区全面建设小康社会步伐
宁夏	保障农村贫困居民的基本生活
广西	保障农村居民的基本生活权益，维护社会稳定，促进经济社会和谐发展
青海	切实保障农村困难群众的基本生活，维护社会稳定

第二，农村最低生活保障资金筹集办法考虑了民族因素。

云南省农村最低生活保障资金筹集的内容规定体现了民族地区省份的特色，即在各级政府的农村最低生活保障专项救助资金的责任分担方案中突出了对边境民族地区、人口较少民族以及藏区等涉及少数民族因素的倾斜性考虑。《云南省人民政府关于全面建立和实施农村最低生活保障制度的通知》规定："农村最低生活保障资金坚持分级负担、多方筹措的原则。省级财政通过预算安排专项救助资金、争取中央支持等方式筹集资金，根据各地救助工作实际并综合考虑各州、市的贫困人口数、贫困人口的贫困程度、财政困难程度以及边境、人口较少民族和藏区特殊情况等因素，对各州、市给予适当补助。"[1] 这种对民族因素的考虑更多地偏向于地区维度，而非对某一具体少数民族执行单独的低保政策和标准；人口较少民族因聚居于固定地区，因此突出人口较少民族因素的考虑依然符合从地区维度对贫困民族地区和少数民族社会成员提供帮扶。

就各个地方政府推动农村最低生活保障制度建制的进程来看，除玉溪市早在 2006 年 10 月就已经实行了《玉溪市农村居民最低生活保障制度暂行办法》之外，云南省各州（市）则在 2007 年颁布建立农村最低生活保障制度的实施办法或者实行办法推动制度建设。就制度建设步伐而言，云南并没有因为经济社会发展水平相对靠后而明显出现制度建设迟滞的情况。在此期间，2007 年 8 月，云南省民政厅出台《云南省农村最低生活保障工作规程（试行）》指导各级市、州、县政府的农村最低生活保障制度的实施，具体提出了一系列制度建设的要求、标准以及可操作性的实施办法。

在国务院于 2012 年发布《国务院关于进一步加强和改进最低生活保障工作的意见》（国发〔2012〕45 号）提出要求各省份努力构建标准科学、对象准确、待遇公正、进出有序的最低生活保障工作格局，在不断提高最低生活保障制度的科学性和执行力的背景下，云南省于 2013 年 3 月颁布了《云南省人民政府关于进一步加强和改进最低生活保障工作的实施意见》。这一意见对云南省农村最低生活

---

[1] 《云南省人民政府关于全面建立和实施农村最低生活保障制度的通知》，http://www.ynmlp.gov.cn/Item/402.aspx，访问时间：2014 年 12 月 10 日。

保障制度发展所起的作用表现为：第一，云南省城乡最低生活保障标准的相对统一化。意见要求以州、市为单位制定本行政区域内相对统一的保障标准。并规定"十二五"期间，城乡最低生活保障标准和补助水平年均增长 15%（但低于当地最低工资标准）。第二，农村最低生活保障制度运行机制科学化。具体表现为最低生活保障对象认定条件更加规范，申请、审核、民主评议、审批、公式、待遇发放等管理流程和细节更明确和更具可操作性。第三，救助申请家庭经济状况核对机制高效化。该意见规定到"十二五"末，全省基本建立跨部门、多层次、信息共享的救助申请家庭经济状况核对机制。第四，最低生活保障对象动态管理常态化。该意见规定对"三无人员"，对短期内收入变化不大的家庭，收入来源不固定、成员有劳动能力和劳动条件的最低生活保障家庭分别实施定期常态核查。第五，农村最低生活保障管理工作的监管主体与方式多元化。强调通过政府购买服务等方式，鼓励社会组织参与、评估、监督最低生活保障工作。第六，低保对象维权渠道畅通化。一方面是要求省、州、市、县、区要在 2013 年 6 月底前建立健全投诉举报核查制度；另一方面则是强化了农村最低生活保障信访工作机制，建立首问负责，实现有诉必问、有访必复。

伴随着精准扶贫、打赢脱贫攻坚战在全国范围的推进，云南省结合本省实际情况落实了国家关于做好精准扶贫工作中发挥好农村最低生活保障制度的兜底保障作用的要求，这具体表现在云南省政府批准转发了省民政厅、省扶贫办、省委农办、省财政厅、省统计局、省残联《关于做好农村最低生活保障制度与扶贫开发政策有效衔接的实施意见》（以下简称《意见》）。《意见》的主要内容尽管是涉及两项政策间的衔接，但是其内容对于完善农村最低生活保障制度在对象瞄准、标准确定、家计调查、动态监管等方面具有重大的推动作用。《意见》规定，加强农村最低生活保障制度与扶贫开发政策的有效衔接，其政策目标在于：完善贫困人口识别机制，实现标准调整紧密衔接、对象识别精准衔接、信息数据动态衔接、政策措施无缝衔接，充分发挥农村最低生活保障与扶贫开发政策合力，提高贫困人口生活水平和发展能力。到 2018 年，实现全省农村最低生活保障保障标准和国家扶贫标准"两线合一"。对符合低保标准的农村贫困人口实行政策性保障兜底，确保到 2019 年现行扶贫标准下的农村贫困人口全部脱贫。为落实上述目标，《意见》确立了应扶尽扶、应保尽保、动态管理、资源统筹四项基本原则。同时，《意见》也明确了七项重点任务，即：逐步提高标准，精准认定对象，实行分类施保，加强动态管理，加强政策衔接，加强医疗救助，加强信息比对。① 可以说，精准扶贫的实施，理顺了农村最低生活保障制度与扶贫开发政策的关系，对提升两项制度的减贫精准度均有着积极作用。

二　云南农村最低生活保障制度政策内容

作为民族八省区之一的省份，云南省的农村最低生活保障制度实践表现出了一些与全国其他省份并不相同的地方，这种政策实践上表现出的不同或者特点主要表现为将少数民族和民族地区这一因素融入农村最低生活保障制度的运行过程中。为全面了解云南省农村最低生活保障制度的政策内容及特点，本书将以云南省各市（州）政府，以及部分县政府颁布的农村最低生活保障政策文本为基础，重点围绕保障对象的确定、保障标准、资金筹集等方面进行分析。

---

① 《云南省人民政府办公厅转发省民政厅等部门关于做好农村最低生活保障制度与扶贫开发政策有效衔接实施意见的通知》，http://www.yn.gov.cn/yn_zwlanmu/qy/wj/yzbf/201611/t20161125_27638.html，访问时间：2016 年 12 月 13 日。

（一）保障对象的确定

云南省民政厅在《云南省农村最低生活保障工作规程（试行）》的第八条中规定，农村最低生活保障对象是指家庭年人均纯收入低于当地农村最低生活保障标准的具有当地常住户口的农村居民，主要包括以下几类人员：（1）因家庭成员患病导致家庭生活特别困难的；（2）家庭主要劳动力残疾或年老体弱导致丧失、缺乏劳动力或劳动力低下，致使家庭生活特别困难的；（3）因生存条件恶劣，自身无法维持基本生活，家庭生活特别困难的；（4）各级人民政府确定的其他特殊困难户。在这一基础上，云南省部分市（州）在确定保障对象方面做出了具有一定地方性特色的规定（表3-3）。其中，德宏、临沧、普洱、迪庆等市（州）明确提出将遭遇自然灾害的家庭纳入农村最低生活保障范围。临沧是云南的边境市，因跨境人口流动频繁，属于艾滋病的高发地区，因而在农村最低生活保障对象范围的确定中提出了将因艾滋病陷入贫困的人员纳入保障范围。迪庆藏族自治州将因子女教育支出而陷入贫困的家庭成员纳入低保范围，这容易导致农村最低生活保障与教育救助之间的功能混淆，也反映出最低生活保障制度额外承担了本应属于专项救助制度的任务。丽江市作为旅游城市，则在确定保障对象范围的办法中强调了本地居住时间这一因素，这与丽江市以旅游服务业为主，人员流动性强有关。

表3-3　云南部分市（州）有关农村最低生活保障对象的地方性规定

地区	对保障对象资格的地方性规定
德宏傣族景颇族自治州	因自然灾害或突发事件导致生活困难的家庭
临沧市	农村中因患麻风病、精神病、艾滋病等造成家庭特殊困难的人员

地区	对保障对象资格的地方性规定
普洱市	因遭遇不可抗拒的自然灾害，造成自身无法维持基本生活，且无其他经济来源的特困家庭
迪庆藏族自治州	重特大自然灾害造成一个时段内难以恢复生产生活，并造成家庭特殊困难的居民。因家庭供养学生，造成一个时段内家庭特殊困难，需要政府救助的人员
丽江市	凡持有本市户口且在本地居住一年以上的农村居民，其共同生活的家庭成员年人均纯收入或家庭实际生活水平低于当地人民政府公布实施的农村最低保障标准的，可以申请农村最低保障待遇

从有关不得享受农村最低生活保障待遇的规定来看，各市（州）的规定也存在明显差异。《云南省农村最低生活保障工作规程（试行）》的第九条规定不得享受农村最低生活保障的情况包括 5 种，即：家庭实际生活水平超过标准；无故不从事生产劳动；不按规定如实申报家庭收入；正在服刑、劳教者；各级人民政府认定不能享受农村最低生活保障的其他人员。从 8 个市（州）的规定来看（表3-4），在按照省政府出台的工作规程基础上，各市（州）细化了农村最低生活保障对象的认定范围。这些细化的内容可以大致归纳为以下几个方面：

第一，在户籍的基础上增加户籍所在地的居住时间要求。

第二，强调劳动年龄段具有劳动能力的申请者的劳动参与。

第三，强调家庭帮扶在贫困人员救助中的优先性。例如普洱市就规定农村最低生活保障申请人属于"依法具有赡（扶、抚）养关系，而赡（扶、抚）养人未履行赡（扶、抚）养义务的"情况的则不属于保障范围，这一规定将法定的家庭救助义务和职责置于最低生活保障政策救助之前。

第四，家庭非生活必需品豁免额度有限。为保障贫困家庭和个体能够顺利提升反贫困能力，很多国家在制定社会救助政策中都会豁免一定额度的家庭资产、财产，不计入家计调查范围。普洱市、昆明市、玉溪市、大理白族自治州等都规定了申请者家庭所能拥有的非生活必需品数量（价值）。

第五，对违法、违规对象的主动性排斥。这些被排斥的对象包括：违反《义务教育法》和计划生育政策等法律法规的人员，涉及刑事犯罪或受治安行政处罚的人员。但是就后一群体而言，现有的制度规定存在将处罚后已改过自新的贫困人员排除在农村最低生活保障救助范围之外的可能，从而并不利于这些主观上有悔过意愿的社会成员的反贫困和社会融入。

第六，对违背公序良俗等道德软约束的申请者的主动性排斥。这一特点主要体现在曲靖市和昆明市所发布的政策内容中。曲靖市规定了三类对象不得享受农村最低生活保障待遇，分别是人为剥离户口的人员、从事封建迷信的人员、土地抛荒人员。昆明市则将红白喜事等大操大办的人员排除在农村最低生活保障范围之外。人为拨离户口的"分户不分家"的家庭使政府的惠农政策和社会福利政策等面临"道德风险"。我国各级政府为扶持民族地区和少数民族家庭的发展，实施了门类繁多的各类专项政府转移支付和惠农政策，而这些待遇往往以家庭户为单位进行发放，民族地区家庭人为剥离户口（而实际上是大家庭一起生活）以更多获取政府补贴等现象较为普遍。农村最低生活保障制度在民族地区的实施相比其他地区而言，更容易面临这种"道德风险"。将从事封建迷信的人排除在外，则有利于彰显农村最低生活保障制度的价值理念。将抛荒土地的人员排除在外可以看出是另一种鼓励贫困者积极劳动的办法。

**表 3-4　云南部分市（州）关于农村居民不能享受农村最低生活
保障待遇的规定**

地区	不得享受农村最低生活保障待遇的规定内容
德宏傣族景颇族自治州	1. 离开户籍所在地，举家迁往外地 1 年以上的； 2. 在法定劳动年龄内有劳动能力的人员，连续 3 次无正当理由拒绝参加村（居）民委员会或村民小组组织的公益劳动的
临沧市	1. 被公安机关处罚的赌博、吸毒、卖淫嫖娼人员，一年内不得享受农村居民最低生活保障待遇； 2. 违反《义务教育法》，不送适龄儿童、少年接受义务教育的； 3. 违反计划生育政策超生的，不能确定为低保对象
普洱市	1. 离开户籍所在地，举家迁往外地 1 年以上的； 2. 在法定劳动年龄内有劳动能力的人员，连续 3 次无正当理由拒绝参加村民委员会或村民小组组织的公益劳动的； 3. 依法具有赡（扶、抚）养关系，而赡（扶、抚）养人未履行赡（扶、抚）养义务的； 4. 家庭超标准建房和拥有除住房等基本生活必需品外的非生产性设施、物品的
曲靖市	1. 人为拨离户口，实际"分户不分家"的家庭； 2. 从事封建迷信活动，并收取费用的人员； 3. 无正当理由擅自将所承包的土地人为抛荒的
昆明市	1. 家庭成员有使用移动电话、摩托车（或非经营性机动车辆）、计算机等非基本生活所需品的； 2. 三年内自建住房（危房修缮除外）、购买商品房或婚、丧、嫁、娶大操大办造成家庭困难的； 3. 因赌博、吸毒、嫖娼等违法行为造成家庭生活困难，且尚未改正的； 4. 安排子女择校就读或子女在义务教育期间进入收费学校就读的

续表

地区	不得享受农村最低生活保障待遇的规定内容
丽江市	1. 离开户籍所在地，举家迁往外地一年以上的； 2. 申请保障前三年内存在违法结婚、违法收养、违反计划生育政策等情况的； 3. 一年内因赌博、嫖娼等违法行为受到治安行政处罚或家庭成员吸毒未采取有效戒毒措施的
玉溪市	1. 家庭超标准建房和拥有除住房等基本生活必需品外的非生产性设施、物品，按可变现值计算，人均值为当地年低保标准 5 倍以上的； 2. 违反玉溪市有关计划生育政策，超计划生育的人员
大理白族自治州	年内购买价值超过低保标准 5 倍以上非生活必需品的

资料来源：笔者根据云南省相关市（州）网上公布的政策文本内容整理而得。

随着云南省在全省范围内实施精准扶贫精准脱贫，农村最低生活保障制度的保障对象确定标准和分类标准也发生了变化。按照《云南省脱贫攻坚规划（2016—2020 年）》的统一规划和要求，切实实施由省民政厅等 3 个部门于 2016 年 4 月份联合制定的《云南省社会保障精准扶贫行动计划》。该项行动计划规定了全省的贫困户分为 A、B、C 三类，并对不同类别贫困户给以差别化的兜底保障。具体而言，A 类重点保障户的划分依据为：完全丧失劳动能力或生活自理能力，家庭生活常年陷入困难的极困家庭。B 类基本保障户的划分依据为：因年老、残疾、患重特大疾病或长期慢性病等原因，部分丧失劳动能力或生活自理能力，家庭人均收入低于当地保障标准且家庭财产符合有关规定的比较困难家庭列。C 类一般保障户的划分依据为：因其他原因造成家庭人均收入低于当地保障标准且家庭财产符合有关规定的一般困难家庭。① 该项《行动计划》指出在"十三五"期间，A 类重点保障户和 B 类基本保障户将在农村最低生活保障覆盖方面获得倾斜。

相比于精准扶贫规划实施之前，《云南省社会保障精准扶贫行动计划》强调了农村最低生活保障兜底保障作用的思路方面，主要体现于覆盖面的扩大。因此，农村最低生活保障对象确定的标准相对趋向于宽松化。在农村最低生活保障解决贫困人口绝对贫困问题过程中覆盖面和精准度的平衡问题，应当引起学术界的重视与反思。这也是评估精准扶贫精准脱贫政策体系中农村最低生活保障制度减贫效果的一个重要视角。

（二）待遇标准的制定

受县级政府财政能力以及对农村最低生活保障标准持谨慎态度的影响，云南省各级政府在制定本辖区内农村最低生活保障制度标准时尤其强调政府的财政承受能力。按照云南省政府的规定，各级政府制定的农村最低生活保障标准不得低于国家确定的上年度农村绝对贫困标准，农村最低生活保障标准须满足农村居民全年基本生活所必需的费用，农村最低生活保障标准同时须随生活必需品价格变化和人民生活水平、农村绝对贫困标准三个指标的变动适时实现调整。从各市、州的政策内容来看（表3-5），在农村最低生活保障制度建立时从三个方面体现了云南省农村最低生活保障制度待遇标准确定的特点：第一，以国家公布的绝对贫困线作为底线。第二，坚持低标准起步，优先覆盖特困人员，防止待遇攀比。第三，强化受助者积极参与劳动，摆脱依赖观念。

---

① 《云南省农村低保平均保障标准提高至每人每年 2694 元》，https：//www. yndaily.com/html/2016/yaowenyunnan_ 0803/103757. html，访问时间：2016 年 9 月 3 日。

表 3-5 云南部分市（州）关于制定农村最低生活保障待遇标准的规定

地区	研究制定最低生活保障标准时，要考虑的原则
德宏傣族景颇族自治州	1. 不低于国家公布的绝对贫困线； 2. 低标准起步，广泛覆盖特困人口的原则； 3. 体现鼓励参与劳动的原则
临沧市	1. 结合市、县（区）财政承受能力，量力而行，尽力而为； 2. 低标准起步，广泛覆盖特困人口的原则
普洱市	根据国家确定的温饱线标准和本市经济发展水平、财政承受能力确定农村最低生活保障标准
保山市	1. 保障标准以满足特困群众最低生活需求为前提； 2. 保障标准不能相互攀比，否则加重财政负担，出现负激励问题
迪庆藏族自治州	1. 注意各级财政承受能力； 2. 鼓励受助者克服依赖思想
丽江市	根据本市经济发展水平，农村居民年人均纯收入，维持农村居民最基本生活所需的费用和财政承受能力综合制定
怒江傈僳族自治州	1. 由各县人民政府根据国家确定的绝对贫困标准和当地实际情况自行确定； 2. 坚持政府保障与社会帮扶相结合、鼓励生产自救的方针； 3. 制定与当地经济发展水平和财政承受能力相适应的切实可行的保障标准
大理白族自治州	1. 遵循标准适度、量力而行的原则； 2. 防止标准过高，以充分调动劳动者生产积极性

资料来源：笔者根据云南省相关市（州）网上公布的政策文本内容整理而得。

为考察云南省农村最低生活保障制度建立初期的标准水平如何，本书对云南省 2008 年 129 个县份的农村最低生活保障待遇月人均支出水平和 2008 年各县份的人均财政收入进行了象限图分析，结果表明，2008 年云南省大部分县份的年人均财政收入低于 1000 元，县级政府财政能力较差，而同年各县份农村最低生活保障月人均支出水平普遍分布在 20~40 元，低保待遇水平较低。因而，各县份在象限图上的位置则密集分布于"低财政收入、低低保待遇"的区域之中。象限图的分析表明，云南省各县份政府在推行农村最低生活保障制度时对财政承受能力的强调，使得本应"应保尽保"的农村最低生活保障制度在实际运行中受制于地方财政能力的现象较为明显。

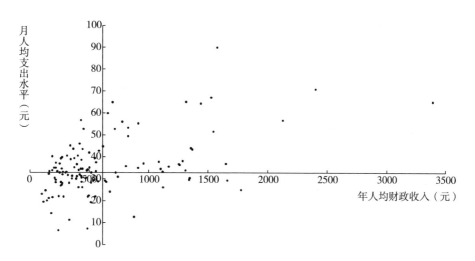

图 3-1　云南省 2008 年各县份农村最低生活保障
待遇与年人均财政收入

注：农村最低生活保障月人均支出水平数据来自于民政部网站公布的云南省 2008 年 1 月、2 月、4 月、5 月、7 月、8 月、10 月、11 月 8 个月份的数据进行算术平均计算而得。

资料来源：民政部规划财务司（http：//cws.mca.gov.cn/article/tjyb/c/？7）。年人均财政收入的数据依据《云南省统计年鉴 2009》计算整理而得。

自《关于做好农村最低生活保障制度与扶贫开发政策有效衔接的实施意见》实施以来，云南省的农村最低生活保障标准确定与精准脱贫考核标准形成了紧密联系。根据《意见》规定，到 2018 年实现全省农村最低生活保障保障标准与国家扶贫标准"两线合一"，鼓励经济条件好的地方农村最低生活保障标准高于国家扶贫标准。农村最低生活保障标准已达到国家扶贫标准的县、市、区，应按照动态调整机制科学调整；低于全省农村最低生活保障平均保障标准的县、市、区，应提高到全省平均水平。其中，率先实现脱贫摘帽的县、市、区，应将农村最低生活保障保障标准提高到当年的国家扶贫标准。2019~2020年，继续巩固"两线合一"工作，合理提高保障标准，使保障标准与全面建成小康社会要求相适应。同时，根据保障标准调整情况，逐年提高低保补助水平。进一步完善农村最低生活保障标准与物价上涨挂钩联动机制，确保困难群众不因物价上涨影响基本生活。① 各州、市相关部门依据省政府发布的《关于做好农村最低生活保障制度与扶贫开发政策有效衔接的实施意见》，制定了本州、市的《关于做好农村最低生活保障制度与扶贫开发政策有效衔接的实施意见》，并将"逐步提高标准"这部分的内容添加了一定的地方性表述。这些表述内容主要表现为将还没有达到全省农村最低生活保障平均标准的地方的农村最低生活保障标准按规定在指定时期内完成提标。例如，文山州的《意见》规定该州2016年农村最低生活保障标准平均水平提至2694元/（人·年），与全省标准实现同步。

（三）资金筹集的办法

我国最低生活保障制度按照"地方人民政府负责制，按属地进行管理"的原则实施，因而也就意味着农村最低生活保障资金的筹集以地方为主。地方财政能力较弱在造成农村最低生活保障标准偏低的同时，也会对农村最低生活保障制度的资金筹集方式产生直接影响。

---

① 《云南省人民政府办公厅转发省民政厅等部门关于做好农村最低生活保障制度与扶贫开发政策有效衔接实施意见的通知》，http://www.yn.gov.cn/yn_zwlanmu/qy/wj/yzbf/201611/t20161125_ 27638.html，访问时间：2016年12月13日。

为解决农村最低生活保障制度实施过程中地方财政能力不足的问题，民政部、财政部于 2012 年颁布《城乡最低生活保障资金管理办法》，要求各县级财政部门分配最低生活保障补助资金时采取因素分配等方法，并强化"以奖代补"机制。[1] 并且，中央财政将城乡最低生活保障补助资金的重点和倾斜方向定为贫困程度深、保障任务重、工作绩效好的地区。然而，云南省地方财政能力较弱的背景使得云南省早在农村最低生活保障制度建立之初，就采取因素分配的方法减轻县级政府财政压力。根据《云南省人民政府关于全面建立和实施农村最低生活保障制度的通知》的规定，被考虑进来的因素包括五个方面：第一，贫困人数和及其贫困程度；第二，财政困难程度；第三，边境、人口较少民族和藏区；第四，经济发展水平；第五，农民人均消费支出。云南省社会科学院宋媛在其研究中指出，在上述办法的基础上，云南省将 16 个市（州）划为 5 个地区类别，并分别设定省政府所承担的农村最低生活保障补助资金分担比例。[2]

基于资料的可及性，本书梳理了具有代表性的部分市（州）的农村最低生活保障资金的筹集模式（表 3-6）。云南省各市（州）农村最低生活保障资金筹集模式可分为主要的 4 类。

第一类是"州、县财政分担比例统一型"筹资模式。该模式的特点是：资金分担主体包括中央、省、州、县四级政府。分担方式表现为中央和省级财政补助基础上的州、县间按同一比例分担。换言之，州与下辖的每个县级政府间的财政分担比例结构一致，各县之间在农村最低生活保障资金财政分担比例结构上相同。主要包括德宏傣族景颇族自治州和西双版纳傣族自治州，这两个州均地处边

---

① 根据《城乡最低生活保障资金管理办法》的规定，因素分配方法中的因素主要是低保对象数量、地方财政困难程度、城乡低保资金安排情况等，"以奖代补"意指参考城乡低保资金绩效评价结果确定未来低保补助资金的额度。

② 宋媛：《云南省城乡社会救助体系现状分析及政策建议》，http：//www.sky.yn.gov.cn/ztzl/yq30zn/zgwj/jjyjs/04957942569936004717，访问时间：2014 年 7 月 11 日。

境地区，农村最低生活保障制度建制时期的人均 GDP 水平基本接近，且均处于云南省中间位置。

第二类是"市、县财政分担比例差异型"筹资模式。该模式的特点是：资金分担主体仅为市、县两级政府。分担方式是依据地区分类设定不同的市、县政府财政分担比例结构，但相同类别地区内的各县之间的财政分担比例相同。具体做法是按照财政能力、贫困人数及贫困程度等因素将辖区内的县划分为若干类别，分类别确定市级财政与县级财政的分担比例。主要包括昆明市和玉溪市，这两个市的经济社会发展水平处于云南省前列，因而并未纳入中央和省政府的农村最低生活保障资金补助范围，农村最低生活保障资金完全由地方政府负责。

表 3-6 云南部分市（州）农村最低生活保障资金筹集模式划分

类别	地区	分担主体	分担方式
州、县财政分担比例统一型	德宏傣族景颇族自治州	中央、省、州、县政府	中央和省级财政补助之外的剩余资金缺口，由州、县依3:7的比例分担
	西双版纳傣族自治州		中央和省级财政补助之外的剩余资金缺口，由州、县依5:5的比例分担
市、县财政分担比例差异型	昆明市	市、县政府	市和县政府分级承担。分担方式为三类：一类地区（6个）"市级承担10%，县级承担90%"，二类地区（3个）"市级和县级各承担50%"，三类地区（5个）"市级承担90%，县级承担10%"
	玉溪市		分担方式为两类：一类地区（4个）"市级承担40%，县级承担60%"，二类地区（5个）"市级和县级各承担50%"。今后根据市、县区财政变化情况再作适度调整

续表

类别	地区	分担主体	分担方式
省、州（市）联合分担基础上的县级财政补足型	大理白族自治州	省、州（市）、县政府	州（含省）、县两级财政按比例分担，分担方式分两类：一类地区（1个）"省州承担80%，县（市）承担20%"，二类地区（11个）"省州承担90%、县承担10%"
	曲靖市		省、市、县政府共同承担。依据财政能力分三类补助：一类地区（1个）省市财政补助50%；二类地区（2个）省市财政补助55%；三类地区（7个）省市财政补助65%。剩余资金缺口由县级政府自行负责
省、州财政全额分担型	怒江傈僳族自治州	省、州政府	省级财政全额安排专项救助资金，州级对各县给予全额补助
	迪庆藏族自治州		省、州财政分级按比例承担

资料来源：笔者根据云南省相关市（州）网上公布的政策文本内容整理而得，这些内容均来自于各市（州）在发布建立农村最低生活保障制度通知或管理办法时的文本内容。这些文本集中出现于2007年、2008年，因此当时规定的部分负担比例值在当前会发生一些调整。

第三类是"省、州（市）联合分担基础上的县级财政补足型"筹资模式。这一模式的特点是：在分担主体上包括省、州（市）、县级政府。分担方式是以省、州两级政府为联合分担体，在此基础上，县级财政承担补足剩余资金的责任。从大理白族自治州和曲靖市的做法来看，这一模式的财政分担结构体现了明显的财政责任上移的特征，县级财政自行筹集农村最低生活保障资金的负担较轻。同时，也采用了分地区类别确定不同的县级政府与省、州政府联合体之间财政分担比例。

第四类是"省、州财政全额分担型"筹资模式。该模式的特点是：农村最低生活保障资金分担主体为省政府和州政府，县级政府不承担筹资责任。代表性区域有怒江傈僳族自治州和迪庆藏族自治州。这一模式最能体现出云南省农村最低生活保障制度资金筹集中对边境、人口较少民族和藏区的倾斜性帮扶。此外，其他8个市（州）也均采取了各级政府分担农村最低生活保障资金筹集的方式解决资金来源问题，出于资料的可及性，本书此处不再一一列出。

总体而言，通过对云南各市（州）中具有代表性的四类农村最低生活保障资金筹集模式的梳理发现，这些模式尽管在具体操作方法上存在差异，但本质上体现了农村最低生活保障资金对贫困地区和民族地区倾斜的政策导向。

三　云南农村最低生活保障制度运行现状

（一）农村最低生活保障标准水平

1. 标准水平的纵向变化

根据民政部的统计数据，云南省农村最低生活保障标准从2009年的年人均每月66.1元增至2017年的265元，9年时间内，农村最低生活保障标准增长幅度超过一倍，标准提升速度较快。受国家贫困线在2011年提至2300元的影响，云南省2011年的农村最低生活保障平均标准同比增长率高达60.8%。而随着2015年开展精准扶贫之后，农村最低生活保障的兜底保障作用得到高度关注，云南的农村平均低保标准年度增幅从2015年起逐年增高，到2017年同比增长率高达26.6%。云南农村最低生活保障标准占全国平均水平的比重也由2009年的65.6%增至2017年的77.1%，但从2012年开始，这一比重整体上出现逐年下降趋势。而在农村最低生活保障的月人均支出水平方面，由2009年的60元提至2017年的172元，云南省农村最低生活保障的月人均支出水平基本与全国月人均水平持平（表3-7）。

表 3-7　云南省农村最低生活保障平均标准与平均支出水平

年份	平均低保标准（元/人·月）	平均低保标准同比增长率（%）	平均低保标准占全国比重（%）	平均支出水平（元/人·月）	平均支出水平同比增长率（%）	平均支出水平占全国比重（%）
2009	66.1	—	65.6	60.0	—	90.8
2010	76.1	15.1	65.0	71.0	18.3	95.9
2011	122.4	60.8	85.5	97.3	37.0	91.7
2012	139.7	14.1	81.1	99.5	2.3	95.7
2013	152.4	9.1	79.2	108	8.5	93.1
2014	172.7	13.3	78.5	124	14.8	96.1
2015	189.3	9.6	75.4	142	14.5	96.5
2016	209.3	10.6	71.0	159	12.0	—
2017	265.0	26.6	77.1	172	8.2	—

　　资料来源：2009 年数据来自《云南全省农村最低生活保障对象在 2009 年基础上新增 40 万人》（http：//www.mofcom.gov.cn/aarticle/difang/yunnan/2011 02/20110207393 844.html）。2010~2012 年数据来自《中国民政统计年鉴》（2011~2013），2013 年数据依据民政部公布的"2013 年一至四季度各省社会服务统计数据"取平均值计算而得。2014~2017 年的数据依据来自民政部公布的"社会服务发展统计公报"和云南省民政厅官网公布的历年"民政厅工作报告"。

2. 标准水平与其他民族省份的横向比较

　　从 2012 年云南省与其他民族省区的农村最低生活保障标准的对比来看（表 3-8），云南省农村最低生活保障待遇标准处于民族八省区中的中间水平。以历年第四季度的农村最低生活保障平均标准为例，云南省省级农村最低生活保障平均标准从 681 元/（人·年）增至 2017 年第四季度的 3342 元/（人·年），2008 年第四季度至 2017 年间的省级农村最低生活保障平均标准年均增长率为 17.2%。与民族八省区相比，年均增长率处于中等水平。而从历年同比增长情况来看，各个地区的省级农村最低生活保障平均标准变化很大。云南省农村最低生活保障制度省级平均标准 2011 年的同比增长率达到 61%，并在民族八省区中居最高增长幅度，而云南省其余各个年份的同比增长率水平均处于偏低水平。自实施精准扶贫以来，云南省的农村最低生活保障标准增长率在整个民族八省区中均排位靠后，云南仅有 2017 年的同比增长率是排在民族八省区的第二位。

表 3-8　云南省 2008～2017 年农村最低生活保障省级 平均标准同比增长率

单位：元，%

地区\年份	2008年四季度	2017年四季度	2009	2010	2011	2012	2013	2014	2015	2016	2017	2008～2017年年均增长率
内蒙古	896	4920	62.3	34.1	22.4	21.8	17.5	6.0	7.1	8.2	16.8	18.6
广西	615	3338	64.9	14.4	5.7	12.2	44.9	1.0	26.0	16.8	11.8	18.4
贵州	713	3660	25.6	43.1	13.0	12.3	12.7	14.2	23.8	22.2	14.3	17.8
云南	681	3342	21.2	10.6	61.0	14.1	16.5	7.1	9.3	15.8	23.3	17.2
西藏	312	3355	139.0	3.4	25.6	65.3	23.8	9.3	5.3	11.7	28.0	26.8
青海	877	3335	14.4	35.2	7.3	36.8	5.0	5.9	12.7	19.1	12.3	14.3
宁夏	584	3469	26.6	14.7	35.1	20.3	48.0	8.7	14.2	30.0	2.4	19.5
新疆	684	3561	34.7	1.4	16.7	41.6	16.9	8.2	12.7	30.9	18.9	17.9

资料来源：依据民政部官方网站"统计数据"一栏中的"低保数据-统计季报"整理计算得到，http：//cws.mca.gov.cn/article/tjjb/，访问时间：2014 年 10 月 13 日。

再从农村最低生活保障标准占农民人均纯收入比重来看（表3-9），云南农村最低生活保障标准占农民人均纯收入的比重为 27.8%，低于全国平均水平，并仅略高于新疆、广西 2 个自治区。而从农村最低生活保障年平均支出水平占农民人均纯收入的比重来看，云南的该指标值为 12.6%，略高于全国平均水平。与民族省区的横向比较结果表明，云南省农村最低生活保障制度标准在西部民族省区中处于中等水平，比西藏、广西、青海、新疆 4 个省份要高。

表 3-9　民族八省区农村最低生活保障标准与支出

水平比较（2016 年）

地区	农民人均纯收入（元）	平均低保标准（元/人、年）	平均低保标准占全国比重（%）	低保标准占农民人均纯收入比重（%）	平均支出水平（元/人、年）	平均支出水平占全国比重（%）	平均支出水平占农民人均纯收入比重（%）
全国	12363	3611		29.2	1248.3		10.1
云南	9020	2512	82.7	27.8	1134.4	90.9	12.6
内蒙古	11609	4124	137.7	35.5	1632.9	130.8	14.1
广西	10359	2714	54.2	26.2	924.2	74.0	8.9
贵州	8090	3037	108.6	37.5	1222.8	98.0	15.1
西藏	9094	2546	101.4	28.0	804.2	64.4	8.8
青海	8664	2932	104.2	33.8	813.5	65.2	9.4
宁夏	9852	3051	104.1	31.0	1435.9	115.0	14.6
新疆	10183	2657	87.1	26.1	1122.0	89.9	11.0

资料来源："农民人均纯收入"来自《中国统计年鉴 2017》。其余数据依据民政部公布的"2016 年一至四季度各省社会服务统计数据"取平均值计算而得。

3. 省内各地方标准水平的比较

根据云南省民政厅官方网站公布的数据，云南省 2017 年第四季度农村最低生活保障年保障标准范围为 3175 元至 6720 元（表 3-10）。在 16 个市、州中，有 5 个市、州下辖各县、区的农村最低生活保障标准是统一的。即保山市（3280 元）、怒江州（3175 元）、普洱市（3252 元）、西双版纳州（3300 元）、临沧市（3300 元）。而在 2014 年的第三季度，市、州下辖各县、区的农村最低生活保障标准是统一的地区多达 9 个。一种原因在于，精准扶贫的实施，使得中央、省级财政在用于农村最低生活保障资方面的财政资金投入力度增大，因此各县、区在确保部分建档立卡户有兜底保障时更加注重农村最低生活保障待遇的精准性，因而各县、区的农村最低生活保障标准更加多样化。对全市、州下辖县、区农村最低生活保障标准进行分档的分别是昆明市、曲靖市、玉溪市、昭通市、楚雄州、红河州、文山州、大理州、德宏州、丽江市和迪庆州 11 个市、州。云南省县级农村最低生活保障标准表明，云南省农村最低生活保障标准的地区间差异在开展精准扶贫之前呈现逐步缩小的趋势。但是，精准扶贫的实施，地区间农村最低生活保障标准差距又有所扩大。

表 3-10　云南省各县份农村最低生活保障标准
（2017 年第四季度）

	地区	年保障标准（元）
昆明市	五华区	3540
	盘龙区	3540
	官渡区	3540
	西山区	3540
	东川区	3540
	呈贡区	4440
	晋宁区	3840
	富民县	3840
	宜良县	3840
	石林县	3840
	嵩明县	3840
	禄劝县	3540
	寻甸县	3540
	安宁市	3840
	高新区	3840
	经济技术开发区	3540
	滇池区	6720
	阳宗海	3840
	倘甸工业园	3540

续表

	地区	年保障标准（元）
曲靖市	麒麟区	3220
	沾益区	3220
	马龙县	3175
	陆良县	3175
	师宗县	3250
	罗平县	3250
	富源县	3220
	会泽县	3175
	宣威市	3175
玉溪市	红塔区	3420
	江川区	3420
	澄江县	3420
	通海县	3420
	华宁县	3420
	易门县	3420
	峨山县	3425
	新平县	3420
	元江县	3420
保山市	隆阳区	3280
	施甸县	3280
	龙陵县	3280
	昌宁县	3280
	腾冲市	3280

续表

地区		年保障标准（元）
昭通市	昭阳区	3180
	鲁甸县	3180
	巧家县	3180
	盐津县	3240
	大关县	3175
	永善县	3175
	绥江县	3175
	镇雄县	3180
	彝良县	3180
	威信县	3252
	水富县	3250
怒江州	泸水市	3175
	福贡县	3175
	贡山县	3175
	兰坪县	3175
普洱市	思茅区	3252
	宁洱县	3252
	墨江县	3252
	景东县	3252
	景谷县	3252
	镇沅县	3252
	江城县	3252
	孟连县	3252
	澜沧县	3252
	西盟县	3252

续表

地区		年保障标准（元）
临沧市	临翔区	3300
	凤庆县	3300
	云县	3300
	永德县	3300
	镇康县	3300
	双江县	3300
	耿马县	3300
	沧源县	3300
楚雄州	楚雄市	3175
	双柏县	3250
	牟定县	3250
	南华县	3250
	姚安县	3250
	大姚县	3250
	永仁县	3175
	元谋县	3175
	武定县	3175
	禄丰县	3175
红河州	个旧市	3180
	开远市	3180
	蒙自市	3180
	弥勒市	3180
	屏边县	3180
	建水县	3180
	石屏县	3250

续表

地区		年保障标准（元）
红河州	泸西县	3250
	元阳县	3180
	红河县	3180
	金平县	3180
	绿春县	3180
	河口县	3180
文山州	文山市	3250
	砚山县	3250
	西畴县	3250
	麻栗坡县	3175
	马关县	3175
	丘北县	3250
	广南县	3175
	富宁县	3175
西双版纳州	景洪市	3300
	勐海县	3300
	勐腊县	3300
大理州	大理市	3175
	漾濞县	3252
	祥云县	3252
	宾川县	3252
	弥渡县	3252
	南涧县	3175
	巍山县	3252
	永平县	3250

续表

地区	年保障标准（元）
大理州	
云龙县	3175
洱源县	3252
剑川县	3250
鹤庆县	3252
德宏州	
瑞丽市	3180
芒市	3250
梁河县	3180
盈江县	3250
陇川县	3250
丽江市	
古城区	4310
玉龙县	3410
永胜县	3250
华坪县	3410
宁蒗县	3175
迪庆州	
香格里拉市	3250
德钦县	3175
维西县	3175

资料来源：民政部官网：《2017年4季度低保标准》，http://www.mca.gov.cn/article/sj/tjjb/bzbz/201803/20180300008055.shtml。

再从云南省各个县份农村最低生活保障标准的相对水平来看，2009~2012年，云南省129个县份中，有72.1%的县份的农村最低生活保障标准占农民人均纯收入的比重持续提升，而27.9%的县份的该比重则出现了负增长（表3-11）。泸水县等36个县份的2009~2012年农村最低生活保障标准占农民人均纯收入比重的年均增长率为负数。各个县份的农村最低生活保障标准占农民人均纯收入比重差异很大。以 2012 年的数据为例，按照当年农村最低生活保障标准占农民人均纯收入比重由高到低排序可以发现，部分边境地区的县和民族自治县的这一比重排名靠前，意味着当地的农村最低生活保障标准相对而言较高。具体来看，西盟佤族自治县、屏边苗族自治县、绿春县（边境县）、河口县（边境县）、金平苗族瑶族傣族自治县（边境县）、贡山独龙族怒族自治县（边境县）、福贡县（边境县）、墨江哈尼族自治县、孟连傣族拉祜族佤族自治县、江城哈尼族彝族自治县（边境县）的农村最低生活保障标准占农民人均纯收入比重均在 47% 以上。但是，同样也有 58 个县份的该比重低于 30%，其中比重最小的县为澄江县，15.1%。

表 3-11　云南省各县份 2009~2012 年农村最低生活保障标准占农民人均纯收入比重

地区	2009 年	2012 年	2009~2012 年年均增长率（%）	地区	2009 年	2012 年	2009~2012 年年均增长率（%）
呈贡区	14.1	41.8	31.2	永胜县	25.7	29.6	3.6
泸西县	24.1	42.2	15.1	鹤庆县	28.1	32.3	3.5
江川县	14.3	24.8	14.7	马龙县	22.8	26.1	3.4
五华区	14.5	24.6	14.2	武定县	31.9	36.2	3.2
晋宁县	16.6	27.8	13.8	玉龙县	24.0	27.2	3.2
楚雄市	21.4	35.4	13.4	富宁县	30.8	34.9	3.2
盘龙区	14.8	24.4	13.3	宾川县	25.0	28.3	3.1
芒市	21.2	34.9	13.2	通海县	17.7	19.9	3.0
大理市	14.8	24.1	13.1	沧源县	36.1	40.1	2.7
宜良县	18.3	29.5	12.7	麻栗坡县	32.7	36.2	2.6

续表

地区	2009 年	2012 年	2009~2012 年年均增长率（%）	地区	2009 年	2012 年	2009~2012 年年均增长率（%）
景谷县	21.5	34.7	12.6	建水县	26.3	29.2	2.6
嵩明县	15.4	24.5	12.4	双江县	35.5	39.2	2.5
麒麟区	14.4	22.8	12.3	镇康县	36.3	40.1	2.5
思茅区	21.4	34.0	12.2	华坪县	21.5	23.5	2.2
红河县	34.3	53.8	11.9	官渡区	19.4	21.1	2.1
绿春县	35.4	55.0	11.7	云县	30.7	33.4	2.1
孟连县	31.3	48.5	11.6	云龙县	40.0	43.2	2.0
镇沅县	26.9	41.6	11.6	马关县	32.5	34.8	1.7
绥江县	27.9	43.2	11.5	宁洱县	24.7	26.3	1.7
石屏县	21.7	33.2	11.2	剑川县	40.6	43.1	1.5
鲁甸县	29.7	45.4	11.2	瑞丽市	19.1	20.2	1.4
大姚县	22.0	33.6	11.2	古城区	16.2	17.1	1.4
富民县	17.0	25.8	11.0	洱源县	31.6	33.2	1.3
巧家县	29.2	44.2	10.9	隆阳区	27.2	28.6	1.2
墨江县	32.5	49.0	10.8	巍山县	38.8	40.4	1.0
江城县	31.9	47.8	10.7	水富县	36.0	37.4	1.0
永善县	29.5	43.8	10.4	陆良县	15.8	16.0	0.3
石林县	20.0	29.8	10.4	弥渡县	37.0	37.3	0.2
姚安县	21.5	31.9	10.4	泸水县	36.5	36.4	-0.04
开远市	14.9	22.0	10.2	施甸县	35.7	35.6	-0.1
屏边县	38.7	56.2	9.8	牟定县	35.0	34.8	-0.2
蒙自市	19.9	28.9	9.7	兰坪县	37.8	37.4	-0.3

地区	2009 年	2012 年	2009~2012 年年均增长率（%）	地区	2009 年	2012 年	2009~2012 年年均增长率（%）
镇雄县	30.7	44.3	9.7	梁河县	35.7	35.3	-0.3
元阳县	34.0	48.8	9.5	昌宁县	30.5	30.1	-0.3
彝良县	31.2	44.8	9.5	元江县	17.9	17.6	-0.4
河口县	24.4	35.1	9.5	广南县	32.7	32.1	-0.5
大关县	31.9	45.6	9.4	禄劝县	31.0	30.4	-0.5
红塔区	14.1	19.8	8.9	香格里拉县	23.8	23.2	-0.7
永仁县	25.3	35.6	8.9	华宁县	16.4	15.8	-0.9
个旧市	15.1	21.0	8.7	会泽县	30.4	29.2	-1.0
盐津县	30.1	41.7	8.5	宣威市	21.1	20.3	-1.0
祥云县	21.4	29.3	8.1	西畴县	34.9	33.4	-1.1
龙陵县	24.9	34.0	8.1	景东县	23.5	22.5	-1.1
金平县	39.8	53.7	7.8	罗平县	17.8	16.9	-1.3
西盟县	45.6	61.0	7.5	勐海县	21.5	20.3	-1.4
景洪市	17.1	22.8	7.5	富源县	25.2	23.5	-1.7
勐腊县	22.2	29.6	7.4	陇川县	32.9	30.6	-1.8
西山区	16.4	21.6	7.1	寻甸县	27.5	25.3	-2.0
双柏县	27.4	35.9	7.0	南涧县	43.1	39.2	-2.4
昭阳区	28.7	37.3	6.8	德钦县	24.5	22.0	-2.6
元谋县	19.9	25.6	6.4	贡山县	57.3	51.1	-2.8
弥勒县	23.0	29.4	6.3	澜沧县	41.4	36.5	-3.1
腾冲县	20.7	26.3	6.2	福贡县	57.7	50.6	-3.2
禄丰县	21.2	26.8	6.0	盈江县	23.0	20.0	-3.4

续表

地区	2009 年	2012 年	2009~2012 年年均增长率（%）	地区	2009 年	2012 年	2009~2012 年年均增长率（%）
沾益县	16.7	20.7	5.6	漾濞县	38.4	33.2	-3.6
南华县	26.9	33.4	5.5	宁蒗县	37.1	32.0	-3.7
文山市	24.4	29.9	5.3	永平县	34.0	29.2	-3.8
临翔区	30.3	36.8	5.0	易门县	20.7	17.4	-4.3
耿马县	28.3	34.0	4.6	新平县	22.1	18.0	-5.0
砚山县	28.7	34.3	4.6	峨山县	21.2	17.1	-5.2
永德县	31.7	37.3	4.1	丘北县	32.6	24.7	-6.7
东川区	35.6	41.7	4.0	维西县	33.9	24.4	-7.9
澄江县	12.9	15.1	4.0	威信县	70.2	42.3	-11.9
师宗县	22.0	25.4	3.7	凤庆县	74.6	35.0	-17.3
安宁市	23.3	26.9	3.7				

资料来源：依据民政部官方网站"统计数据"一栏中公布的历年"低保数据-统计季报"以及《云南省统计年鉴》（2009~2013）的数据整理计算而得。

为了对比精准扶贫前后两个阶段，本书还选取了 2013~2016 年云南省各县份农村最低生活保障标准与农民人均纯收入的比重进行了比较分析（表 3-12）。分析发现，有 35 个县份的农民人均纯收入年均增长率（2013~2016）慢于农村最低生活保障标准年均增长率（2013~2016），其中有 15 个县份（占 42.8%）为国家扶贫开发重点县。具体包括：昆明市的禄劝县、寻甸县，曲靖市的会泽县，丽江市的宁蒗县、宁洱县，文山州的文山市、丘北县，西双版纳州的勐腊县，大理州的洱源县，德宏州的梁河县，怒江州的泸水市、兰坪县，迪庆州的香格里拉市、德钦县、维西县。由于农村最低生活保障标准年均增长率高于农民人均纯收入，因此就收入角度而言，上述 15 个县份的农村最低生活保障待遇对低保对象的减贫效果相对比其他地区较好。

表 3-12　云南省各县份 2013~2016 年农村最低生活保障标准占农民人均纯收入比重

单位：%

地区	农村最低生活保障标准占农民人均纯收入比重				农民人均纯收入年均增长率（2013~2016 年）	农村最低生活保障标准年均增长率（2013~2016 年）	农民人均纯收入年均增速是否更快
	2013年	2014年	2015年	2016年			
五华区	23.2	21.4	19.4	17.8	10.4	1.1	是
盘龙区	22.2	21.3	19.3	17.6	10.5	2.2	是
官渡区	19.9	22.2	22.1	20.6	7.0	8.3	否
西山区	18.4	19.4	21.1	19.3	7.0	8.7	否
东川区	38.5	38.2	37.5	36.5	11.3	9.2	是
呈贡区	35.7	32.3	29.3	26.7	10.1	0.0	是
晋宁县	24.3	28.9	28.3	26.6	7.3	10.5	否
富民县	23.7	30.2	30.1	28.7	7.7	14.8	否
宜良县	25.0	30.4	29.6	28.1	7.7	12.0	否
石林县	26.9	30.6	29.9	28.4	7.4	9.4	否
嵩明县	25.3	28.7	30.5	28.9	9.7	14.8	否
禄劝县	28.0	37.0	38.2	35.3	10.3	19.2	否
寻甸县	25.6	35.6	36.6	34.3	10.1	21.5	否
安宁市	25.4	24.4	24.4	23.3	11.5	8.3	是
麒麟区	22.1	20.1	19.9	19.2	12.7	7.5	是
沾益区	27.2	23.6	24.0	19.1	14.2	1.6	是
马龙县	34.4	27.4	24.7	26.8	15.3	6.1	是
陆良县	13.9	14.6	14.2	18.0	15.1	25.5	否

续表

地区	农村最低生活保障标准占农民人均纯收入比重				农民人均纯收入年均增长率（2013~2016年）	农村最低生活保障标准年均增长率（2013~2016年）	农民人均纯收入年均增速是否更快
	2013年	2014年	2015年	2016年			
师宗县	32.5	26.0	23.5	18.3	14.8	-5.1	是
罗平县	16.3	13.4	23.0	19.9	15.4	23.4	否
富源县	30.5	25.0	22.5	24.5	14.3	6.2	是
会泽县	24.6	17.4	20.0	28.1	22.1	27.5	否
宣威市	23.1	22.2	21.9	25.1	15.3	18.6	否
红塔区	18.2	17.5	17.4	18.8	10.1	11.2	否
江川区	22.0	22.4	22.1	22.7	9.5	10.8	否
澄江县	17.5	19.7	18.8	20.0	10.9	15.8	否
通海县	18.3	18.2	17.9	19.3	9.2	11.2	否
华宁县	21.7	21.6	20.5	21.9	9.5	9.8	否
易门县	23.1	22.1	20.9	22.1	12.4	10.8	是
峨山县	23.6	23.0	22.6	22.1	10.0	7.7	是
新平县	18.2	22.3	21.2	22.6	12.9	21.4	否
元江县	17.8	23.6	24.0	23.7	10.3	21.4	否
隆阳区	27.9	25.8	25.5	24.4	16.2	11.1	是
施甸县	34.3	30.3	30.4	30.4	16.9	12.3	是
龙陵县	32.6	30.0	26.0	29.7	15.9	12.3	是
昌宁县	29.0	28.7	30.8	27.9	12.5	11.1	是
腾冲市	25.0	28.4	28.5	24.4	8.2	7.4	是
昭阳区	32.7	27.6	26.4	24.6	18.0	7.4	是
鲁甸县	43.2	29.9	28.6	26.2	23.1	4.2	是
巧家县	38.5	30.9	29.7	27.1	20.2	7.0	是
盐津县	36.1	31.5	28.6	25.9	19.5	6.9	是

续表

地区	农村最低生活保障标准占农民人均纯收入比重				农民人均纯收入年均增长率（2013~2016年）	农村最低生活保障标准年均增长率（2013~2016年）	农民人均纯收入年均增速是否更快
	2013年	2014年	2015年	2016年			
大关县	39.9	30.8	30.3	28.4	21.5	8.4	是
永善县	39.4	31.0	29.8	27.1	19.6	5.6	是
绥江县	39.0	31.3	31.1	28.8	18.7	7.3	是
镇雄县	41.0	30.6	30.6	32.6	21.0	12.1	是
彝良县	39.3	32.4	31.3	28.5	18.8	6.8	是
威信县	39.3	31.8	31.9	30.5	18.1	8.5	是
水富县	32.5	28.8	27.1	26.5	16.7	9.0	是
古城区	15.4	15.5	16.4	17.4	13.2	18.0	否
玉龙县	26.2	25.8	26.1	26.0	14.0	13.8	是
永胜县	27.3	26.4	26.9	25.4	15.7	13.0	是
华坪县	28.9	28.2	28.1	26.8	11.2	8.4	是
宁蒗县	37.5	38.8	39.7	39.7	13.8	15.9	否
思茅区	33.7	29.3	26.5	27.1	12.6	4.8	是
宁洱县	22.3	30.7	28.6	28.4	15.0	24.7	否
墨江县	43.4	31.9	29.8	29.8	22.8	8.4	是
景东县	35.9	30.3	28.2	29.5	14.1	6.8	是
景谷县	34.1	29.9	27.8	27.7	12.3	4.8	是
镇沅县	34.9	30.4	28.4	27.3	17.8	8.6	是
江城县	40.2	32.3	29.2	26.6	20.3	4.8	是
孟连县	43.7	33.0	31.0	30.9	20.3	7.1	是
澜沧县	35.5	34.2	30.9	31.6	30.1	25.1	是
西盟县	54.2	34.1	31.6	31.2	28.8	7.1	是
临翔区	31.4	25.6	24.3	26.8	14.8	8.9	是

续表

地区	农村最低生活保障标准占农民人均纯收入比重				农民人均纯收入年均增长率（2013～2016年）	农村最低生活保障标准年均增长率（2013～2016年）	农民人均纯收入年均增速是否更快
	2013年	2014年	2015年	2016年			
凤庆县	29.4	25.2	23.2	24.7	12.9	6.6	是
云县	27.7	24.3	23.9	22.2	12.1	4.1	是
永德县	31.0	25.2	24.0	24.9	14.7	6.6	是
镇康县	33.8	26.1	25.4	27.3	16.8	8.9	是
双江县	32.3	25.9	24.6	27.0	15.6	8.9	是
耿马县	28.4	24.8	24.4	25.9	12.2	8.9	是
沧源县	34.2	26.4	25.8	27.7	16.7	8.9	是
楚雄市	30.2	26.4	25.4	24.2	11.6	3.7	是
双柏县	30.0	24.5	22.5	28.4	14.7	12.8	是
牟定县	29.4	24.1	25.0	28.5	14.7	13.5	是
南华县	28.1	24.1	24.1	21.8	14.1	4.8	是
姚安县	27.0	23.4	23.5	21.3	13.5	4.8	是
大姚县	28.1	23.3	22.5	24.4	14.2	9.0	是
永仁县	30.0	26.5	25.3	27.4	14.7	11.4	是
元谋县	21.6	19.0	17.5	17.2	11.0	2.9	是
武定县	30.2	24.6	24.5	23.0	14.8	4.8	是
禄丰县	22.9	20.1	21.0	19.0	11.5	4.8	是
个旧市	18.0	18.2	18.5	18.6	11.5	12.8	否
开远市	19.5	18.7	19.4	19.7	12.1	12.6	否
蒙自市	24.3	17.8	20.1	22.1	18.9	15.2	是
弥勒市	26.9	21.8	34.6	22.3	18.5	11.3	是
屏边县	50.4	34.7	20.8	30.4	25.9	6.4	是
建水县	26.7	21.2	23.0	21.7	19.3	11.3	是

续表

地区	农村最低生活保障标准占农民人均纯收入比重				农民人均纯收入年均增长率（2013~2016年）	农村最低生活保障标准年均增长率（2013~2016年）	农民人均纯收入年均增速是否更快
	2013年	2014年	2015年	2016年			
石屏县	30.8	22.9	19.0	23.1	20.0	8.9	是
泸西县	35.4	24.8	23.5	23.5	20.9	5.6	是
元阳县	44.4	34.4	34.5	33.7	20.8	10.2	是
红河县	45.0	31.2	34.5	35.7	24.4	15.2	是
金平县	45.8	31.2	33.5	35.8	25.0	15.2	是
绿春县	46.6	32.7	31.9	34.3	25.1	12.8	是
河口县	32.0	23.3	22.8	23.9	22.7	11.3	是
文山市	26.0	25.0	25.2	26.0	12.8	12.9	否
砚山县	30.6	26.2	26.3	23.9	16.2	7.1	是
西畴县	31.7	28.9	29.6	28.7	15.7	11.9	是
麻栗坡县	32.6	27.2	27.2	27.4	15.9	9.4	是
马关县	29.1	23.7	21.5	25.6	14.0	9.2	是
丘北县	25.5	26.2	25.4	26.4	16.5	17.8	否
广南县	33.1	28.4	29.3	28.5	15.0	9.4	是
富宁县	30.1	26.9	26.7	26.1	16.1	10.6	是
景洪市	22.3	20.8	21.5	21.6	11.9	10.8	是
勐海县	17.3	17.2	19.2	25.1	15.3	30.6	否
勐腊县	29.3	26.9	29.2	31.1	15.1	17.4	否
大理市	20.5	16.8	15.3	18.6	13.7	10.1	是
漾濞县	30.2	27.6	28.8	28.6	15.0	12.8	是
祥云县	26.0	25.6	24.9	24.8	13.7	11.9	是
宾川县	25.4	19.7	20.6	22.1	21.7	16.2	是
弥渡县	36.2	30.0	31.1	31.4	17.0	11.6	是

续表

地区	农村最低生活保障标准占农民人均纯收入比重				农民人均纯收入年均增长率（2013~2016年）	农村最低生活保障标准年均增长率（2013~2016年）	农民人均纯收入年均增速是否更快
	2013年	2014年	2015年	2016年			
南涧县	36.9	32.1	32.5	33.8	15.4	12.0	是
巍山县	36.6	30.1	30.2	33.6	19.6	16.2	是
永平县	31.0	27.7	29.8	30.3	13.7	12.8	是
云龙县	40.4	29.3	31.5	29.5	21.3	9.2	是
洱源县	31.3	28.0	27.2	31.5	14.6	14.9	否
剑川县	40.5	33.4	32.5	29.7	17.5	5.9	是
鹤庆县	31.0	28.8	27.9	25.5	13.1	5.9	是
瑞丽市	19.6	15.7	19.1	23.3	13.5	20.3	否
芒市	29.3	22.2	23.0	24.0	17.7	10.1	是
梁河县	29.8	32.3	29.4	35.5	18.7	25.8	否
盈江县	19.8	17.6	18.3	26.7	10.7	22.4	否
陇川县	27.2	30.0	27.8	30.7	17.2	22.1	否
泸水市	34.7	38.4	37.7	44.7	14.5	24.5	否
福贡县	50.0	32.9	36.4	43.4	25.3	19.4	是
贡山县	53.6	39.4	36.9	34.7	24.7	7.9	是
兰坪县	41.3	42.1	39.4	46.6	14.4	19.1	否
香格里拉市	34.2	36.0	32.5	36.9	8.5	11.2	否
德钦县	30.9	33.9	30.7	33.0	6.4	8.8	否
维西县	33.8	34.5	36.0	38.1	9.1	13.5	否

资料来源：依据《云南省统计年鉴 2017》和民政部官网"数据"栏目中的"统计季报-保障标准"（http://www.mca.gov.cn/article/sj/tjjb/bzbz/）计算得到。

从 2014~2016 年间各县份的年度农村最低生活保障标准占农民人均纯收入的年度同比增长率来看，无论是贫困县还是非贫困县，上述指标逐年下降为主要趋势（图 3-2）。全省 88 个贫困县中，31% 的县份的上述指标在 2014 年、2015 年、2016 年属于连续下降。非贫困县出现这一趋势的县份也占到 26.7%。在贫困县和非贫困县中出现 3 年连续增长趋势的县份所占比例均为最低，分别为 1.2% 和 2.2%。究其原因，主要是通过扶贫开发和精准扶贫各

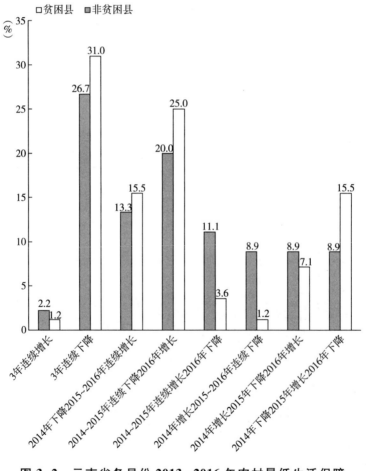

图 3-2　云南省各县份 2013~2016 年农村最低生活保障
标准占农民人均纯收入比重变化趋势

项措施的实施，农民获得的转移性收入和经营性收入有明显增加，而医疗报销比例的倾斜性提高和各类专项救助的实施也减少了农村贫困家庭在教育、医疗等方面的大额支出。在增收减支的合力作用下，农村家庭尤其是贫困家庭的人均纯收入绝对值和增速更快，因而导致农村最低生活保障标准占农民人均纯收入的比重处于总体上的下降趋势。但是也要看到，2015 年云南全省 129 个县份中有 35.7% 的县份的农村最低生活保障标准占农民人均纯收入的比重要高于 2014 年，而 2016 年，该比值高于 2015 年的县份数则达到了 47.4%。农村最低生活保障标准在 2015 年以来出现了地区范围更大的加速提升趋势。这在一定程度与地方政府加快精准扶贫精准脱贫力度，以满足精准扶贫工作绩效考核有关。根据云南省民政厅 2016 年的工作报告统计，2016 年全省农村最低生活保障标准和补助水平同比分别提高 21.4% 和 12%，12 个首批脱贫摘帽县的年保障标准提高到 3100 元以上，提前实现 "两线合一"。①

（二）农村最低生活保障制度保障人数

1. 保障人数的纵向变化

云南省农村最低生活保障制度保障人数从 2007 年的 250.2 万人增至 2017 年的 402.7 万人，2007～2017 年农村最低生活保障人数年均增长率为 4.87%。受 "应保尽保" 政策目标的影响，云南农村最低生活保障制度 2008 年的保障人数同比增长率达到了 23.11%。2008 年，云南省民政厅将边境地区、人口较少民族分布地区、藏区作为农村最低生活保障制度扩面的主要地区。同年 33 个特殊县新增农村最低生活保障人数 42.96 万人，占当年云南省最

---

① 云南省民政厅办公室：《云南省民政厅 2016 年工作报告》，http://www.ynmz. gov.cn/preview/article/4912.jhtml，访问时间：2017 年 7 月 11 日。

低生活保障制度新增人数的60%。① 全省农村最低生活保障人数一直持续增长，2013年达到峰值，2014年以来云南农村的最低生活保障人数出现了持续下降的态势。其中，2017年的农村最低生活保障人数降幅最大，同比降低了10.51%。为提升精准扶贫的精准度，民政部门加强了农村最低生活保障对象的动态监管工作，据统计，2017年3~5月，全省就累计退出农村最低生活保障对象15.49万余人，新进低保对象3.1万余人，净减少12.39万余人。② 总体而言，云南省农村最低生活保障人数增长幅度呈持续下降趋势。

图3-3 云南省历年农村最低生活保障制度保障人数（2007~2017）

资料来源：《云南省统计年鉴》（2008~2013），2013年的数据来自《2013年云南省国民经济和社会发展统计公报》，2014年、2015年数据来自云南民政厅历年工作报告，2016年、2017年数据来自网上新闻报道数据。

① 浦超、何璐璐：《云南在人口较少民族聚居地区全面覆盖农村低保》，http://www.yn.xinhuanet.com/newscenter/2009-05/15/content_16537203.htm，访问时间：2014年10月19日。

② 《2017年云南农村居民最低生活平均保障标准或提至3175元》，http://ylxf.yn.gov.cn/Html/News/2017/7/20/212878.html，访问时间：2017年8月12日。

从云南省农村最低生活保障制度受助人数的构成来看（表3-13），女性、老年人、未成年、残疾人四类受助人群的合计占比呈缓慢上升趋势，从2007年的73.5%上升至2016年的91.7%，这也意味着农村最低生活保障制度人群瞄准范围越来越趋向于农村更易遭受贫困的群体。从具体的受助人数构成来看，农村最低生活保障受助人群中残疾人的比例持续下降，由2007年的9.1%下降至2016年2.9%。受助者为老年人的比例则总体呈上升趋势，由2007年20.9%增至2016年的34.5%，意味着略超过1/3的农村最低生活保障对象是贫困老年人。此外，女性受助对象比例也总体上升，2016年的女性受助人数占农村最低生活保障总受助人数比重高达44.9%。这意味着云南农村地区女性贫困问题应该引起高度重视，在这部分女性低保对象中，除了贫困女性老人往往有着更高的贫困发生率外，年轻女童的贫困状况（如营养不良、教育机会缺失等）也要引起十分注意。

表3-13　2007~2016年云南省农村最低生活保障人数及构成

年份	农村最低生活保障人数（人）	各类受助人群占总受助人数比重（%）				4类受助人群总数占农村最低生活保障人数比重（%）
		女性	老年人	未成年人	残疾人	
2007	2501478	29.8	20.9	13.7	9.1	73.5
2008	3079465	28.3	23.2	11.4	9.0	71.9
2009	3386583	27.7	30.4	11.0	8.3	77.4
2010	3779985	29.2	31.4	11.0	7.7	79.3
2011	4033733	29.2	31.2	11.1	7.3	79.3
2012	4375101	33.7	28.7	12.3	6.0	80.7
2013	4665000	34.0	29.2	12.7	5.7	81.6
2014	4589414	37.5	29.6	11.8	5.7	84.6
2015	4552840	37.9	29.5	11.2	5.5	84.1
2016	4229418	44.9	34.5	9.4	2.9	91.7

资料来源：2007~2012年的数据来自于《中国民政统计年鉴》（2008~2013），2013~2016年的数据依据民政部官方网站公布的季度数据进行采取算数平均计算的方法整理而得。

　　分析农村最低生活保障保障人数与农村最低生活保障家庭户数的比值也可以发现，2014年以来，云南省的农村最低生活保障保障总人数在持续下降的同时，农村最低生活保障家庭户数却没有出现趋势性的下降。在2015～2016年，农村最低生活保障家庭户数相比2014年而言要更高。因此，就农村最低生活保障人数与农村最低生活保障家庭户数的比值而言，平均每户农村最低生活保障家庭救助的人数是下降的。由此看出，在农村最低生活保障救助总人数总体下降的情况下，平均每户农村家庭的农村最低生活保障救助人员数持续下降，这在一定程度上意味着农村最低生活保障制度的瞄准率有所提高。但是，如果考虑到基层长期存在的为获取精准扶贫资源和社会救助资源而人为分户的这一现象，那么上述结论则需要重新认真考虑。

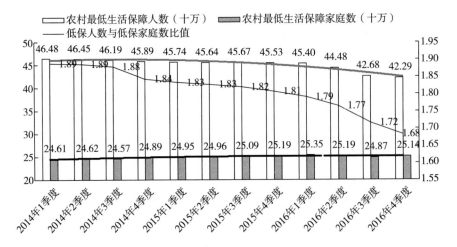

图3-4　云南农村最低生活保障救助总人数与救助
家庭户数变化趋势（2014～2016）

资料来源：依据民政部官网"数据"栏目中的"统计月报-各省社会服务统计数据"（http://www.mca.gov.cn/article/sj/）计算得到。

2. 保障人数与民族省份的横向比较

从农村最低生活保障制度保障人数占农村人口的比重来看（表3-14），云南省该比值从2007年的8.1%增至2016年16.1%，总体上呈现出逐年上升的趋势。并且，同期水平均高于全国平均水平，与全国的差距越拉越大。由此表明，相比全国平均水平而言，云南农村最低生活保障制度的覆盖范围更大。① 而与其他西部民族地区省份相比，在农村最低生活保障人数占农村人口数比重方面，云南省仅低于贵州。这意味着，在民族八省区中，云南省的农村人口中，获得农村最低生活保障救助的人数比例要显著高于其他省区。这也在一定程度上反映了云南农村问题的严重性。而纵观整个民族八省区，由于西南地区民族省份的农村贫困问题更为严重，因而农村最低生活保障救助的人数相对较多，这也使得农村最低生活保障制度保障人数占农村人口的比重呈现出西南民族地区高于西北民族地区的现象。

表3-14　2007~2016年民族八省区农村最低生活保障

人数占农村人口数比重

单位：%

年份	全国	内蒙古	广西	贵州	云南	西藏	青海	宁夏	新疆
2007	5.0	7.4	6.0	9.8	8.1	10.1	10.4	7.0	10.2
2008	6.1	9.5	6.1	12.7	10.1	10.1	10.5	8.1	10.1
2009	6.9	10.4	9.2	13.1	11.2	10.1	11.7	9.1	10.0
2010	7.8	10.4	6.8	23.2	12.5	9.8	6.7	9.9	10.5
2011	8.1	10.8	12.0	23.5	13.8	9.8	13.1	11.8	10.8
2012	8.3	11.7	12.6	23.2	15.5	13.8	13.3	11.4	10.9
2013	8.6	—	13.3	21.9	16.7	13.8	13.6	12.2	—

---

① 注：由于无法收集各省区相应年份的农村贫困人口数，因此此处用农业人口数作为代替。

续表

年份	全国	内蒙古	广西	贵州	云南	西藏	青海	宁夏	新疆
2014	8.4	12.0	12.8	19.8	16.7	13.7	12.7	12.8	10.7
2015	8.1	11.7	11.5	16.3	16.9	13.7	10.9	14.0	10.6
2016	7.8	12.1	11.6	15.4	16.1	11.0	18.0	14.3	13.4

资料来源：依据《中国统计年鉴》（2008~2017）、《中国民政统计年鉴》（2008~2017），以及相关省区的国民经济与社会发展统计公报数据计算而得。

3. 省内各地方保障人数的横向比较

从各市（州）的 2014 年第三季度的农村最低生活保障制度的保障人数来看（表 3-15），红河州、普洱市、文山州、临沧市、保山市等边境民族地区的农村最低生活保障受助人数较多，占全省农村最低生活保障人数的比重处于前列。上述 5 个边境民族地区的市（州）的农村最低生活保障受助人数占全省农村最低生活保障受助人数的比重分别为 10.98%、10.14%、10.06%、8.48%、5.68%。总体而言民族自治州和边境民族地区的市（州）的农村最低生活保障受助人数要高于其他地区。此外，由于昭通市属于乌蒙山连片特困地区，贫困发生率高，因而该市农村最低生活保障受助人数排在云南省各市（州）中的第一位，占全省同期农村最低生活保障制度保障总人数的 13.44%。

表 3-15　云南省 2014 年三季度各市（州）农村最低生活保障人数情况

地区	三季度农村最低生活保障人数（人）	三季度农村最低生活保障人数占 2012 年农业人口数比重（%）	不同类别受助人占总保障人数比重（%）				当月退出农村最低生活保障人数（人）
			女性	老年人	未成年人	残疾人	
云南省	4618810	11.96	37.36	28.83	11.80	5.69	50773
昭通市	620773	12.57	27.36	27.49	9.79	7.88	4923

续表

地区	三季度农村最低生活保障人数（人）	三季度农村最低生活保障人数占2012年农业人口数比重（%）	不同类别受助人占总保障人数比重（%）				当月退出农村最低生活保障人数（人）
			女性	老年人	未成年人	残疾人	
红河哈尼族彝族自治州	507010	13.43	37.87	25.08	12.74	5.10	2696
普洱市	468236	20.93	37.87	20.21	12.11	2.32	17247
文山壮族苗族自治州	464739	14.27	34.64	38.65	6.57	5.46	
曲靖市	419890	7.98	35.82	45.69	8.19	6.81	5887
临沧市	391473	17.64	41.40	14.84	17.86	4.49	101
大理白族自治州	344879	11.23	41.44	22.27	16.78	5.20	765
保山市	262392	11.47	44.88	33.50	8.85	5.78	158
楚雄彝族自治州	194005	8.35	36.66	31.72	8.89	6.91	25
怒江傈僳族自治州	190499	41.19	44.58	13.17	23.00	2.51	
德宏傣族景颇族自治州	180088	18.12	43.16	20.84	13.63	2.54	283
昆明市	163194	4.23	32.98	45.59	4.83	6.89	3398
丽江市	145911	13.42	32.20	50.94	11.72	14.4	125
迪庆藏族自治州	116178	32.72	46.82	25.99	14.11	3.50	

地区	三季度农村最低生活保障人数（人）	三季度农村最低生活保障人数占2012年农业人口数比重（%）	不同类别受助人占总保障人数比重（%）				当月退出农村最低生活保障人数（人）
			女性	老年人	未成年人	残疾人	
玉溪市	81171	4.20	43.46	41.10	7.72	15.31	2412
西双版纳傣族自治州	68372	8.50	41.03	12.45	19.97	1.62	12753

资料来源：依据民政部官方网站"统计数据"一栏中公布的"低保数据-统计季报（2014年第3季度）"（http：//cws.mca.gov.cn/article/tjjb/）以及《云南省统计年鉴（2012）》的数据整理计算而得。

从各市、州的具体情况来看，2014年三季度农村最低生活保障人数占2012年农业人口数比重存在较大差异。其中边境地区和藏区的市、州的该比重较高，怒江傈僳族自治州的该比重为41.19%，而迪庆藏族自治州的该比重高达32.72%，临沧市、普洱市、德宏傣族景颇族自治州等边境地区的该比重值分别为17.64%、20.93%、18.12%。这些地区的农村最低生活保障人数占2012年农业人口数比重均远远高于云南省平均水平，以及其他市、州的水平。这一点也体现了云南省农村最低生活保障制度对边境地区和藏区等区域的倾斜性扶持的特点。

从市、州的保障人数结构来看，总体而言，农村最低生活保障制度的保障人数构成反映农村贫困地区中妇女贫困程度更深的特点。50%的市、州的女性受助人数占总救助人数的比例在40%以上。其余的地区中，除昭通市以外，女性受助人数占总救助人数的比例也均在30%以上。而在老年人、未成年人受助人数占总救助人数比例方面，各州则表现出了明显的差异。临沧市、怒江傈僳族自治州、西双版纳傣族自治州的未成年人受助人数占总救助人数比例要高于老年人所占的比例，其他市、州则表现出了相反的特征。残疾人救助人数占农村最低生活保障制度保障人数的比例普遍较低，仅有玉溪市该比例达到了 15.31%。

（三）农村最低生活保障制度资金投入

1. 资金投入的纵向变化

云南省农村最低生活保障计划支出资金额度从 2007 年全面建立该项制度以来持续增长，从 2007 年的 92981.7 万元增至 2012 年的 321894.2 万元。云南省农村最低生活保障资金支出占全国的比重维持在 5%~7% 波动。2007 年至 2012 年间，云南省农村最低生活保障计划支出资金占本省的地方财政支出比重则基本在 1% 的水平变动，但是由于绝对贫困人数多，需要进行最低生活保障救助的人数也多。因此，云南农村最低生活保障计划支出资金占地方财政支出比重均高于同期的全国水平，2007 年至 2012 年间，云南省计划用于农村最低生活保障的资金占地方财政支出的比重分别是全国水平比重的 2.8 倍、2.5 倍、2.7 倍、2.7 倍、2.2 倍、2.3 倍。

表 3-16　2007~2012 年云南省农村最低生活保障资金全年计划支出情况

年份	云南农村最低生活保障全年计划支出（万元）	云南农村最低生活保障全年计划支出资金占全国比重（%）	云南农村最低生活保障计划支出资金占地方财政支出比重（%）	全国农村最低生活保障计划支出占全国财政支出比重（%）
2007	92981.7	6.35	0.82	0.29
2008	156569.3	5.78	1.06	0.43
2009	238941.9	6.84	1.22	0.46
2010	316857.7	6.95	1.39	0.51
2011	316860.6	5.79	1.08	0.50
2012	321894.2	6.46	0.90	0.40

资料来源：依据《中国民政统计年鉴》（2008~2013）以及《中国统计年鉴》（2008~2013）数据整理计算得到。

与全国其他省份的横向比较则同样表明，云南省的农村最低生活保障计划支出在全国的所占份额处于前列。以 2012 年的数据比较为例，云南省农村最低生活保障 2012 年的资金投入规模位列全国第三，仅次于西南民族地区的省份贵州。同时云南省农村最低生活保障计划支出资金占全国的份额也远远高于其他大部分省份。究其原因，既与云南省的农村贫困问题十分严重有关（实际上，我国西南地区是我国农村贫困问题最为严重的地区），也与地方财政能力密切相关。

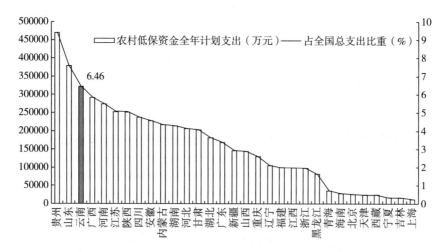

**图 3-5　云南省 2012 年农村最低生活保障资金全年计划
支出与其他省份比较**

资料来源：《中国民政统计年鉴 2013》。

2. 资金投入与民族省份的比较

与民族八省区的农村最低生活保障资金投入情况相比，云南省的财政投入资金绝对数额在民族八省区中较高，仅次于贵州省。在农村最低生活保障资金计划支出占地方财政支出比重的水平比较中也表现出了相似的特点。但是，从 2007 年全面建立农村最低生活保障制度以来，至 2012 年间，云南省农村最低生活保障资金计划支出占地方财政支出比重的年均增长率却低于其他地区。云南省支出比重年均增长率水平基本与全国持平，但是却低于除宁夏之外的其他民族八省区成员省份，尤其与同为西南地区的广西和贵州省存在较大差距。

表 3-17　2007～2012 年民族八省区农村最低生活保障资金全年计划支出额及其占地方财政支出比重

单位：亿元、%

地区	2007 年		2009 年		2010 年		2011 年		2012 年		2007～2012 年均增长率
	支出	比重	支出	比重	支出	比重	支出	比重	支出	比重	
全国	146.5	0.38	270.7	0.44	456.1	0.62	547.5	0.59	498.1	0.46	22.63
内蒙古	3.7	0.34	7.9	0.41	14.8	0.65	20.0	0.67	21.7	0.63	34.59
广西	3.8	0.38	7.0	0.43	19.4	0.97	26.2	1.03	29.2	0.98	40.55
贵州	9.6	1.20	21.8	1.58	42.8	2.61	51.7	2.30	47.0	1.71	30.38
云南	9.3	0.82	15.7	0.80	31.7	1.39	31.7	1.08	32.2	0.90	22.99
西藏	0.6	0.22	0.7	0.15	1.3	0.24	1.8	0.24	2.4	0.27	25.91
青海	1.0	0.35	2.6	0.54	3.3	0.44	2.2	0.22	3.6	0.31	23.51
宁夏	1.0	0.40	1.6	0.38	2.0	0.36	2.5	0.35	1.7	0.19	9.40
新疆	1.9	0.23	6.2	0.46	11.8	0.69	14.1	0.62	14.6	0.47	40.91

资料来源：依据《中国民政统计年鉴》（2007、2010～2013）以及民族八省区的相关年份统计年鉴整理计算得到。

3. 省内各地方资金投入的比较

从云南省 16 个市、州的农村最低生活保障制度实际支出情况来看（表 3-18），有 14 个市、州的 2008～2012 年农村最低生活保障累计支出年均增长率高于全国水平，其中年均增长率最高的分别是文山壮族苗族自治州、怒江傈僳族自治州、德宏傣族景颇族自治州、昭通市，分别达到 31.18%、29.18%、28.75% 和 28.69%。而这 4 个市、州也是云南省贫困问题最为严峻的地区，其中怒江傈僳族自治州被喻为云南反贫困行动中的"上甘岭"，昭通市则位于云南省四个连片特困地区中乌蒙山片区。总体而言，云南省的民族自治州，尤其是边境地区和贫困问题严重的州、市的农村最低生活保障资金支出水平的年均增速相对较快。

表 3-18 2008~2013 年云南省农村最低生活保障资金支出情况

地区	农村最低生活保障支出占地方财政支出水平的比重（%）					2013 年农村最低生活保障支出（万元）	2008~2013 年农村最低生活保障累计支出年均增长率（%）
	2008年	2009年	2010年	2011年	2012年		
怒江傈僳族自治州	2.35	3.57	3.68	3.58	3.82	22998	29.18
普洱市	2.90	3.10	3.09	2.96	3.22	63531	24.35
文山壮族苗族自治州	1.72	2.57	2.73	2.70	2.89	58363	31.18
临沧市	2.38	3.01	2.80	2.86	2.66	43612	24.48
昭通市	1.83	3.10	2.55	2.68	2.39	73546	28.69
红河哈尼族彝族自治	1.54	1.80	1.93	1.89	2.12	63511	25.08
保山市	1.65	2.23	1.97	2.05	1.94	32738	27.14
德宏傣族景颇族自治	1.32	1.78	2.00	1.64	1.91	21994	28.75
大理白族自治州	1.35	1.65	1.55	1.81	1.82	38985	25.25
迪庆藏族自治州	1.54	2.27	1.89	1.97	1.68	14801	26.48
西双版纳傣族自治州	1.18	1.59	1.39	1.60	1.46	12214	26.10

续表

地区	农村最低生活保障支出占地方财政支出水平的比重（%）					2013年农村最低生活保障支出（万元）	2008~2013年农村最低生活保障累计支出年均增长率（%）
	2008年	2009年	2010年	2011年	2012年		
云南省	0.97	1.23	1.28	1.33	1.37	566859	25.84
曲靖市	1.02	1.42	1.13	1.43	1.36	45933	25.21
丽江市	1.29	1.42	1.39	1.29	1.36	18205	25.22
楚雄彝族自治州	0.91	0.78	0.97	1.15	1.27	19187	20.27
玉溪市	0.62	0.68	0.60	0.54	0.65	11326	16.60
全国	0.45	0.57	0.57	0.65	0.64	7135785	21.45
昆明市	0.34	0.36	0.33	0.29	0.37	25914	22.04
标准差	0.6603	0.9416	0.9226	0.8909	0.9089	20470.8162	3.5745
平均值	1.50	1.96	1.88	1.90	1.93	35429	25.38
离散系数	0.4413	0.4809	0.4920	0.4683	0.4703	0.5778	0.1409

资料来源：依据民政部官方网站"统计数据"一栏中公布的"低保数据-统计季报"（http://cws.mca.gov.cn/article/tjjb/）以及《云南省统计年鉴》（2009~2013）的数据整理计算而得。

再从各个市、州的农村最低生活保障资金支出占地方政府财政支出的比重来看，总体而言，各个市、州的该比重水平总体上处于增长的趋势中。但是从离散系数值来看，各个市、州地方财政用于农村最低生活保障资金支出的负担存在很大差异，经济发展水平较低且贫困问题严重的怒江傈僳族自治州、普洱市、文山壮族苗族自治州、临沧市、昭通市、红河哈尼族彝族自治州等边境地区和连片特困地区的市、州2012年的农村最低生活保障支出占地方财政支出水平的比重均在2%左右，远远高于云南省和全国平均水平。而实际上，这些地区的农村最低生活保障待遇支出资金有很大一部分是来自于中央财政和省级财政的专项财政补助。完全依靠地方自身的财政收入是很难维持农村最低生活保障制度的可持续运行以及保障基本生活这一目标实现的。

　　总体而言，云南省的农村最低生活保障制度在建制步伐上并未落后于全国其他省份，而且严峻的农村贫困问题也迫使其必须及时推行依法实施的由政府承担生存救助的社会救助项目，以弥补之前农村社会救济模式存在的空白和不足。而从云南省政府在制定本省农村最低生活保障制度具体实施办法的内容来看，也突出了云南省的特殊省情，在农村最低生活保障制度资金投入方面加强了对边境地区、民族地区的财政方面的倾斜性扶持，以解决这些地区地方经济水平不足而导致的地方财政能力较差的问题。正是在这种财政支持的思路下，云南省16个市、州的农村最低生活保障资金责任分担存在四种主要的方式。然而，由于各个地方经济发展水平差距较大、地方财政能力差距也较大，再加上其他一些决策因素的影响，使得云南省农村最低生活保障制度在实际的保障标准水平、实际保障人数、实际资金投入数额等方面存在明显差异，这些差异会造成哪些后果或者不利影响，将是第四章重点讨论的问题。而就云南省上述三个方面的纵向比较和横向比较表明，由于贫困问题的严重程度以及地方财政能力的不足，云南省农村最低生活保障制度的救助任务在全国属于很重的省份，而且这种救助任务或者说压力也要大于其他民族地区省份。

第四章　云南省农村最低生活保障制度减贫效果与主观评价

一　农村最低生活保障制度减贫效果

（一）缓贫效果检验数据来源说明

本书利用的数据来自于中国社会科学院民族学与人类学研究所于 2013 年实施的"21 世纪初中国少数民族地区经济社会发展综合调查"在云南的家户抽样调查数据，抽样范围包括丽江市、沧源佤族自治县、大理市、盈江县。共计回收农村家户有效调查问卷 870 份，其中，农村最低生活保障家庭 326 户，占农村被访家庭的 37.5%，农村低最低生活保障家庭被访人员人口特征见表 4-1。

从被调查农村家庭的收入情况来看（表 4-2），总体而言，农村最低生活保障家庭人均收入占农村家庭人均收入的 76.7%，农村最低生活保障家庭年均低保待遇占低保家庭人均收入的 26.5%。从地区差异来看，云南被调查农村家庭的收入差距不大，地区间农村家庭人均收入的离散系数为 0.3555（丽江市属旅游景区，其民族特色旅游服务业发达，因而农村家庭人均收入在四个调查点中最高）。而位于中缅边境地区，且属于国家级贫困县的沧源县和盈江县的农村家庭人均收入则远远低于丽江市和大理市。从农村最低生活保障家庭人均收入的地区差异来看，除丽江市的农村最低生活保障家庭人均收入较高外，其他 3 个县市的农村最低生活保障家庭人均收入差距很小。但是，农村最低生活保障家庭的低

表4-1　云南农村最低生活保障家庭成员人口特征

项目		比例（%）	项目		比例（%）	项目		比例（%）	项目		比例（%）
地区	丽江市	14.7	受教育程度	61岁及以上	9.8	民族类别	汉族	7.1	健康状况	长期慢性病但不影响正常工作或生活	4.0
	沧源县	16.0		未上学	18.1		白族	4.3		长期慢性病且影响正常工作或生活	4.2
	大理市	4.3		小学	42.9		傈族	8.0	工作状况	仅务农	81.9
	盈江县	65.0		初中	30.1		佤族	9.8		务农为主，并做非农工作	7.4
性别	男	61.3		高中	6.1		纳西族	12.0		非农工作为主，并务农	3.7
	女	38.7		大学	2.8		景颇族	51.5		仅做非农工作	1.8
年龄	30岁以下及下	24.5	家庭规模	1人	0.3		其他民族	7.3		失业或待业者	0.6
	31~45岁	39.9		2人	2.8	健康状况	很健康	49.4		家务劳动者	1.8
	46~60岁	25.8		3~5人	72.7		比较健康	25.5		退休人员	0.3
				6人及以上	24.2		一般	16.9		全日制学生	2.5

注：其他民族是由某民族被调查人数低于30人的民族类别共同构成。

表4-2　云南农村家庭和低保家庭收入状况

单位：元/年，%

		农村家庭人均收入	低保家庭人均收入	低保家庭年均低保待遇	低保待遇占低保家庭人均收入比重
地区	丽江市	10274	11352	1443	12.7
	沧源县	5455	4415	2428	55.0
	大理市	7142	4786	2021	42.2
	盈江县	4763	4492	1189	26.5
民族	汉族	6873	4825	1009	20.9
	白族	7196	4786	2021	42.2
	傣族	5961	5325	1785	33.5
	佤族	5591	5540	2330	42.1
	纳西族	11079	12167	1422	11.7
	景颇族	4347	4124	1163	28.2
	其他民族	5887	5531	2189	39.6
合计		7175	5502	1460	26.5

注：丽江和纳西族（分布在丽江）的农村最低生活保障家庭人均收入高于农村家庭人均收入的原因是低保家庭数量远超过非低保家庭，且非低保人均家庭收入均值低于低保家庭。

保待遇占其家庭人均收入比重差异很大，低保待遇绝对值也相差较大。其中，属于边疆民族地区的沧源县农村最低生活保障家庭的低保待遇占其家庭年人均收入的比重高达55.0%，整体经济水平较高的丽江市该比重仅为12.7%，大理市和盈江县的该比重分别为42.2%和26.5%。导致这种现象的原因，一方面是4个县市当期的农村最低生活保障标准及低保对象确定办法存在差异，另一方面是本次家庭调查抽样并非只针对农村最低生活保障主题而实施。

（二）基于 FGT 指数的缓贫效果检验

本书对于农村最低生活保障待遇减贫效果的检验主要关注三个方面的问题，第一，农村最低生活保障待遇能否降低贫困发生率；第二，农村最低生活保障待遇在多大程度上降低了受助后仍处于贫困线之下的贫困人员的贫困深度；第三，农村最低生活保障待遇降低贫困发生率和贫困深度方面的作用在地区间和民族之间存在多大差异。减贫效果检验的思路和方法是借用 STATA 软件对整个农村家庭放入低保待遇前后的人均家庭收入进行 *FGT* 指数分解，并进行地区和民族间的比较。J. Foster，J. Greer，E. Thorbecke 提出的 *FGT* 指数包含贫困发生率、贫困差距以及贫困差距平方 3 个指标，*FGT* 指数公式如下：

$$FGT_a = \frac{1}{N} \sum_{i=1}^{H} \left(\frac{z - y_i}{z} \right)^a$$

其中，N 为总人口数，z 为贫困线，H 为低于贫困线的家庭人口数，y_i 为贫困人员的收入。当 $a = 0$ 时，FGT_0 为贫困发生率（headcount ratio）；当 $a = 1$ 时，FGT_1 为贫困差距指数（poverty gap），即在贫困线之下的人员的收入与贫困线之间的收入差距的和，该指标对贫困程度的敏感度更强；当 $a = 2$ 时，FGT_2 为贫困差距平方指数（squared poverty gap），该结果对贫困人口的内部收入差距和贫困深度更加敏感。经过 STATA 软件分析后的结果见表 4-3。

整体而言，云南农村最低生活保障待遇发挥了积极的缓贫作用，使农村家庭贫困发生率、农村贫困家庭贫困差距指数和贫困差距平方指数分别降低了 5.8%、20.2% 和 28.0%。农村最低生活保障待遇缩小贫困家庭贫困差距的作用要大于其降低农村家庭贫困发生率的作用。换言之，旨在保障贫困人员基本生活并实施补差原则的农村最低生活保障待遇在缓解受助者的贫困程度方面的作用更大，而在帮助受助者脱离贫困方面的作用较小。值得思考的是，农村最低生活保障待遇尽管产生了积极的缓贫作用，但这种作用仍然十分有限。位于边疆地区的沧源县和盈江县的农村家庭贫困发生率分别达到47.5%和30.7%，其中，沧源县的被调查对象主要为佤族、拉祜族，盈江县的被调查对象主要为属于人口较少民族的景颇族，[①] 这两个县均是云南省扶持人口较少民族发展规划和"兴边富民"项目重点扶持的国家级贫困县。从贫困发生率的变动来看，农村最低生活保障待遇对这两个县农村家庭贫困发生率的影响较小，其中盈江县农村家庭贫困发生率的降幅最高，仅为8.4%。沧源县农村家庭的贫困发生率降幅为3.4%，低于整体平均水平（5.8%）。相比边疆县农村家庭而言，丽江市和大理市的农村家庭贫困发生率明显较低，分别为13.8%和21.2%。但是，农村最低生活保障待遇对这两地的农村家庭贫困发生率的影响也较小。基于上述的分析表明，云南农村最低生活保障待遇的缓贫效果支持了社会救助无法实现反贫困，而更有利于缓解受助对象的贫困程度这一观点。

表4-3　农村最低生活保障待遇对贫困程度的影响

		贫困发生率 $FGT(0)$			贫困差距指数 $FGT(1)$			贫困差距平方指数 $FGT(2)$		
		未加低保	加入低保	变动（%）	未加低保	加入低保	变动（%）	未加低保	加入低保	变动（%）
地区	丽江市	0.138	0.130	−5.9	0.049	0.039	−19.1	0.025	0.018	−29.1
	沧源县	0.475	0.459	−3.4	0.232	0.119	−48.7	0.128	0.042	−67.4
	大理市	0.212	0.205	−3.2	0.086	0.080	−7.2	0.053	0.047	−12.6
	盈江县	0.307	0.281	−8.4	0.124	0.101	−18.4	0.073	0.055	−24.3

----

① 人口较少民族是指总人口数在30万以下的少数民族，景颇族是《云南省扶持人口较少民族发展规划（2011-2015）》集中力量扶持的8个少数民族之一。此外，盈江县（位于德宏傣族景颇族自治州）和沧源县（位于临沧市）均是云南省人口较少民族主要聚居的地区。详情参见《云南省扶持人口较少民族发展规划（2011-2015）》（http://www.ynethnic.gov.cn/Item/4704.aspx）。

续表

		贫困发生率 FGT（0）			贫困差距指数 FGT（1）			贫困差距平方指数 FGT（2）		
		未加低保	加入低保	变动（%）	未加低保	加入低保	变动（%）	未加低保	加入低保	变动（%）
民族	汉族	0.324	0.311	-4.2	0.110	0.092	-16.0	0.053	0.043	-18.6
	白族	0.205	0.198	-3.5	0.084	0.078	-7.7	0.053	0.046	-13.3
	傣族	0.194	0.194	0.0	0.075	0.040	-46.8	0.036	0.010	-71.7
	佤族	0.351	0.324	-7.7	0.159	0.085	-46.9	0.090	0.031	-65.9
	纳西族	0.125	0.115	-8.3	0.046	0.035	-24.1	0.025	0.017	-34.9
	景颇族	0.318	0.288	-9.5	0.137	0.113	-17.9	0.086	0.065	-24.1
	其他民族	0.350	0.350	0.0	0.150	0.097	-35.4	0.073	0.034	-53.2
合计		0.239	0.225	-5.8	0.097	0.078	-20.2	0.057	0.041	-28.0

注：（1）变动程度＝（加入低保时的值-未加低保时的值）/未加低保时的值。（2）我国 2011 年实行新的农村贫困线是农民人均纯收入 2300 元（2010 年不变价），依据物价变动计算 2012 年的农村贫困线为 2625 元（详情参见国家民委网站，http：//www. seac. gov. cn/art/2014/4/21/art_ 3_ 203179. html）。由于调查数据采集的是 2012 年的数据，而根据国家民委网站公布的，因此农村贫困线指标参考的是 2625 元。

在受助对象的贫困差距指数降幅方面，农村最低生活保障待遇发挥了更大的作用。其使沧源县的受助对象的贫困程度降低 48.7%。换言之，与获得农村最低生活保障救助待遇之前相比，沧源县的农村最低生活保障受助对象的贫困程度可以减轻近一半。盈江县和丽江市的农村最低生活保障受助对象的贫困差距指数降幅也较高，分别为 18.4% 和 19.1%。表 4-3 显示，农村最低生活保障待遇使这两个县市农村家庭贫困发生率的降幅要大于沧源县，但是在降低受助对象的贫困差距指数方面的作用却小于沧源县。导致这一现象的一个可能的解释是：在这两个县市中的农村最低生活保障待遇发放对象中，占较大比例的受助对象是人均收入离贫困线较近的农村贫困家庭或成员。依据阿玛蒂亚·森对贫困距离的讨论，当救助资源发放给离贫困线较近的贫困者时，往往能对某一群体的贫困发生率产生积极影响，但却对该群体中贫困程度深的贫困者影响甚小。对云南4县市农村最低生活保障受助对象的贫困差距指数的分析表明，农村最低生活保障制度在对象瞄准方面存在一定程度上的偏差。

（三）基于基尼系数的收入分配效应检验

贫困线是一个相对概念，因而贫困和收入不平等密切相关，研究贫困除了关注贫困人员的贫困状况，同时也需要关注贫困人员所在区域内的收入不平等情况。农村最低生活保障待遇作为转移性支付递送给受助家庭，会产生一定程度上的收入分配效应，因此有必要从缩小收入不平等的角度检验农村最低生活保障的减贫效果。很多国内外学者研究收入不平等采用的指标主要包括离散系数、基尼系数、Kakwani系数、Theil指数等，本书在借鉴已有研究成果基础上，选取基尼系数和离散系数分析低保待遇对农村家庭收入分配的影响及地区和民族家庭间的差异，选取Theil指数研究低保待遇在缩小地区和民族间收入差距的作用。

1. 低保待遇对农村家庭收入分配的影响

从被调查农村家庭基尼系数和人均家庭收入离散系数的变动来看（表4-4），整体而言，农村最低生活保障待遇仅能使二者分别降低2.8%和2.6%。这意味着农村最低生活保障待遇在缩小地区内农村家庭的收入不平等方面仅发挥了十分有限的作用。究其原因，一方面是聚焦于解除基本生活危机且采取补差方法确定待遇的农村最低生活保障制度难以在缩小收入不平等方面发挥较大作用；另一方面，受农村贫困线确定方法的局限以及农村最低生活保障待遇调整机制欠科学等因素的影响，导致农村最低生活保障待遇偏低，进而影响了其对农村家庭收入不平等的作用幅度。从地区差异来看，农村最低生活保障待遇使沧源县被调查农村家庭基尼系数降低 12.4%，使盈江县农村家庭基尼系数降低了 3.8%。而农村最低生活保障待遇对大理市被调查农村家庭基尼系数的影响最小，其变动幅度为 0。丽江市被调查农村家庭基尼系数降低 1.3%。由此看出，农村最低生活保障待遇缩小处于边境地区的国家级贫困县农村家庭的收入不平等作用更大。此外，农村最低生活保障待遇对各地区农村家庭人均收入的离散程度影响与其对基尼系数的影响相似，低保待遇降低离散系数的作用略好于其降低基尼系数的作用。

表 4-4　低保待遇对农村家庭收入不平等程度的影响

		基尼系数			离散系数		
		未加低保	加入低保	变动（%）	未加低保	加入低保	变动（%）
地区	丽江市	0.452	0.446	-1.3	0.963	0.952	-1.2
	沧源县	0.508	0.445	-12.4	1.245	1.090	-12.4
	大理市	0.424	0.424	0.0	0.905	0.897	-0.9
	盈江县	0.390	0.375	-3.8	0.842	0.805	-4.4
民族	汉族	0.482	0.471	-2.3	1.091	1.066	-2.3
	白族	0.422	0.422	0.0	0.905	0.897	-0.9
	傣族	0.390	0.362	-7.2	0.897	0.826	-8.0
	佤族	0.373	0.331	-11.3	0.671	0.594	-11.5
	纳西族	0.450	0.444	-1.3	0.948	0.936	-1.2
	景颇族	0.372	0.355	-4.6	0.809	0.772	-4.6
	其他民族	0.453	0.424	-6.4	0.930	0.883	-5.1
合计		0.463	0.450	-2.8	1.038	1.011	-2.6

注：变动程度 =（加入低保时的值-未加低保时的值）/未加低保时的值。

从民族差异看，农村最低生活保障待遇缩小不同民族农村家庭收入不平等的作用存在较大差异。就基尼系数而言，农村最低生活保障待遇对白族农村家庭基尼系数的变动没有产生影响。而对佤族农村家庭基尼系数的影响最大，基尼系数降幅为 11.3%。汉族和纳西族农村家庭基尼系数降幅分别仅为 2.3% 和 1.3%，傣族、景颇族和被访户数较少的其他民族的农村家庭基尼系数降幅相对略高，但也仅为 7.2%、4.6% 和 6.4%。由此可见，农村最低生活保障待遇对农村家庭基尼系数的影响作用仍然较为有限。低保待遇对各民族类别农村家庭人均收入离散系数的影响所表现出的特点与其对基尼系数的影响基本一致，在降低各民族农村家庭人均收入差距方面的作用较小。

2. 低保待遇对地区间和民族间收入差距的影响

低保待遇在缩小地区间和民族间收入差距方面发挥着有限的积极作用（表4-5）。就地区维度而言，农村最低生活保障待遇使各地区内部的收入差距降低了 4.1%，使地区间的收入差距降低了 10.2%。其缩小地区间收入差距的作用明显大于缩小地区内收入差距的作用。云南农村最低生活保障在缩小地区间收入差距方面的作用更大的原因在于：一方面，在我国农村扶贫开发的政策体系中，农村最低生活保障制度对妇女、儿童、老年人和残疾人等劳动活动参与程度低的人群的救助作用越发得到重视，农村最低生活保障待遇因而逐步构成了农村贫困家庭收入的重要组成部分；另一方面，为促进边境地区的社会发展与稳定，中央政府和云南省政府推行了"兴边富民工程""扶持人口较少民族发展规划""民族团结进步边疆繁荣稳定示范区建设"等一系列措施，加快了边境地区农村社会保障体系的建设，农村最低生活保障制度在扮演改善边境地区少数民族民生方面的角色越发得到重视、作用空间也不断变大。以云南省"兴边富民"十二五规划为例，农村最低生活保障制度被列入了"十大保障工程"。①

---

① 《云南省兴边富民工程"十二五"规划》，http：//www.ynethnic.gov.cn/Item/8484.aspx，访问时间：2014 年 5 月 22 日。

表4-5　低保待遇对地区和民族间收入差距的影响（基于 Theil 系数）

		地区维度		民族维度	
		GE（1）	GE（1）变动（%）	GE（1）	GE（1）变动（%）
组内 （Within-group）	未加低保	0.327	−4.1	0.322	−4.3
	加入低保	0.314		0.308	
组间 （Between-group）	未加低保	0.051	−10.2	0.056	−8.6
	加入低保	0.045		0.052	

注：（1）变动程度 =（加入低保时的值−未加低保时的值）/未加低保时的值。
（2）基于 STATA 软件进行收入不平等分解后，GE（1）即为 Theil 系数。

尽管农村最低生活保障制度确定救助对象时并不考虑民族身份，但是低保待遇的发放会给不同民族间的收入差距造成实际的影响。表4-5显示，农村最低生活保障待遇使民族内部的收入差距降低了4.3%，使各民族之间的收入差距降低了8.6%，其缩小民族间收入差距的作用大于缩小民族内部收入差距的作用。这也主要得益于国家对边境地区如盈江县、临沧县，以及人口较少民族如景颇族等的民生领域的重点扶持。

通过研究发现，我国农村最低生活保障制度在缓解云南民族地区农村家庭的贫困和收入不平等方面发挥了积极作用，这些作用存在显著的地区差异和民族差异，但是缓减贫困和收入不平等的作用较为有限。

二　云南农村最低生活保障制度的主观评价

通过上述对云南省农村最低生活保障制度发展存在的一般性问题进行分析发现，云南省农村最低生活保障制度保障水平并不高，而且还存在明显的且较大的地区差异，这种差异一方面表明农村最低生活保障制度的保障水平对边境地区、连片特困地区和民族自治地方等的农村最低生活保障受助者更有利，另一方面则意味着各个地区间农村最低生活保障受助者的待遇不公平性存在拉大的可能。而地方政府自我筹资难度大、管理运行能力不足等问题也从各个方面制约着云南农村最低生活保障制度缓解贫困、促进社会公平功能的有效发挥。来自4个市、县的受助者家庭的微观数据检验结果也表明，云南省农村最低生活保障制度在缓解受助者家庭的贫困、缩小收入不平等方面的作用比较有限。那么，受助者又是如何评价农村最低生活保障制度的呢？受助者的主观评价与该项制度客观产生的结果是否存在一致呢？这也是公共政策评估中一项十分重要的考察内容。作为少数民族人口比例较高的云南省，考察少数民族受益者对由国家承担责任推行的现代化社会救助制度的评价是一项有意思的探索，因为这会探索出社会保障制度在促进少数民族的国家认同方面会发挥怎样的作用。因此，基于公共政策评估的方法以及云南省的特点，本书将利用微观调查数据进行云南省农村最低生活保障制度的主观评价研究。

在云南省丽江市、沧源佤族自治县、大理市、盈江县进行调查回收的有效问卷中，农村被访者为农村最低生活保障户成员的为326人，被访者为非农村最低生活保障户成员的有544人，分别占总人数的37.47%和62.53%，具体分布比例如表4-6所示。

表4-6　云南省农村最低生活保障制度主观评价被访者地区分布情况

	丽江市	沧源佤族自治县	大理市	盈江县	合计
非低保户	199人	9人	278人	58人	544人
	36.6%	1.7%	51.1%	10.6%	100.0%
低保户	48人	52人	14人	212人	326人
	14.7%	16.0%	4.3%	65.0%	100.0%
合计	247人	61人	292人	270人	870人
	28.4%	7.0%	33.6%	31.0%	100.0%

调查问卷设计了低保家庭成员对农村最低生活保障主观评价的题目，评价内容为低保对象覆盖范围、低保待遇保障水平、低保制度管理水平。为方便地区和民族间的主观评价比较，本书对选项采取了赋分方法，即很满意得 4 分，比较满意得 3 分，不太满意得 2 分，很不满意得 1 分。

（一）低保户与非低保户的评价

本书首先对云南省 4 个调查点的农村最低生活保障户成员的主观评价进行了交互分析，并对低保户被访者与非低保户被访者的评价结果进行了比较（表 4-7）。总体而言，低保户被访者对农村最低生活保障制度的评价要高于非低保户。从制度覆盖范围的评价来看，低保户被访者对制度覆盖范围表示很满意或者比较满意的人数占低保户总人数的比重合计达到了 96.9%，其中有超过 50% 的低保户被访者对农村最低生活保障制度覆盖范围表示很满意。对覆盖范围表示不太满意或者很不满意的仅为 3.1%。而非低保户被访者对制度覆盖范围的评价则要明显低于低保户被访者。对制度覆盖范围表示很满意的非低保户被访者占非低保户被访者总人数的比重仅为 25%，而对制度覆盖范围表示很不满意或不太满意的非低保户被访者则占到 15%，这一比例远高于低保户被访者。从满意度平均得分也能看出低保户被访者与非低保户被访者对制度覆盖范围评价存在的差异，其中低保户被访者的满意度平均得分为 3.4786 分，远高于非低保户被访者的得分。尽管农村最低生活保障制度受益者和制度非受益者对制度的覆盖范围评价存在显著差异，但总体而言，云南省农村居民对农村最低生活保障制度的覆盖范围满意度还是相对较高的。

表 4-7　低保户成员与非低保户成员对农村最低生活保障制度满意度评价

单位：%

	制度覆盖范围			待遇保障水平			制度管理水平		
	非低保户	低保户	合计	非低保户	低保户	合计	非低保户	低保户	合计
很满意	25.0	51.8	49.8	33.3	47.9	46.8	28.6	44.1	43.0
比较满意	60.0	45.1	46.2	52.4	47.9	48.2	57.1	50.4	50.9
不太满意	5.0	2.3	2.5	4.8	3.5	3.6	4.8	4.3	4.3
很不满意	10.0	0.8	1.4	9.5	0.7	1.4	9.5	1.2	1.8
满意度平均得分	3.0000	3.4786		3.0952	3.4280		3.0476	3.3750	

从农村最低生活保障待遇的保障水平来看，低保户被访者对其表示很满意或者比较满意的人数占比达到了 95.8%，而非低保户被访者对农村最低生活保障待遇保障水平表示很满意或者比较满意的人数占比则为 85.7%，比低保户被访者人数占比低了 10.1 个百分点。两个被调查群体的待遇保障水平满意度平均得分也表现出了非低保户被访者群体低于低保户被访者群体的特征。

再从农村最低生活保障制度管理水平来看，低保户被访者的评价仍然高于非低保户被访者。具体而言，低保户被访者中有 94.5% 的人对农村最低生活保障制度管理水平表示满意，而非低保户被访者的这一比例则仅为 85.7%。农村最低生活保障制度管理水平满意度平均得分结果表明，两个被调查群体总体上对制度管理水平表示满意，但是就群体间的评价差异而言，低保户被访者的平均得分要高于非低保户被访者，得分分别为 3.3750 分和 3.0476 分。

通过从总体上比较低保户被访者和非低保户被访者对于农村最低生活保障制度的评价发现以下现象：

第一，两个被调查群体对农村最低生活保障制度的覆盖范围、保障水平、管理水平的评价总体上较高，满意度平均得分均在 3 分以上，表明两个群体的满意度评价达到了"比较满意"或者接近于"很满意"。之所以存在这种情况，笔者认为这主要是跟农村最低生活保障制度建制从无到有所引起的云南省农村居民的"纵向公平感"增强有关。

第二，低保户被访者对农村最低生活保障制度的覆盖范围、待遇保障水平、制度管理水平的满意度评价依次降低。这种主观评价结果的出现，与云南省各级地方政府在推行农村最低生活保障制度中坚持"低标准起步，广覆盖特困人口的原则"密切相关。在有限的财政资源支持下，为充分发挥最低生活保障制度保障贫困者基本生活和维护社会稳定的目标实现，各地地方政府往往更倾向于采取"摊大饼"式的扩大制度救助人数的策略，即让更多的贫困者，尤其是特困人员尽可能享受到低水平的低保待遇。而实际上，自 20 世纪90 年代末以来，我国社会保障制度建设步伐经历了很长时期的"重覆盖、轻待遇"的阶段。有学者在研究中国养老保障水平差异现象时就指出，中国养老保险制度在推进中的存在明显的"重覆盖、轻待遇"特征。① 尽管云南省农村最低生活保障家庭成员对低保制度的主观评价较高，但这在一定程度上是由于低保家庭基于对低保制度进行纵向比较和横向比较产生的心理认知。这表明，农村最低生活保障制度在维护民族地区社会稳定和提高居民生活安全预期方面起到了积极作用。

（二）地区间低保户的评价

由于最低生活保障制度实行属地管理，再加上云南省地区经济

---

① 杨立雄、宁亚芳：《中国养老保障发展水平差异研究——基于 2011 年面板数据的实证分析》，《中国特色社会主义研究》2013 年第 4 期。

社会发展差异大，因此不同地区的农村最低生活保障制度受助者对于该制度的评价在理论上也会存在差异。而且，"21世纪初中国少数民族地区经济社会发展综合调查"在云南的家户抽样调查地点包括丽江市、沧源佤族自治县、大理市、盈江县4个市县，其中，沧源佤族自治县和盈江县都是边境县。沧源佤族自治县位于云南省临沧市西南部，西面和西南面与缅甸接壤，国境线长147.083公里，全境属国家二类开放口岸。盈江县位于云南省德宏景颇族傣族自治州的西北部，其西、西北、西南与缅甸交界，国境线长214.6公里。由于大理市低保户被访者人数不足30人，因此不纳入地区间的评价分析中。低保户被访者对农村最低生活保障制度覆盖范围评价的地区差异表明，云南省边境县的农村最低生活保障户被访者的评价更高（表4-8）。具体而言，盈江县低保户被访者对农村最低生活保障制度覆盖范围表示很满意或比较满意的比例最高，为98.9%。其次为沧源佤族自治县的低保户被访者的该比例达到了92.9%。相对较低的丽江市，该市农村最低生活保障户被访者对农村最低生活保障制度覆盖范围表示满意的人数比例为82.1%。在满意度平均得分方面，丽江市农村最低生活保障户被访者的得分也远远低于边境县的农村最低生活保障户被访者。

表4-8　云南省地区间低保户被访者对农村最低生活保障
制度覆盖范围的评价

单位：%

	很满意	比较满意	不太满意	很不满意	满意度平均得分
丽江市	43.6	38.5	12.8	5.1	3.2857
沧源佤族自治县	41.6	51.3	5.8	1.3	3.4565
盈江县	53.3	45.6	1.10	0.0	3.5357

从不同地区农村最低生活保障户被访者对农村最低生活保障制度的待遇保障水平评价来看（表4-9），边境县的农村最低生活保障户被访者的满意度评价仍然高于丽江市的农村最低生活保障户被访者的满意度。具体而言，丽江市低保户被访者中，有82.5%的人对农村最低生活保障待遇保障水平表示满意，而属于边境县的沧源佤族自治县和盈江县的农村最低生活保障户被访者中表示满意的比例分别达到了92.8%和96.7%。在满意度得分方面，由高到低，依次是盈江县（3.4583）、沧源佤族自治县（3.4444）、丽江市（3.2500）。

表4-9　云南省地区间低保户被访者对农村最低生活
保障制度待遇水平的评价

单位：%

	很满意	比较满意	不太满意	很不满意	满意度平均得分
丽江市	40.0	42.5	12.5	5.0	3.2500
沧源佤族自治县	41.2	51.6	4.6	2.6	3.4444
盈江县	47.3	49.4	3.3	0.0	3.4583

从不同地区农村最低生活保障户被访者对农村最低生活保障制度的管理水平评价来看（表4-10），边境县的农村最低生活保障户被访者的满意度评价还是高于丽江市的农村最低生活保障户被访者。具体而言，丽江市低保户被访者中，有80%的人对农村最低生活保障制度管理水平表示满意，而属于边境县的沧源佤族自治县和盈江县的农村最低生活保障户被访者中表示满意的比例分别达到了92.6%和95.1%。在制度管理水平满意度平均得分方面，由高到低，依次是盈江县（3.4107）、沧源佤族自治县（3.4091）、丽江市（3.1667）。

表 4-10　云南省地区间低保户被访者对农村最低生活保障制度管理水平的评价

单位：%

	很满意	比较满意	不太满意	很不满意	满意度平均得分
丽江市	35.0	45.0	15.0	5.0	3.1667
沧源佤族自治县	36.9	55.7	4.7	2.7	3.4091
盈江县	44.6	50.5	3.8	1.1	3.4107

通过地区间的低保户被访者对农村最低生活保障制度的三个方面的评价结果分析表明，农村最低生活保障制度在边境县的农村获得了更好的评价。笔者认为，之所以出现这种地区差异，是基于以下几种原因。

第一，云南各级政府将边境地区、人口较少民族作为农村最低生活保障制度的重点实施范围和对象，使得边境地区农村能够获得相对更多的农村最低生活保障名额和指标，覆盖范围要比其他地区更大。

第二，云南边境县农村居住的绝大多数是少数民族，农村最低生活保障制度作为以国家、政府为责任主体提供缓贫帮助的政府行动，让边境县的少数民族产生了较强的"纵向公平感"和国家认同感，在这种心理因素的作用下，对农村最低生活保障制度产生了较高的满意度。

第三，从前面章节对云南省最低生活保障制度缓贫效果检验中也可以发现，农村最低生活保障待遇对于边境县的农村贫困家庭的重要性更大。调查数据的梳理结果表明，低保待遇占低保家庭人均收入比重中，丽江市仅为 12.7%，而沧源佤族自治县和盈江县该比例则分别为 55% 和 26.5%。因此，就低保待遇水平的相对比较而言，农村最低生活保障制度是边境县农村最低生活保障家庭收入的重要组成部分。

（三）民族间低保户对最低生活保障制度的评价

尽管我国农村最低生活保障制度并未将民族身份作为申请资格，但是将农村最低生活保障制度受益者划分为汉族和少数民族两个类别，来分析这两个群体对于农村最低生活保障制度的评价结果则有助于我们更好地把握最低生活保障制度在民族地区的运行效果。汉族和少数民族低保户对农村最低生活保障制度的评价如表4-11所示。相比汉族低保户被访者而言，少数民族低保户被访者对农村最低生活保障制度的评价更高。三个维度的满意度平均得分表明，少数民族低保户被访者的满意度得分均高于汉族低保户被访者。但满意度评价得分相差并不大。

表4-11　云南省汉族和少数民族低保户对农村最低
生活保障制度的评价

单位：%

	制度覆盖范围		待遇保障水平		制度管理水平	
	汉族	少数民族	汉族	少数民族	汉族	少数民族
很满意	20.0	53.0	30.0	48.6	20.0	45.1
比较满意	80.0	43.7	70.0	47.0	80.0	49.2
不太满意	0.0	2.4	0.0	3.6	0.0	4.5
很不满意	0.0	0.8	0.0	0.8	0.0	1.2
满意度平均得分	3.2000	3.4899	3.3000	3.4332	3.2000	3.3821

而从满意度评价的具体选项来看，汉族低保户被访者尽管在制度覆盖范围、待遇保障水平和制度管理水平三个方面均没有人表示不太满意或者很不满意，但是汉族低保户被访者大多数人对上述三项指标的态度是"比较满意"，从而总体上使得汉族低保户被访者的满意度平均得分低于少数民族低保户被访者。之所以少数民族低保

户被访者的不满意度要比汉族更高，可以解释的一个原因是，少数民族大多居住在交通不便的山区、居住环境相比汉族家庭而言更差，居住格局也相对而言离乡镇中心地区较远，因而在农村最低生活保障待遇的领取方面更加不便。这是导致少数民族低保户被访者的中表示"不太满意"或者"很不满意"的比例高于汉族的原因之一。

三　"客观缓贫效果有限与主观评价高"现象的反思

（一）"客观缓贫效果有限与主观评价高"的原因

通过上述基于低保户和非低保户、不同地区间的低保户、汉族与少数民族低保户对农村最低生活保障制度的主观评价分析发现，云南省农村最低生活保障制度的缓贫客观效果与受助者主观评价存在差异，这种差异就表现为客观缓贫效果有限，而受助者主观评价较高。

导致这种差异的一个主要原因在于，以政府作为责任主体并采取非缴费型待遇发放方式的农村最低生活保障制度增进了云南边境地区少数民族的"纵向公平感"和国家认同感。"纵向公平感"的出现，就在于农村最低生活保障制度，当然包括整个社会救助制度的建立和完善，使得少数民族在依托家庭、家族、族群进行反贫困的基础上获得了来自国家、政府的非缴费型社会救助待遇。农村最低生活保障制度从无到有的过程，使得农村地区的社会成员产生了较强的"纵向公平感"。同时，这种政府承担责任提供非缴费型救助待遇的行为也是维护和保障国民社会保障权益的表现，体现的是依据国家宪法对每一个陷入贫困的国民的基本生活水平依法给予保障，是国家积极维护和保障中华人民共和国公民生存权和发展权的重要体现。国家这种积极维护每一个公民社会保障权益的做法能够增进社会成员的国民自信心，能够增进少数民族，尤其是边境地区的少数民族的国家认同感。正是这种心理层面的变化，使得云南省农村最低生活保障制度获得了很高的主观评价。对于这一点，来自云南农村新型农村合作医疗制度的调查可以给予旁证。根据袁娥对云南临沧市沧源县的调查发现，新型农村合作医疗补助的实施和补助的提升，佤族群众因看病就医而产生的经济负担和压力明显得到缓解和减轻，佤族群众参加新型农村合作医疗制度的参与率高。这些都反映了佤族群众对于社会保障制度的认可，佤族群众对于国家的认同感也得到显著增强。①

（二） 正确看待"客观缓贫效果有限与主观评价高"现象

云南省农村最低生活保障制度发展存在"客观缓贫效果有限与主观评价高"的特点，既有值得总结肯定的地方，但是也有不能忽视的隐忧。值得肯定的地方是，正如上述分析这一现象出现的原因所言，农村最低生活保障制度的建立和实施，切实保障和维护了云南农村地区社会成员的基本生存权和社会保障权益。制度建立带来的"纵向公平感"更加使得以少数民族为主的农村社会成员对"国家主导并承担责任实施"的社会救助制度做出较高的评价。这也表明，社会保障制度的实施能够促进民族地区社会成员和少数民族对国家的认同和提升福祉的社会政策的认可。而且，重点对民族地区和少数民族在资金投入方面的倾斜性支持，实际上也使边境地区、特困地区和民族自治县等农村的最低生活保障制度保障水平高于全省其他地区。这也会强化农村少数民族对农村最低生活保障制度的好评和国家认同感。有学者也指出，特别在云南省边境民族地区，毗邻国家的社会保障制度也有不同程度的发展，因此，在云南这样跨境民族分布较多的省份，建立和完善我国边境民族地区的社会保障制度，可以

---

① 袁娥：《民族与国家何以和谐：云南沧源佤族民族认同与国家认同实证研究》，知识产权出版社，2012，第182页。

有效地增强边境民族地区的祖国认同感、民族自豪感和凝聚力。①

　　但是，"客观缓贫效果有限与主观评价高"现象具有阶段性特点，即农村最低生活保障制度建立所带来的"纵向公平感"会随着逐渐淡化，这种主要基于心理认同、感情归属而产生的"纵向公平感"会随着制度运行存在的问题而逐步弱化。实际上，在前文的保障水平地区差异分析中发现，云南省农村最低生活保障制度保障水平的"横向不公平"现象显著存在；例如，同样处于边境地区，边境地区各个县之间的农村最低生活保障制度实际救助力度系数水平存在明显差异。制度运行中大家基于制度的客观理性比较而产生的"横向不公平感"会逐步冲淡制度从无到有而产生的"纵向公平感"。

　　"客观缓贫效果有限与主观评价高"现象在体现农村最低生活保障制度维护社会稳定、促进国家认同作用的同时，也会强化云南省地方政府走向更加强调发挥该项制度维护社会稳定的作用的动机，反而轻视发挥该项制度在缓解贫困方面的真正作用。农村居民，尤其是受助者在当前低水平的最低生活保障待遇的情况下就产生了较高的评价，会让地方政府官员在本来就救助资金有限的情况下，缺乏提升待遇水平的动力，而更加依赖或者强调通过低水平的农村最低生活保障待遇解决贫困问题，以及由此而产生的可能影响社会稳定的问题。在这样的情况下，农村最低生活保障制度的自身发展规律将被抛弃，而作用完全被扭曲为服务政治目的。显然，这种做法不仅不利于最低生活保障制度按照制度自身规律可持续发展，而且其发挥维护社会稳定和增强社会控制的作用也最终难以为继。

　　因此，如何进一步完善农村最低生活保障制度，提升制度的缓贫效果和缩小不平等的作用才是保障农村最低生活保障制度促进少数民族国家认同的作用得以延续的着力点。

---

　　①　唐新民：《民族地区农村社会保障研究》，人民出版社，2008，第318页。

第五章 云南省农村最低生活保障制度面临的主要问题

对云南省农村最低生活保障制度发展现状的梳理表明，云南省农村最低生活保障制度由于受贫困问题、地方财政能力以及其他一些决策因素等的影响，导致农村最低生活保障制度一方面面临很重的救助任务或压力，另一方面却存在省内各地救助人数、实际资金支出水平以及保障标准等方面的差异。这种差异可能会造成哪些影响或者不足呢？这也是研究云南省农村最低生活保障制度必须给予回答的。

一 农村最低生活保障制度保障水平地区差异大

（一）保障水平地区差异的表现

为了研究云南省农村最低生活保障制度待遇地区差异大的问题，本书采用王增文和朱俊生等学者运用的农村最低生活保障救助力度系数进行考察。基于官方公布的统计数据的可及性，本书将通过对云南省农村最低生活保障制度保障水平进行州、市之间的比较，各县份间的比较，以及各个州、市内部县区间的比较。农村最低生活保障救助力度系数的原理在于通过剔除各地经济水平的差异性，来考察最低生活保障待遇的保障水平。其结果可以看作是某省份政府对农村最低生活保障对象的实质救助强度，系数值越大意味着政府对农村最低生活保障对象的救助力度越大，反之亦然。[①] 根据朱俊生

---

① 王增文：《农村最低生活保障制度的济贫效果实证分析——基于中国 31 个省区市的农村低保状况比较的研究》，《贵州社会科学》2009 年第 12 期。

等提出的计算方法，救助力度系数包括名义救助力度系数（系数Ⅰ）和实际救助力度系数（系数Ⅱ）。

名义救助力度系数（系数Ⅰ）的表达式为 $\delta_t = \dfrac{A_t}{I_t}$，其中 δ 表示最低生活保障救助力度系数，A_t 表示第 t 期农村最低生活保障待遇标准，I_t 表示第 t 期农村居民人均纯收入。

实际救助力度系数（系数Ⅱ）的表达式为 $\delta°_t = \dfrac{A°_t}{I°_t}$，其中 $\delta°_t$ 表示最低生活保障救助力度系数，$A°_t$ 表示第 t 期农村最低生活保障支出水平，$I°_t$ 表示第 t 期农村居民人均纯收入。

本书选择实际救助力度系数Ⅱ的计算办法，以观测云南省农村最低生活保障制度的实际保障水平。

1. 各市、州农村最低生活保障制度保障水平差异

2012 年云南省各个州、市的农村最低生活保障制度救助力度系数计算结果如表 5-1 所示。计算出的系数结果表明，边境地区的市、州以及连片特困地区市、州的农村最低生活保障制度救助力度系数相对较高，怒江州（边境地区州）、昭通市（连片特困地区市）的救助力度系数分别接近于 0.4 和 0.3 的水平；换言之，农村最低生活保障待遇人均支出水平占当地农村农民人均纯收入比重为 40% 和 30% 左右，待遇替代率水平相对较高。其他还有 56.2% 的市、州的农村最低生活保障救助力度系数处于 0.2 左右（0.2031 至 0.2303），待遇替代率水平围绕在 20% 左右波动。然而，也有 31.2% 的市、州救助力度系数水平低于 0.2。从农村最低生活保障制度人均支出水平的离散系数值来看，各个市、州之间的水平差异较小，并没有体现出应有的各地生活消费水平的差异和地区经济发展水平的差异。而各市、州农村最低生活保障制度救助力度系数的离散系数则达到了 0.2413，远远高于农村最低生活保障人均支出水平的离散系数。这表明，就云南各市、州之间的农村最低生活保障制度保障水平差异

而言，相差不大的待遇水平却产生了相差很大的保障水平。

表 5-1 2012 年云南省各市、州农村最低生活保障制度救助力度系数

地区	年人均农村最低生活保障支出水平（元）	农村居民年人均纯收入（元）	农村最低生活保障生活救助力度系数
怒江州	1083	2773	0.3905
昭通市	1093	3897	0.2804
楚雄州	1248	5418	0.2303
文山州	1068	4643	0.2300
临沧市	1185	5158	0.2298
德宏州	1091	4763	0.2290
丽江市	1162	5094	0.2282
迪庆州	1020	4769	0.2139
普洱市	1057	5020	0.2105
大理州	1191	5689	0.2094
云南省	1115	5417	0.2059
保山市	1083	5331	0.2031
红河州	1069	5468	0.1954
西双版纳州	1141	6174	0.1849
曲靖市	1087	5950	0.1826
昆明市	1415	8040	0.1760
全国	1393	7917	0.1759
玉溪市	1187	7628	0.1555
标准差	96.6205	1258.0598	0.0535
均值	1136	5363	0.2218
离散系数	0.0850	0.2346	0.2413

注："年人均农村最低生活保障支出水平"的计算方法是：依照民政部公布的低保数据"统计月报"和"统计季报"中统计的每个月份的"农村最低生活保障支出水平"进行算术平均取平均值，再将算术平均值乘以 12，算出"年人均农村最低生活保障支出水平"。

资料来源：依据《云南省统计年鉴 2013》和民政部官方网站的"统计数据"中公布的"低保数据"整理计算得到（http：//www.mca.gov.cn/article/zwgk/tjsj/）。

2. 各县份农村最低生活保障制度保障水平差异

从云南省各县份的农村最低生活保障救助力度系数来看（表5-2），各县份之间地区差异很大。所选的云南省2012年127个县份的农村最低生活保障制度救助力度系数范围为0.4912至0.0993。换言之，2012年云南省各个县的人均农村最低生活保障支出水平占当地农村人均纯收入的比重的波动范围为9.93%至49.12%。127个县份中，有81个县份的农村最低生活保障救助力度系数高于云南省平均水平，有24个县份的系数值则处于云南省平均水平与国家平均水平之间，还有22个县份的农村最低生活保障救助力度系数则低于全国平均水平。从表5-2中的排序发现，农村最低生活保障救助力度系数排名靠前的地区大多是云南省的边境地区县、民族自治县以及贫困程度较深的县。属于边境县的贡山县、福贡县、绿春县、泸水县、红河县、澜沧县、沧源县的农村最低生活保障救助力度系数排名在前十位，且救助力度系数最低的沧源县也达到了0.3349，即农村最低生活保障制度人均支出占农民人均纯收入的比重为33.49%。而救助力度系数在0.25以上的民族自治县个数为14个，占云南民族自治县总数的48.28%。但也有6个民族自治县的救助力度系数低于云南省平均水平。这表明，地区间的农村最低生活保障保障水平差异很大。

表5-2　2012年云南省农村最低生活保障制度救助力度系数排名

排序	县、区、市	年人均农村最低生活保障支出水平（元）	农村最低生活保障生活救助力度系数
1	贡山独龙族怒族自治县	1085	0.4912
2	福贡县	1082	0.4854
3	屏边苗族自治县	1098	0.3697
4	兰坪白族普米族自治县	1083	0.3591

续表

排序	县、区、市	年人均农村最低生活保障支出水平（元）	农村最低生活保障生活救助力度系数
5	剑川县	1397	0.3586
6	绿春县	1076	0.3546
7	泸水县	1083	0.3499
8	红河县	1083	0.3492
9	澜沧拉祜族自治县	1056	0.3418
10	沧源佤族自治县	1553	0.3349
11	宁蒗彝族自治县	1161	0.3294
12	元阳县	1093	0.3198
13	武定县	1469	0.3189
14	西盟佤族自治县	1001	0.3181
15	鹤庆县	1606	0.3090
16	石屏县	1537	0.3057
17	大关县	1089	0.3044
18	梁河县	1119	0.3039
19	瑞丽市	1677	0.3003
20	洱源县	1515	0.2997
21	鲁甸县	1092	0.2993
22	河口瑶族自治县	1411	0.2965
23	镇雄县	1092	0.2922
24	彝良县	1093	0.2917
25	金平苗族瑶族傣族自治县	907	0.2915
26	云龙县	1119	0.2879
27	牟定县	1380	0.2876
28	巧家县	1091	0.2871
29	永善县	1092	0.2846
30	会泽县	1122	0.2814
31	大姚县	1392	0.2809

续表

排序	县、区、市	年人均农村最低生活保障支出水平（元）	农村最低生活保障生活救助力度系数
32	墨江哈尼族自治县	1093	0.2788
33	绥江县	1092	0.2751
34	盐津县	1092	0.2750
35	威信县	1092	0.2749
36	江城哈尼族彝族自治县	1092	0.2720
37	永仁县	1270	0.2710
38	南涧彝族自治县	1156	0.2695
39	安宁市	2493	0.2665
40	呈贡区	2776	0.2615
41	西畴县	1104	0.2597
42	禄劝彝族苗族自治县	1184	0.2583
43	巍山彝族回族自治县	1064	0.2559
44	陇川县	1045	0.2496
45	弥渡县	1115	0.2473
46	富宁县	1142	0.2459
47	麻栗坡县	1092	0.2442
48	镇康县	1126	0.2428
49	昭阳区	1092	0.2427
50	施甸县	1092	0.2413
51	南华县	1203	0.2409
52	镇沅彝族哈尼族拉祜族自治县	1100	0.2386
53	永平县	1185	0.2381
54	水富县	1136	0.2363
55	临翔区	1193	0.2361
56	马关县	1109	0.2352
57	砚山县	1107	0.2345
58	孟连傣族拉祜族佤族自治县	920	0.2325

排序	县、区、市	年人均农村最低生活保障支出水平（元）	农村最低生活保障生活救助力度系数
59	云县	1290	0.2315
60	龙陵县	1092	0.2302
61	维西傈僳族自治县	1062	0.2294
62	姚安县	1190	0.2280
63	泸西县	1101	0.2279
64	晋宁县	2036	0.2247
65	永胜县	1090	0.2243
66	双江拉祜族佤族布朗族傣族自治县	1064	0.2243
67	易门县	1536	0.2225
68	寻甸回族彝族自治县	1050	0.2216
69	宁洱哈尼族彝族自治县	1092	0.2178
70	景东彝族自治县	1092	0.2174
71	古城区	1817	0.2163
72	永德县	1072	0.2151
73	勐海县	1191	0.2147
74	楚雄市	1301	0.2147
75	漾濞彝族自治县	1087	0.2145
76	广南县	945	0.2135
77	勐腊县	1076	0.2125
78	五华区	2118	0.2065
79	玉龙纳西族自治县	1092	0.2064
80	马龙县	1108	0.2063
81	昌宁县	1102	0.2062
	云南省	1115	0.2059
82	嵩明县	1604	0.2046
83	丘北县	929	0.2035
84	文山市	1092	0.2018

续表

排序	县、区、市	年人均农村最低生活保障支出水平（元）	农村最低生活保障生活救助力度系数
85	德钦县	1031	0.2008
86	凤庆县	1065	0.2004
87	师宗县	1098	0.1995
88	香格里拉县	961	0.1974
89	景谷傣族彝族自治县	1092	0.1972
90	宣威市	1087	0.1957
91	芒市	950	0.1949
92	弥勒县	1108	0.1947
93	沾益县	1313	0.1946
94	蒙自市	1106	0.1914
95	思茅区	1079	0.1911
96	耿马傣族佤族自治县	1044	0.1908
97	建水县	1089	0.1905
98	隆阳区	1070	0.1899
99	罗平县	1255	0.1878
100	禄丰县	1163	0.1867
101	盈江县	1046	0.1855
102	富民县	1535	0.1835
103	双柏县	852	0.1835
104	富源县	1088	0.1825
105	澄江县	1410	0.1769
	全国	1393	0.1759
106	元江哈尼族彝族傣族自治县	1195	0.1753
107	腾冲县	1073	0.1753
108	华宁县	1334	0.1753
109	宾川县	1028	0.1730
110	华坪县	1059	0.1726

续表

排序	县、区、市	年人均农村最低生活保障支出水平（元）	农村最低生活保障生活救助力度系数
111	大理市	1326	0.1720
112	元谋县	1066	0.1634
113	峨山彝族自治县	1064	0.1517
114	祥云县	855	0.1491
115	景洪市	1122	0.1481
116	新平彝族傣族自治县	981	0.1472
117	个旧市	1135	0.1428
118	石林彝族自治县	1209	0.1428
119	红塔区	1287	0.1419
120	开远市	1066	0.1402
121	宜良县	1169	0.1369
122	江川县	972	0.1339
123	麒麟区	1038	0.1279
124	通海县	1081	0.1196
125	西山区	1306	0.1121
126	官渡区	1199	0.1004
127	陆良县	701	0.0993

注：（1）由于盘龙区和东川区的统计数据数据偏差很大，有存疑之处，因此未放入表中进行计算和排序。（2）"年人均农村最低生活保障支出水平"的计算方法是：依照民政部公布的低保数据"统计月报"和"统计季报"中统计的每个月份的"农村最低生活保障支出水平"进行算术平均取平均值，再将算术平均值乘以12，算出"年人均农村最低生活保障支出水平"。

资料来源：依据《云南省统计年鉴2013》和民政部官方网站的"统计数据"中公布的"低保数据"整理计算得到，http：//www.mca.gov.cn/article/zwgk/tjsj/。

这种保障水平的地区差异可以看出大部分贫困程度较深的云南省边境地区的县份农村最低生活保障待遇水平相对本省其他县份而言较高。其中，怒江傈僳族自治州的贡山县和福贡县既是国家级贫困县，也是边境地区县，农村最低生活保障救助力度系数高达

0.4912 和 0.4854。这意味着这两个县的农村人均最低生活保障支出水平相当于当地农民人均纯收入的一半。农村最低生活保障待遇替代率很高。而同期全国平均水平仅为 17.6%，云南省的平均水平也仅为 20.6%。单就相对水平而言，云南省有 68.5% 的县份的农村最低生活保障制度救助力度系数高于全国平均水平。但是我国农村最低生活保障标准参照着农村绝对贫困线的标准以及地区的财政能力进行制定，因而就全国大部分省份而言，农村最低生活保障标准偏低是普遍性问题。按照国际贫困线标准，政府对农村最低生活保障救助对象的救助力度在 0.5 倍左右，即救助水平达到当地农民人均纯收入的 50% 能够有效保障低保群体的基本需要。[①] 显然，尽管云南省有超过 2/3 的县份的农村最低生活保障制度救助力度系数高于全国平均水平，也并不意味着农村最低生活保障待遇水平已经能满足受助家庭的基本生活有效需求。而且，由于是贫困县，以及大多数以农业人口比例居多的县经济发展水平偏低，全县居民的总体收入水平并不高。因此，对于边境地区、民族地区的贫困县而言，基于当地农民人均收入计算出的较高的农村最低生活保障救助力度系数并不就意味着该项制度的待遇能很好地解决受助者的绝对贫困问题。

从 127 个县份的农村最低生活保障制度救助力度系数的相关性分析发现（表 5-3），农村最低生活保障制度救助力度系数与人均农村最低生活保障支出水平并不存在显著相关关系，相关系数为 0.1200（但在 0.01、0.05 以及 0.1 的水平上不显著）。即农村最低生活保障人均支出水平的高低与农村最低生活保障制度救助力度系数的大小无关。从理论上讲，人均最低生活保障待遇支出水平越高，那么其产生的救助力度系数应当越大。可是，云南省农村最低生活保障制度的保障水平并没有体现这一推论。就上面计算出的农村最低生活保障救助力度系数排名情况来看，可以证实这一现象。即边

---

① 米红、叶岚：《中国农村最低生活保障标准的模型创新与实证研究》，《浙江社会科学》2010 年第 5 期。

境地区、贫困地区和民族自治县的农村最低生活保障制度救助力度系数总体相对其他县而言较高，而经济发展水平较高的地区的农村最低生活保障制度救助力度系数则相对而言偏低。这一点，从农村最低生活保障制度救助力度系数与农村居民人均纯收入、人均生产总值的相关系数结果可以得到印证。

表 5-3 云南省 127 个县份农村最低生活保障制度救助力度系数相关性分析

		农村最低生活保障制度救助力度系数	人均农村最低生活保障支出水平	农村居民人均纯收入	人均生产总值
农村最低生活保障制度救助力度系数	Pearson 相关性	1			
	显著性（双侧）				
	N	127			
人均农村最低生活保障支出水平	Pearson 相关性	0.1200	1		
	显著性（双侧）	0.6940			
	N	127	127		
农村居民人均纯收入	Pearson 相关性	−0.7214**	0.4938**	1	
	显著性（双侧）	0.0000	0.0000		
	N	127	127	127	
人均生产总值	Pearson 相关性	−0.4670**	0.3874**	0.7458**	1
	显著性（双侧）	0.0000	0.0000	0.0000	
	N	127	127	127	127

注：** 在 0.01 水平（双侧）上显著相关。

3. 各市、州内部县份间农村最低生活保障制度保障水平差异

对各个市、州之间，全省所有县份之间的农村最低生活保障制度保障水平的分析都表明，农村最低生活保障制度保障水平存在明显的地区差异。那么，各个市、州下辖的县份之间的农村最低生活保障制度保障水平的差异程度如何呢？这一问题同样值得考察。

本书对每个市、州内的各县份的农村最低生活保障制度救助力度系数、人均农村最低生活保障支出水平、人均 GDP 和农村人均纯收入分别进行了取离散系数处理，以考察各个市、州内的各县份之间的农村最低生活保障制度保障水平的差异分析（表 5-4）。各个市、州内的各县份间的农村最低生活保障制度救助力度系数的离散系数差异很大，离散系数值分布在 0.0842 至 0.3142 间不等。其中，农村最低生活保障制度救助力度系数的离散系数在 0.3 以上的有昆明市和红河州，而在 0.1 以下的分别有昭通市、文山州和迪庆州。再以云南省边境市、州为例，红河州和的农村最低生活保障制度救助力度系数的离散系数高达 0.3142，为全省最高，而同属于边境地区的文山州、保山市、怒江州、临沧市的救助力度系数的离散系数分别仅为 0.0924、0.1314、0.1836 和 0.1888。此外，同属边境市、州的普洱市、西双版纳州、德宏州的救助力度系数的离散系数则为 0.2024、0.1971 和 0.2272。可以发现，边境地区各市、州内各县份之间的农村最低生活保障制度保障水平差异也十分明显。其余 8 个非边境市、州内各县份的农村最低生活保障制度保障水平同样也存在明显差异，如表 5-4 所示，在此不再详述。

除了从离散系数比较能发现云南省农村最低生活保障制度保障水平地区差异明显之外，通过离散系数的相关性分析，更能进一步论证上述观点。本书选取了各个市、州内各县份的农村最低生活保障制度救助力度系数的离散系数、人均农村最低生活保障支出水平离散系数、人均 GDP 离散系数、农民人均纯收入离散系数分别进行相关性分析，结果如表 5-5 所示。农村最低生活保障制度救助力度系数的离散系数与人均农村最低生活保障支出水平离散系数的 Pearson 相关性系数为 0.7093，在 0.01 水平上（双侧）显著。意味着各个市、州内各县份间的农村最低生活保障制度保障水平的差异性与农村最低生活保障待遇的人均支出水平的差异性存在强正相关关系，待遇差异水平越大，保障水平的差异也越大。

表5-4 2012年云南省各市、州内各县份农村最低生活保障救助力度系数的差异情况

地区	农村最低生活保障制度救助力度系数			人均农村最低生活保障支出水平			人均GDP离散系数	农村人均纯收入离散系数
	最小值	最大值	离散系数	最小值（元）	最大值（元）	离散系数		
昆明市	0.1004	0.2665	0.3016	1050	2776	0.3530	0.6258	0.2645
曲靖市	0.0993	0.2814	0.2738	701	1313	0.1565	0.5545	0.1955
玉溪市	0.1196	0.2225	0.1911	972	1536	0.1643	0.8858	0.1215
保山市	0.1753	0.2413	0.1314	1070	1102	0.0122	0.1513	0.1238
昭通市	0.2363	0.3044	0.0776	1089	1136	0.0122	0.7348	0.0940
丽江市	0.1726	0.3294	0.2570	1059	1817	0.2592	0.5671	0.3203
普洱市	0.1911	0.3418	0.2024	920	1100	0.0547	0.4114	0.2080
临沧市	0.1908	0.3349	0.1888	1044	1553	0.1476	0.1812	0.0735
楚雄州	0.1634	0.3189	0.2163	852	1469	0.1458	0.4565	0.1370
红河州	0.1402	0.3697	0.3142	907	1537	0.1406	0.6419	0.3499
文山州	0.2018	0.2597	0.0924	929	1142	0.0756	0.5148	0.0742
西双版纳州	0.1481	0.2147	0.1971	1076	1191	0.0512	0.1590	0.2198
大理州	0.1491	0.3586	0.2526	855	1606	0.1796	0.4332	0.2135
德宏州	0.1855	0.3039	0.2272	950	1677	0.2493	0.2889	0.1793
怒江州	0.3499	0.4912	0.1836	1082	1085	0.0012	0.2848	0.1836
迪庆州	0.1974	0.2294	0.0842	961	1062	0.0509	0.4530	0.0522

表5-5　云南省农村最低生活保障制度救助力度系数的相关性分析

		农村最低生活保障制度救助力度系数的离散系数	人均农村最低生活保障支出水平离散系数	人均GDP离散系数	农民人均纯收入离散系数
农村最低生活保障制度救助力度系数的离散系数	Pearson 相关性	1.0000			
	显著性（双侧）				
	N	16			
人均农村最低生活保障支出水平离散系数	Pearson 相关性	0.7093**	1.0000		
	显著性（双侧）	0.0020			
	N	16	16		
人均GDP离散系数	Pearson 相关性	0.1290	0.2980	1.0000	
	显著性（双侧）	0.9976	0.8388		
	N	16	16	16	
农民人均纯收入离散系数	Pearson 相关性	0.8364**	0.4804	0.1463	1.0000
	显著性（双侧）	0.0003	0.3085	0.5890	
	N	16	16	16	16

注：** 在0.01水平（双侧）上显著相关。

农村最低生活保障制度救助力度系数的离散系数与人均GDP的离散系数的 Pearson 相关系数为0.1290，但是并不显著。这表明，各个县份间的经济发展水平的差异，不会体现在农村最低生活保障制度保障水平的差异上。换言之，保障水平的差异与各个地区间的经济发展水平的差异无关。而从理论上讲，地区间的经济发展水平差异越大，会导致其财政能力差异越大，进而影响农村最低生活保障制度的保障水平差异越大。但是，云南省农村最低生活保障制度并未体现这一逻辑推论。这就表明，农村最低生活保障制度的保障水平与当地的经济发展水平并不显著相关，有其他因素导致了云南省农村最低生活保障制度保障水平的地区差异性。

上文研究发现的经济发展水平不高且属于边境县的贡山县、福贡县、绿春县、泸水县、红河县、澜沧县、沧源县的农村最低生活保障救助力度系数排名在前十位的现象在一定程度上能说明了这一问题。

（二）保障水平地区差异大的原因

通过对州、市之间，各县份之间，以及各州市内部之间三个层面的比较分析，均表明，云南省农村最低生活保障制度的保障水平在各个地区都表现出显著的差异。但是，这种差异似乎是一种"不合理"的差异。因为无论是从农村最低生活保障人均支出水平的绝对值来看，还是从农村最低生活保障制度救助力度系数及其与其他指标的相关性分析来看，尽管各个地区的农村最低生活保障制度的救助力度系数差异很大，但是这种差异似乎基本与地区间的农民生活消费水平差异、地区间经济发展水平差异无关。进一步而言，就是云南省农村最低生活保障制度保障标准、实际支出水平的制定与地区经济发展、居民生活消费之间存在"脱节现象"。这种"脱节现象"不仅表现为边境地区、连片特困地区的农村最低生活保障待遇替代率水平相对较高，也表现为经济发展水平较高地区的待遇替代率水平过低。这种"脱节现象"也表明，云南省农村最低生活保障制度保障待遇及保障水平存在不公平问题。

那么造成云南省农村最低生活保障制度保障水平存在这种差异的原因是什么呢？归纳起来，本书认为存在以下几个方面的原因。

1. 经济原因

云南省农村贫困问题严重，贫困面广、贫困程度深、返贫率高等特点导致云南省农村最低生活保障制度的救助压力大，农村绝对贫困人员对农村最低生活保障制度的需求很大。农村最低生活保障制度实行属地管理原则，而云南省地方财政，尤其是县级政府财政大多是"吃饭财政"，能够用于社会救助的财政资金严重不足，限制了农村最低生活保障制度待遇水平的合理提升。现实条件的制约，使得云南省这种贫困问题十分严重的地区，不得不在农村最低生活保障制度发展过程中谨慎采取低水平、低标准、逐渐扩面的方式，这一点可以从云南省颁布的农村最低生活保障制度实施办法内容中得到印证。财政能力不足直接制约了基层政府完全依照地方农民生活消费水平、经济发展水平和物价水平来动态调节农村最低生活保障制度保障标准和实际支出水平的意愿和能力。

2. 制度原因

制度原因一方面表现为，农村最低生活保障标准的制定办法不规范，由于计算方法不规范，造成最低生活保障标准与经济发展水平存在一定程度上的不一致。在现实中具体表现为：经济发展水平高的地方，农村最低生活保障标准水平低；经济发展水平不高的地方，农村最低生活保障标准水平偏高。[1] 云南省农村最低生活保障制度的救助力度系数同样也表现出了这一问题。而且，在农村最低生活保障制度标准确定时并没有充分考虑到少数民族食物消费结构的差异性，在此基础上计算出的待遇标准水平则直接影响着农村最低生活保障制度的实际支出水平。制度原因的另一方面则表现为，缺乏科学合理的待遇动态调整机制。我国农村最低生活保障制度在待遇动态调整机制和实施办法方面一直存在欠缺科学性和欠合理性的问题。主要表现为农村最低生活保障制度标准的确定缺乏科学的计算方法，并没有建立一套与当时当地的经济社会发展水平、居民生活消费水平，以及物价水平等紧密关联的待遇调整机制。[2] 实际上，云南省县级政府大部分都是"吃饭财政"，实际财政能力不足更是制

---

① 杨立雄：《最低生活保障制度存在的问题及改革建议》，《中国软科学》2011年第 8 期。

② 民政部政策研究中心课题组：《2011 年度中国城乡困难家庭社会政策支持系统建设课题研究报告》，中国社会出版社，2013，第 55 页。

约了其应对因物价水平、经济社会发展水平、消费结构变动带来的农村最低生活保障制度待遇标准调整的积极性和可行性。在地方财政能力的制约下，再加上农村最低生活保障标准计算方法规范性不足，因此，整体而言，全国各个地区的农村最低生活保障标准水平偏低的情况十分普遍。农村最低生活保障制度的目标实现程度也大打折扣。[1]

3. 政治因素

上述分析表明，农村最低生活保障救助力度系数排名靠前的地区大多是云南省的边境地区县、民族自治县以及贫困程度较深的县，而经济发展水平较高的地区的农村最低生活保障制度救助力度系数则相对而言偏低。这种"不协调"的保障水平差异，并不意味着云南省对经济发展水平较高地区的农村最低生活保障制度保障标准的刻意压制，而是在一定程度上出于促进边境地区发展、维护社会稳定的目标，对边境地区农村和特困地区农村的最低生活保障制度发展给予了倾斜性扶持。例如，《云南省人民政府关于全面建立和实施农村最低生活保障制度的通知》规定在财政分担方面要考虑边境、人口较少民族和藏区等。这种考虑一方面是基于边境地区和民族地区的绝对贫困问题十分严重，另一方面则是考虑到促进各民族团结进步、共同繁荣发展，维护边境地区社会稳定安全等目标，在扩大覆盖面和农村最低生活保障制度待遇标准提升方面会优先重点考虑边境地区或者人口较少民族等。

从理论上讲，农村最低生活保障制度通过向贫困人员提供救助，能够缓解贫困，保障基本生存。并且，由于农村最低生活保障制度是一项由政府承担责任进行的再分配手段，因而其还能够起到缩小同一地区内的贫困者和地区间贫困者的贫困差距，并间接起到缩小

---

① 杨立雄：《最低生活保障制度存在的问题及改革建议》，《中国软科学》2011年第 8 期。

地区间发展的差距。但是，云南农村最低生活保障制度受到贫困问题严重、财政不足、待遇确定方法不规范、倾斜性扶持等多因素的影响，导致云南省农村最低生活保障制度的保障水平存在较大的地区差异，且这种差异的特点并不利于地区间贫困成员贫困程度差距的缩小，反而存在拉大不同地区间贫困者受助水平的差距，造成不公平的待遇水平和保障水平。

那么，偏高的农村最低生活保障待遇替代率会不会引起"福利依赖"和养懒汉的现象呢？由于本书未能收集微观数据进行论证，因此无法做出绝对的回答。但是，云南省农村，尤其是边境地区、连片特困地区的农村贫困面大、贫困程度深，农民人均纯收入本来就低，贫困现象较为普遍，因此仅仅依靠农村最低生活保障人均支出水平占农民人均纯收入的比重来判定云南省边境地区和连片特困地区的农村存在"福利依赖"的现象是不科学的。而且再从这些地区农村的物价水平来看，由于物流交通不便利，偏远山区和边境地区的物价水平反而更高，因此这其实在一定程度上削弱了农村最低生活保障待遇的实际购买力，制约了农村最低生活保障家庭或者受助者贫困程度的减轻。此外，村组干部普遍反映，由于核给的农村最低生活保障户户数太少，名额和农村最低生活保障救助资金都十分有限，往往在最低生活保障名额和资金的分配上先覆盖最困难的特别困难家庭，而如果没有纳入农村最低生活保障制度的特困户出现特殊情况需要紧急救助时，就会采取降低已纳入最低生活保障救助对象中的受助家庭或受助者的待遇水平，挤出资金来覆盖实际上同样需要救助的贫困人员。[1]因此，云南省边境地区和连片特困地区的农村存在"福利依赖"的现象是不太可能的。对于云南省农村最低生活保障待遇替代率较高需要辩证对待。

---

[1]　唐新民：《民族地区农村社会保障研究》，人民出版社，2008，第246页。

二 农村最低生活保障资金自我筹集难度大

（一）资金自我筹集难度大的表现

云南省大部分县份的农村最低生活保障资金自我筹集难度很大。本书选取了 2012 年民政部公布的 12 月云南省各县份农村最低生活保障累计支出额数据以及当年各县份地方财政公共财政预算收入的数据进行对比发现，有 118 个（占 91.5%）县份的农村最低生活保障支出占地方公共财政预算收入比重高于全国水平。其中比重在 30% 以上的有 23 个县份，占比 17.8%。比重在 10% 以上的县份数有 60 个，占 46.5%。表 5-6 的数据表明，这 23 个县需要拿出 30% 的地方公共财政预算收入才能满足当年农村最低生活保障制度资金需求。而就全国平均水平而言，仅需拿出 1.13% 的地方公共财政预算收入就能满足当年的农村最低生活保障制度资金需求。但实际上，这些地方往往需要把主要的资金用于基础设施建设、发展经济等各个方面，完全依靠地方财政收入来支撑农村最低生活保障制度的资金需求是不可能的事情。或者拿出 10% 的公共财政预算收入来用于农村最低生活保障制度的发展显然是地方政府无法承担的。

从农村最低生活保障支出占地方公共财政预算收入比重较高的县份特点来看，这些县绝大多数都是国家级贫困县；并且比重在 40% 以上的县份中，有 58.3% 的县同时还属于边境县和民族自治县。以福贡县和西盟佤族自治县为例，2012 年两县的地方公共财政预算收入仅为 4700 万元和 4500 万元，但是民政部官方网站公布的最低生活保障数据统计季报显示，2012 年两县农村最低生活保障全年累计支出分别达到了 4814.5 万元和 4130.9 万元。如果完全依靠自身公共财政预算收入来支撑农村最低生活保障制度，那么意味着两县其他经济社会发展的资金使用将陷入停滞；例如福贡县，就算把公共财政预算收入全部用于最低生活保障待遇的发放，还是存在资金缺口。总体而言，云南省贫困地区、边境地区和民族自治县的农村最低生活保障制度财政自我供给难度非常大。只能依靠中央政府、省政府、市（州）政府等上级政府的财政转移支付。而且，这些地方的财政资金使用属于"一个萝卜一个坑"的状态，基本很难将其他政府行政部门和项目的资金调整用于农村最低生活保障的补助资金。而社会事业发展滞后、市场经济发展水平偏低，使得农村最低生活保障制度通过社会筹资、慈善捐款等渠道筹集资金的难度也很大。

表5-6　云南各县份2012年12月农村最低生活保障累计支出占地方公共财政预算收入比重

地区	地区属性			比重（%）
	国家级贫困县	边境县	民族自治县	
福贡县	√	√		102.44
西盟县	√	√	√	91.80
绿春县	√	√		84.91
金平县	√	√	√	56.71
澜沧县	√	√	√	55.59
红河县	√			54.23
贡山县	√	√	√	52.12
孟连县	√	√	√	52.11
江城县	√	√	√	46.44
元阳县	√			44.96
宁蒗县	√		√	43.34
沧源县	√	√	√	41.16
屏边县	√		√	37.65
巧家县	√			37.03
泸水县	√	√		36.65

续表

地区	地区属性			比重（%）
	国家级贫困县	边境县	民族自治县	
西畴县	√			36.58
广南县	√			34.55
富宁县	√	√		33.77
维西县	√		√	33.26
大关县	√			32.76
镇康县	√	√		32.49
镇雄县	√			31.45
麻栗坡县	√	√		31.31
彝良县	√			29.65
永善县	√			29.09
梁河县	√			28.61
双江县	√		√	27.91
墨江县	√		√	27.81
陇川县		√		26.82
盐津县	√			26.61
龙陵县	√	√		26.36
耿马县		√	√	25.65
云龙县	√			24.69
勐海县		√		23.19
马关县	√	√		22.80
威信县	√			19.19
鲁甸县	√			18.59
兰坪县	√		√	18.27
剑川县	√			18.00
德钦县	√			16.52

地区	地区属性			比重（%）
	国家级贫困县	边境县	民族自治县	
洱源县	√			16.08
漾濞县	√		√	15.63
弥渡县	√			15.56
永德县	√			14.40
景东县	√		√	14.12
永平县	√			13.33
施甸县	√			12.97
南涧县	√		√	12.94
丘北县	√			12.71
会泽县	√			12.24
盈江县		√		11.85
河口县		√	√	11.48
香格里拉县	√			11.47
巍山县	√		√	11.29
镇沅县	√		√	11.08
姚安县	√			10.82
云县	√			10.57
元谋县				10.45
永胜县	√			10.35
鹤庆县	√			10.32
勐腊县	√	√		9.65
凤庆县	√			9.32
牟定县				9.02
大姚县	√			8.95
石屏县				8.82

地区	地区属性			比重（%）
	国家级贫困县	边境县	民族自治县	
绥江县	√			8.76
昭阳区	√			8.39
宣威市				8.29
南华县	√			8.25
腾冲县		√		7.89
武定县	√			7.80
宾川县				7.71
宁洱县	√		√	7.62
临翔区	√			7.45
砚山县	√			7.37
景谷县			√	7.01
芒市		√		6.52
师宗县				6.45
禄劝县	√		√	6.25
祥云县				6.19
华宁县				6.17
泸西县	√			6.04
元江县			√	5.84
罗平县				5.83
昌宁县	√			5.70
永仁县	√			5.59
隆阳区				5.57
陆良县				5.54
禄丰县				4.93
双柏县	√			4.92

续表

地区	地区属性			比重（%）
	国家级贫困县	边境县	民族自治县	
水富县				4.50
寻甸县	√		√	4.50
东川区	√			4.34
马龙县				4.29
易门县				4.20
云南省				3.64
富源县	√			3.61
玉龙县			√	3.56
富民县				3.37
景洪市		√		3.06
建水县				3.03
沾益县				2.92
江川县				2.89
瑞丽市		√		2.64
文山市	√			2.51
楚雄市				2.46
通海县				2.38
峨山县			√	2.28
石林县			√	2.28
新平县			√	2.25
嵩明县				2.09
蒙自市				1.91
思茅区				1.86
华坪县				1.85
宜良县				1.80

续表

地区	地区属性			比重（%）
	国家级贫困县	边境县	民族自治县	
弥勒县				1.70
开远市				1.59
澄江县				1.56
个旧市				1.49
全国				1.13
晋宁县				1.05
古城区				0.93
麒麟区				0.88
大理市				0.82
红塔区				0.67
安宁市				0.27
盘龙区				0.21
西山区				0.11
五华区				0.07
官渡区				0.05
呈贡区				0.05

资料来源：依据《云南省统计年鉴 2013》和民政部官方网站的"统计数据"中公布的"低保数据"整理计算得到，http://www.mca.gov.cn/article/zwgk/tjsj/。

根据云南省民政厅的《云南省民政厅关于民族地区社会救助工作开展情况的调研报告》显示，尤其是一些民族地区，一方面是救助资金需求大，而另一方面是地方政府基本配套资金都无力承担。云南省级财力有限，社会救助资金大部分依靠中央补助，尽管省级财政逐年加大了社会救助资金的投入力度，但是，救助需求与救助资金相对不足之间的矛盾仍日趋突出。全省社会救助资金投入大幅度增长，特别是中央和省级资金投入增长较快，但州、县（市）两

级资金投入增长较慢，有的甚至没有增长。据统计，2007 年至 2010
年，云南省省（含中央、省两级资金）、地投入的农村最低生活保障
资金比例分别为：2007 年 66.8∶33.2，2008 年 76.3∶23.7，2009
年88.7∶11.3，2010 年 90.6∶9.4。^① 由此表明，云南省地方政府用
于农村最低生活保障的财政资金投入占央、地两级政府投入总量的
比重出现明显下降，且降幅较大。从地区上看，以怒江州为例，其
农村最低生活保障救助对象占当地农业人口比例高达 40% 以上，居
全省第一位，2013 年资金需求 2.3 亿元，所需资金全部由省级补助，
而其他救助制度州、县两级所需配套资金在落实上仍显得困难重重。
再比如，云南省兴边富民工程"十二五"规划在"十项保障"任务
中提出把边境地区符合条件的农村贫困人口逐步纳入最低生活保障，
但是 2011 年至 2015 年间共需的农村最低生活保障补助资金 8.39 亿
元只能争取国家全额补助。^② 有学者认为，就民政事业费农村最低生
活保障指标来看，民族八省区除内蒙古和宁夏外，其他省区都未能
达到全国平均水平，与发达地区差距较大。

（二）资金自我筹集难度大的原因

导致县级政府存在农村最低生活保障资金自我筹集难度大的主
要原因在于地区经济发展水平不足，从而直接导致县级政府的财政
收入能力较低。就农村最低生活保障资金的筹集而言，县级政府自
我筹集能力差不仅仅表现为自我财政收入增加能力欠缺，还表现为
我国财政税收结构影响了县级政府财政收入的自留程度；此外，中
央政府在农村最低生活保障制度财政资金的责任分担机制中欠合理
性也加剧了县级政府的资金筹集难度。而就云南省各个区、县（市）

① 郝坚峰：《云南省社会救助现状分析与对策建议》，《中国民政》2011 年第
11 期。
② 《云南省兴边富民工程"十二五"规划》，http：//www.ynethnic.gov.cn/Item/
8484.aspx，访问时间：2014 年 5 月 22 日。

的经济社会发育程度而言，寄希望于通过社会筹资的渠道来减轻政府筹资难度的可能性很小。

第一，云南省地方政府财政收入增加能力弱。云南省地方政府难以提升或者增加财政收入与多方面因素相关，一是自然环境因素的制约，地理位置偏远，地形以山区为主，很多山区县还存在生存环境恶劣的问题；这些自然条件特点束缚了地区经济发展的速度和环境。二是社会事业发展滞后，基础设施建设滞后，招商引资的环境条件较差，难以吸引外来资本的投入和各项市场经济活动的开展。三是云南民族地区社会发育程度较低，现代化程度缓慢，劳动力受教育水平偏低，人力资本积累严重不足，制约了地区经济社会发展内生动力的形成，因而限制了地方财政收入增长的潜力。

第二，分税制改革体系制约县级政府在社会保障事业方面的筹资能力。我国自1994年实行了分税制财政体制改革，改革的一个重要结果就是地方政府在提供基本公共服务和发展社会事业方面的责任增强了，而地方政府的财政能力和自行支配财政的空间减小了，责任内容和能力水平存在脱节。而这种事权与财权不匹配的情况对于西部地区，尤其是贫困地区的影响最为严重。因为，正如上文所提到的，西部地区省份、民族地区省份地方政府的自我财政收入增加能力偏低，而这些地区恰恰又是发展社会事业和基本公共服务需求最为迫切的地区，分税制财政体制使得这些地区地方政府在发展上述事业的"心有余而力不足"的状态达到极致——面对着最强的社会事业和公共服务需求，却拥有着最弱的财政支撑能力。尽管国家采取了各类专项税收返还、专项转移支付项目，以及其他促进西部地区经济社会发展的大战略、大规划、大资金等。但是，这种有限的财政返还资金并不能有效地满足地方政府在发展社会事业和提供基本公共服务方面的财政需求。尤其是像社会救助制度等完全需要政府承担责任的项目，很难获得充足的资金。而且中央政府返还的有限的财政收入，在地方政府的使用中还要面临"社会发展与经济发展"的博弈、"优先上 GDP 水平"的政绩观念影响，因此，政府愿意和能够用于发展社会救助事业的财政资金会更少。

第三，财政责任分担结构的不足制约农村最低生活保障制度的保障水平。结合云南省农村最低生活保障的资金筹集现状，以及该制度的实际保障水平计算结果而言，在主要依靠上级政府财政支持的情况下，云南省农村最低生活保障制度的保障水平并不高。有学者认为，民族地区地方政府自身财力有限，地方本级财政收入较少，就算获得专项转移支付补助，民族地区的可用财力相比其他地区而言仍显不足。① 此外，现行农村最低生活保障制度的财政责任分担机制存在的不足也制约了西部省份的农村最低生活保障财政资金的筹集。有学者分析中央财政在 2007～2009 年三年间的农村最低生活保障财政资金的分担比例平均水平后指出，中央财政负担比例对于云南等 4 省在 65% 左右；中央财政负担比例高低和地区发展水平高低之间的关系并不十分密切，地区之间的发展差异并没有在现行财政分担机制中得到充分考虑。②

此外，受制于地区经济社会发展的整体状态，政府利用社会筹资、慈善捐款的可能性也十分有限。

三　农村最低生活保障制度管理运行能力不足

（一）农村最低生活保障待遇社会化发放渠道窄

社会救助制度的待遇形式通常包括现金、实物、服务等。学者围绕何种待遇形式才能发挥真正的缓贫作用进行过大量的讨论。但是，总体上而言，社会救助制度的待遇大多以现金的方式给予发放，

---

① 雷振扬、成艾华：《民族地区财政转移支付的绩效评价与制度创新》，人民出版社，2010，第 192 页。

② 杨立雄：《最低生活保障制度存在的问题及改革建议》，《中国软科学》2011 年第 8 期。

以体现对受助者的资源自我使用权的尊重。而且，现金形式的待遇往往比实物救助形式在管理上更能节省行政运行成本。目前，我国最低生活保障制度的待遇都是以发放现金的形式为受助者提供救助，低保金直接发放到受助者的存折中。因此，利用国有银行、商业银行、农村信用社等金融服务机构和网点实现农村最低生活保障制度的社会化发放。这就意味着农村金融服务体系的完善程度会影响着受助者领取农村最低生活保障金的便捷度和成本。

而云南农村金融服务体系并不发达，并不利于农村最低生活保障制度待遇的社会化发放。这一方面体现为云南农村银行、信用社等机构数量有限，另一方面则表现为金融机构不愿意承担农村最低生活保障金的发放任务。根据中国人民银行昆明中心支行课题组的调查数据，受地理环境的影响，云南省农村居民居住地点较为分散，大部分农村居民都是居住在自然村当中。目前，云南省农村金融机构很少有深入到乡镇一级及以下的。而就算在乡镇以下，由于农村金融服务的覆盖面较低，农村金融服务的可及性不高，实际上很多农村居民无法有效获得服务。以云南省怒江傈僳族自治州为例，该州所属的 29 个乡镇中，仅拥有 1 个农村信用社网点的乡镇数比例为55.2%；更为严重的是，有 7 个乡镇没有建立起农村金融机构网点，乡镇一级金融机构的覆盖率仅为 76%，没有金融服务网点的行政村数占比超过九成。[1] 而且，受制于农村金融业务的收益水平太低或者无利可图，农村最低生活保障制度可以凭借的待遇发放平台越来越窄。

另外，据笔者在云南调研时咨询民政厅一位工作人员得知，当前云南农村最低生活保障制度的待遇发放仅能依托农村信用社的渠道进行发放，而其他的银行不愿意承担农村最低生活保障金的发放任务，这是当前云南省农村最低生活保障制度在待遇发放方面的一

---

① 中国人民银行昆明中心支行课题组：《构建云南省多层次农村金融体系研究》，《时代金融》2010 年第 2 期。

个重大问题。从低保金的特点来看，银行机构确实有不愿意发放的驱动因素：第一，发放给每个低保户的低保金数额少，过户管理的资金总量过少，对银行等机构无法形成吸引力。第二，低保金的流动性很强，而且由于低保金是用于解决生活温饱问题的救助款，根本形不成银行的利润获益空间；第三，农村最低生活保障金涉及的户数较多，给银行的日常管理增加了工作量。因此，当前只有依靠行政命令的手段，强制借助农村信用社这一平台，维持云南省农村地区低保金的发放。因此，可以想象，云南省大部分地处山区和边远地区的农村最低生活保障救助户往往因为农村信用社仅在县城，需要为领取农村最低生活保障待遇而花费较高成本，在这样的情况下，低保户往往可能等到年终一次性领取低保金，这就会使得最低生活保障待遇的缓贫作用存在迟滞性，很难及时满足贫困低保对象的需求。而且，由于边远农村最低生活保障对象领取低保金的交通费用成本很高，在让村干部代为领取的过程中还存在一定程度的低保待遇金截留和克扣现象。①

因此，由于云南省农村地区社会救助待遇递送渠道的不通畅，不仅增加了受助群体和个人获取社会救助待遇的成本，而且影响着这些救助待遇缓贫作用的有效发挥。

（二）农村最低生活保障制度管理经办队伍薄弱

管理经办队伍高效性不足一方面表现为现有从事农村最低生活保障制度管理和经办的人员偏少，另一方面则表现为现有从事管理经办业务的工作人员专业素质相对不足。

基于数据的可及性，本书选择了城乡最低生活保障制度的机构数、职工人员数来考察云南省农村最低生活保障制度管理经办队

① 郭跃华、李棹、田育南：《民族地区农村最低生活保障制度研究——以云南省大理白族自治州宾川县为例》，《云南行政学院学报》2012年第4期。

伍薄弱的问题（表5-7）。基层最低生活保障制度管理经办能力不足是我国社会救助制度发展中各个省份普遍面临的问题，由于人才的可及性以留住人才的吸引力不强，我国西部省份的最低生活保障制度管理经办能力和水平相比东部地区省份而言，更为不足。从表5-7可以发现，西部民族八省区民政机构的职工数以及乡镇、街道民政助理员等人数偏少。而从2012年云南省城乡最低生活保障救助人数与县级民政部门和乡镇街道民政助理员总人数的比重来看，云南省达到了1001∶1。这意味着，1个县级以下的民政行政机构工作人员或民政助理员需要服务和管理1001个城乡最低生活保障制度的受助对象。这是在宽口径下进行的统计，如果仅计算负责城乡最低生活保障制度的行政机构人员和民政助理员人数的话，那么这个比例应当是更大的。与全国相比，云南省的工作人员与救助人员比例远远高于全国平均水平（589∶1）。而与民族八省区其他省份相比，也是民族八省区中最高。而且，城乡最低生活保障制度的管理经办服务压力表现出了较明显的地区差异，西南地区的广西、云南、贵州三省（区）的城乡低保管理经办服务压力要明显高于内蒙古、青海、宁夏和新疆等西北地区民族省（区）。

再从云南省历年的民政行政机构工作人员和乡、镇、街道民政助理工作人员的变动情况来看（表5-8），随着城乡最低生活保障人数的增加，云南省城乡最低生活保障制度的管理经办压力不断增大，救助人数与工作人员的比例由2008年的658∶1增至2012年的1001∶1。而且从乡、镇、街道民政助理员的人数变动来看，从2008年至2012年，总体上处于下降的趋势之中，而这些人员恰恰是离受助者距离最近、最能掌握受助者和申请者真实情况的工作人员，他们在受理申请、家计调查、受助者动态管理等方面发挥着不可替代的重要作用。这些人员的减少加重了云南省农村最低生活保障制度管理运行的难度。

表 5-7　民族八省区 2012 年民政行政机构、职工人数情况

地区	年末职工人数（人）	大学本科及以上职工人数占比（%）	职工数按行政级别分（人）		乡、镇、街道民政助理员	县级民政部门职工和乡镇、街道民政助理员总数（人）A	城乡最低生活保障救助人数（人）B	B：A
			地级	县级				
全国	92749	40.0	13893	74843	52210	127053	74880662	589：1
内蒙古	2894	34.5	463	2352	1553	3905	2043165	523：1
广西	2375	40.4	545	1830	2640	4470	3843776	860：1
贵州	2887	34.2	362	2413	3587	6000	5659843	943：1
云南	4283	36.4	689	3452	1851	5303	5310829	1001：1
西藏	907	29.8	204	612	27	639	376713	590：1
青海	816	36.3	158	560	368	928	630062	679：1
宁夏	682	53.8	101	437	276	713	545723	765：1
新疆	3581	37.1	463	2906	564	3470	2313499	667：1

资料来源：依据《中国民政统计年鉴 2013》整理计算而得。

表 5-8　云南省 2008~2012 年民政行政机构、职工人数情况

年份	年末职工人数（人）	学历为大学本科及以上人数占比（%）	民政行政机构县级单位职工数（人）	乡、镇、街道民政助理员人数（人）	县级和乡、镇、街道民政助理员总人数（人）A	城乡最低生活保障救助人数（人）B	B：A
2008	3928	29.89	3167	2820	5987	3937837	658：1
2009	3886	33.50	3142	2505	5647	4292300	760：1
2010	3936	32.83	3138	2264	5402	4705700	871：1
2011	4052	35.41	3234	2494	5728	4965000	867：1
2012	4283	36.42	3452	1851	5303	5310829	1001：1

资料来源：依据《中国民政统计年鉴》（2009~2013）整理计算而得。

　　笔者在云南调研期间获取的云南省民政厅关于《协助开展民族团结进步边疆繁荣稳定示范区建设社会救助工作情况》的材料表明，云南社会救助基层力量薄弱、工作条件和工作手段落后等问题在各个基层政府普遍存在。2014 年，全省城乡低保对象、农村五保供养对象总人数将近 600 万人，而县（市、区）一级工作人员仅有 315人，乡镇一级工作人员仅有 1683 人，乡镇工作人员人均服务对象近3600 人，工作任务相当繁重。这些问题的存在，导致了社会救助工作在入户调查、审核、审批过程中存在诸多不规范的地方，而且还存在资金安全隐患问题。而且，在以少数民族居民为主的农村，由于语言、文化背景、传统习俗差异等原因，在政策解释、与群众沟通方面需要做更多细致的工作。工作人员不足的问题，直接影响了救助工作的有效开展。[①] 一项关于云南大理白族自治州宾川县的研究表明，该县农村最低生活保障制度的基层管理中缺乏固定和专业的操作人员的问题较为严重。乡镇民政部门人员的不确定性和不专业性；民政部门人员编制严重不足；大量需要在短时间内下发的民政

---

① 云南省民政厅：《云南省民政厅关于民族地区社会救助工作开展情况的调研报告》，收集时间：2014 年 1 月 7 日。

低保金、救灾救济金使得村委会干部加入到资金的分配行动中来，影响了农村最低生活保障资金的专项性、民主性、公开性。[①]

此外，云南地处西部地区，基础设施较为落后，特别是少数民族聚居地区的村道、县道等公路交通设施网络表现出了整体规模不足、道路质量偏低、路网密度偏低等问题。便利的交通是提升农村居民获得公平的发展机会和提升自我发展能力的重要途径，属于阿玛蒂亚·森提出的"能力集"中的重要内容之一，但是云南省大多数农村地区的居民外出极为不便，便利交通的可及性很差，这也进一步增加了云南省农村最低生活保障制度的管理经办工作的难度。而精准扶贫工作的开展，对农村低保申请对象的家计调查、资格审核、动态管理都提出了更精细的要求，显著地增加当地民政干部的业务工作量。尽管有很多驻村帮扶干部入住贫困村并结对帮扶贫困户，但这些驻村干部仅能在一定程度缓解农村低保申请对象初期申报、家计调查等方面的业务工作量，而后期大量的信息管理和监督工作则依然需要为数不多的各级基层民政干部完成。精准扶贫工作的开展在很大程度上加大了基层民政专干的工作量。

（三）农村最低生活保障制度管理机制规范性不足

2012 年国务院下发《关于进一步加强和改进最低生活保障工作的意见》后，云南省也相应出台了一系列具体的改进措施。但是，包括很多民族地区在内的地方，特别是在农村，还存在以下一系列问题。例如，民主评议规范性欠缺、公示方式随意性太大，救助情况公开透明度过低，监督举报机制未能有效建立，群众监督意识弱和监督能力不足等。在救助对象的审核审批过程中，乡、镇（街道）对社区、村委会，县级对各乡、镇（街道）上报情况的入户抽查核

---

① 郭跃华、李棹、田育南：《民族地区农村最低生活保障制度研究——以云南省大理白族自治州宾川县为例》，《云南行政学院学报》2012 年第 4 期。

实存在选择对象不科学、抽查面较小等问题，加之部分管理审批机关不能认真履行相应的审核审批职责，很难避免错保，低保对象的漏保问题时有发生，低保待遇和对象造假问题也常有出现。①

农村最低生活保障制度管理规范性不足的问题，在云南省农村地区尤其需要注意。包括监督力度不够、入户抽查核实不科学、审批机关不认真履行职责等，这些问题在农村最低生活保障财政资金主要依靠中央政府和上级政府的农村地区更需认真对待。理由是什么？从前面的章节了解到，由于县级财政能力严重不足，云南省农村最低生活保障制度的财政资金大多依靠中央政府、市州政府的专项财政转移维持农村最低生活保障待遇的发放。尽管实行属地管理，但是由于财政资金来自上级政府，"钱不出自我"的财政责任机制会在一定程度上诱导县级政府缺乏足够的动力推动农村最低生活保障制度公平公正。有研究表明，有两个原因会导致地方政府在社会救助财政责任分担中的道德风险，即信息不对称和监管成本高②。而且在农村贫困问题严重但农村最低生活保障救助不足的背景下，相关基层负责人和具体工作人员更关心的是能让更多的农村贫困人员享受到农村最低生活保障制度的救助待遇，而不会努力去监督该项制度是否真正履行了公平原则，是否真正进行动态管理。而且，具体组织进行这些监督工作的人员专业素质相对不足，实际上也很难实施有效的监督。因此负责人和实施者在既缺乏监督动力，又缺乏监督技术的情况下，很难实现农村最低生活保障制度管理经办的规范化。

而从受助者和其他农村居民的心理动机特点来看，比如参与民主评议的群众，他们往往是同一民族的成员，"熟人社会"的特征相

---

① 云南省民政厅：云南省民政厅关于民族地区社会救助工作开展情况的调研报告》，收集时间：2014 年 1 月 7 日。

② 民政部政策研究中心课题组：《2011 年度中国城乡困难家庭社会政策支持系统建设课题研究报告》，中国社会出版社，2013，第 176 页。

比一般的农村而言更为明显。云南省以少数民族居多的农村所具备的这一特征，使得带有显著现代化特征的农村最低生活保障制度难以激起他们的公民责任心进行监督。此外，民族地区农村贫困人口较多，贫困问题的普遍性也使得基层民主评议和监督缺乏社会成员的积极参与，大家更多考虑的是如何让国家拨更多的资金，增加大农村最低生活保障制度的保障名额。此外，由于社会成员对制度信息的了解度不够，相关监督技能不足，也制约了农村最低生活保障制度管理的规范化运行。

可以说，在一定程度，云南省农村最低生活保障制度的管理规范化，既缺乏管理实施者方面的动力，也缺乏农村居民的动力。最低生活保障财政资金的责任分担状况也弱化了该项制度管理走向规范化。而由于专业性不够和信息不对称，则更是加重了云南省农村最低生活保障制度走向规范化的难度。而居民缺乏动力也好，还是农村最低生活保障制度财政分担状况也好，都是受制于云南省农村贫困问题严重这一大的背景。

第六章 云南省农村最低生活保障制度发展的特殊性

制度运行环境差异往往会导致制度在运行中面临的问题和产生的效果存在差异，云南省的特殊省情则让农村最低生活保障制度在该省的运行和实践中需要面临与其他省份不同的特殊问题和压力。从云南省农村最低生活保障制度运行的制度环境来看，包括贫困问题十分严重、农村社会发育程度较低、农村以少数民族为主、属于边境省份、同一民族跨境居住等。概括而言，云南省农村最低生活保障制度发展需要面临以下几个方面的特殊问题和压力：农村少数民族多生多育、跨境通婚带来的挑战、境外势力对农村最低生活保障制度缓贫作用空间的挤占。

一 农村少数民族多生多育制造的压力

由于经济社会发展水平较低，再加上民族地区的人口与计划生育条例对少数民族的规定较为宽松，在以传统农业为主的云南省农村地区，人口增长，尤其是农村地区人口数量增速较快，越是贫困农村地区，人口的多生多育现象越严重，引起的人口与自然资源关系趋于紧张，增大了"越是贫困越多生，越是多生越贫困"的恶性贫困循环的可能性。农村地区，贫困人口和贫困家庭的增多使得云南省农村最低生活保障制度的实施面临更大的压力。

（一）云南省农村少数民族家庭多生多育的原因

云南省农村地区，尤其是贫困农村地区存在人口增长快、多生多育的现象，其原因是多方面的，概括起来包括以下几个方面。

第一，针对少数民族实行宽松的人口政策。根据云南省 2002 年 9 月 1 日起施行的《云南省人口与计划生育条例》的第十九条和第二十条规定，提倡农业人口一对夫妻生育一个子女。确有实际困难的，可以申请获批后生育第二个子女。少数民族农业人口在执行本条例第十九条规定的基础上，有下列情形之一的，可以再生育 1 个子女：（1）夫妻双方都是居住在边境村民委员会辖区内的少数民族；（2）夫妻双方或者一方是独龙族、德昂族、基诺族、阿昌族、怒族、普米族、布朗族的。[①] 根据 2010 年中国第六次人口普查的数据表明，云南省人口规模在百万以上的少数民族增至 6 个，而人口数量不足 1 万的民族仅有独龙族。[②] 由于长期以来，少数民族仅仅适用着较为宽松的生育政策，在不注重人口政策对少数民族人口增长的积极干预的情况下，云南省的少数民族人口将以快于汉族的速度实现增长。

第二，少数民族传统生育观念的影响。云南省大部分民族的传统文化中都带有尊崇自然的成分，在这些民族的文化和观念中，怀孕生育是上天的赏赐，因而怀多少就应该生多少。在云南省民族地区，尤其是居住在经济欠发达的农村和边境地区的少数民族，这些家庭和妇女受本民族传统生育文化的束缚十分普遍。有学者指出，在云南少数民族地区，人们的生育行为与他们的宗教信仰

---

① 《云南省人口与计划生育条例》，http：//www. ynfpa. org/index. php？ m = content&c = index&a = show&catid = 11&id = 132&page = 2，访问时间：2015 年 1 月 5 日。

② 罗淳、罗辉：《云南少数民族人口数量增长及其因素分析》，《云南民族大学学报》（哲学社会科学版）2013 年第 6 期。

密切相关，例如，彝族、哈尼族、景颇族、独龙族等十多个民族的原始宗教信仰和活动使得"求保生育"是婚育文化中的重要内容。①

第三，经济发展水平制约了农村少数民族家庭的生育策略选择。云南省贫困农村地区生存环境大多较为恶劣，经济结构也大多以农业生产为主；在恶劣的生存环境和有限的生产生活资源的情况下，农村地区家庭对劳动力的需求较大。例如，在欠发达的云南农村地区，社会发育程度低，生产生活的基础设施落后，导致农村家庭，尤其是少数民族家庭的生产力普遍低下。所以，劳动力构成农村贫困家庭进行生产增收的重要驱动力，是家庭维持生计和基本发展能力的重要保障来源于劳动力方面的优势。而且，根据学者的研究，经济发展水平与生育观念和生育行为密切相关，云南省欠发达农村的人口再生产社会成本要远远高于家庭所承担的私人成本，但是家庭在私人成本较小的情况下反而可以获得更大的收益，这种"低成本高收益"的可能性使得农村地区的少数民族更加倾向于不采取节育的方式，因而人口生育率要远远高于其他地区。② 也正是在这种条件下，云南省贫困农村地区的家庭也增大了走入"越是贫困越多生，越是多生越贫困"的恶性贫困循环的可能性。

根据笔者在云南调研期间收集到的《云南省人口和计划生育委员会关于全省人口计生工作情况汇报》显示，云南省国境线长，山区面积大，贫困人口数量大、分布面广，自我发展力不强，"越穷越生"的现象突出，相当一部分群众对生育男劳力有特别的偏好，传统生育观念顽固，早婚早育、跨境婚育等情况特殊复杂。2011 年以来，有 13 个县、市工作稍有放松，结果短短一年半时间，计划生育

---

① 赵鸿娟、陈梅：《传统生育文化对生育率的影响——以云南少数民族为例》，《山西师范大学学报》（社会科学版）2006 年第 1 期。

② 赵鸿娟、陈梅：《传统生育文化对生育率的影响——以云南少数民族为例》，《山西师范大学学报》（社会科学版）2006 年第 1 期。

率从 90% 以上滑坡到 70% 以下，违法多生育（超生）现象普遍存在，生育 3 孩的比比皆是，甚至出现了生育 4、5、6 孩的情况。[①]

（二）多生多育影响农村最低生活保障制度的机理

云南农村家庭多生多育给农村最低生活保障制度造成压力的机理如图 6-1 所示。农村家庭多生多育的现象会从两个层面给农村最低生活保障制度造成压力，这两个层面包括家庭层面和地区层面；其中，通过地区层面的路径来给农村最低生活保障制度制造压力是一条间接的路径，直接路径是首先通过影响家庭发展能力，再间接影响地区发展。具体而言，农村家庭多生多育会使得家庭子女数量增多，家庭规模变大；因而，在家庭用于食品方面的支出占家庭总支出比重会增大，即恩格尔系数较高。同时，家庭人数的增加会导致人均家庭收入的下降，而在家庭子女转换成合格劳动力的这段时间内，家庭增加收入的能力也会受到家庭人数的影响。在子女数量较多和家庭收入水平偏低的情况下，家庭子女接受教育的机会，尤其是接受较高等级教育的机会往往偏少。而这又进一步影响子女的人力资本的积累，最终又影响家庭收入水平的提高。在生存环境较恶劣且以农业生产为主的农村地区家庭，家庭规模偏大、家庭子女数量多加大了家庭生产生活方面的支出，而收入水平的提高又较为有限，因此这些家庭在资本积累方面也存在劣势。那么，当云南农村家庭因多生多育带来上述不利影响之后，最直接的结果就是家庭致贫风险的增加以及抵御贫困的能力不足。一旦面临致贫风险后，会导致贫困人数增加，以及贫困家庭或贫困人员贫困深度的加深。这则使得农村最低生活保障制度在救助人数和救助力度方面面临严峻的挑战。

[①]　云南省人口和计划生育委员会：《云南省人口和计划生育委员会关于全省人口计生工作情况汇报》，收集时间：2014 年 1 月 10 日。

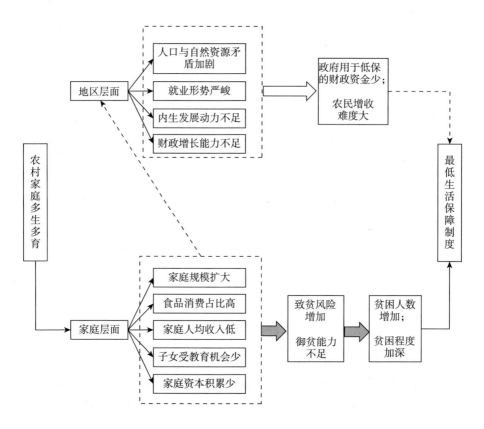

图 6-1　云南农村家庭多生多育影响农村最低生活保障的机理分析

　　云南农村多生多育家庭的这种特征不仅影响着家庭的发展能力的提升，同时也会给地区发展能力造成负面影响。图 6-1 表明，这些不利影响包括：第一，导致人口与自然资源矛盾加剧。有研究表明，云南省多个市、县的区域环境人口供养和承载能力与目前人口增长导致环境承载与供养需求之间的差距越来越大，这些地区人口数量快速增长直接破坏了所在区域内的自然环境。[①] 第二，由于子女数量增多，在其成年成为劳动力之后，地区如何解决这些农村劳动力的就业将成为一个难题。上述分析已经表明，云南省的市场经济

---

　　① 梁海艳、徐行、韩全芳、葛绍林、阳茂庆：《云南省人口承载力分析》，《西北人口》2013 年第 1 期。

和工业化发展水平并不高，而且农村地区更是产业结构单一以农业为主，因此农村剩余劳动力会随着农村地区人口的快速增长而增长，面临地区内严峻的就业形势。第三，由于农村多生多育家庭的子女受教育水平普遍偏低，因而导致地区内人力资源的素质相对不足，这也影响了地区内生发展动力的形成。第四，综合上述各个方面的不利影响，最终会影响农村地区财政能力的提升。农村家庭多生多育现象通过对地区发展制造上述四个方面的不利影响和压力，从而使得基层政府用于发展农村最低生活保障制度的资金不足，制约了该项制度缓解贫困功能的发挥，给农村最低生活保障制度在覆盖范围和待遇水平方面制造压力。

云南农村家庭多生多育影响农村最低生活保障的机理分析表明，云南省民族地区农村少数民族家庭多生多育的情况一方面增加了农村最低生活保障制度需要救助的人数和救助的力度，另一方面则间接地减弱了基层政府农村最低生活保障制度的财政供给能力。这种"一扩一缩"的作用使得本来就在运行中面临诸多问题的农村最低生活保障制度的救助压力和难度增加。

二 跨境通婚现象带来的挑战

（一）跨境民族与跨境通婚的概念

在研究跨境婚姻及其对农村最低生活保障制度所带来的影响和挑战之前，需要对相关观念进行阐述。其中，第一个概念是跨境民族。跨境民族是中国西南地区跨境婚姻中的主体，也是研究跨境婚姻的研究对象。根据著名中国边疆史地研究专家方铁的观点，中国的跨境民族大致分为狭义的"跨境民族"和"亲缘民族"①，狭义的

---

① 注：亲缘民族是指在中国与邻国的一些民族具有共同族缘关系，但目前对其是否为同一民族尚有异议的民族群体。

"跨境民族"是指居住在中国和邻国的同一民族，最早居住在同一地区，以后由于迁徙和国界变动等原因分别居住在两个或两个以上的国家，但目前主要分布区域仍然相连或相邻，语言和文化基本相同者，可称为中国及其邻国的"跨境民族"。① 就跨境民族的特点而言，跨境民族在国家体制、意识形态、文化传统、文明属性、政策取向、经济发展等方面存在差异，是一个兼有文化与政治内涵的特殊族群。② 第二个概念是跨境婚姻。根据张妙丽的观点，边民③跨境婚姻是指中华人民共和国与毗邻国界线的县（市、区）境内有当地常住户口的中华人民共和国公民同毗邻国界线外国人（包括无国籍人）的婚姻，包括跨境结婚和跨境离婚。④ 跨境婚姻的成因涉及很多方面，既包括共同的民族文化、长久以来的共同生活区域、两国的边疆政策和经济发展水平等，是一个多因素构成的结果。本书将会在接下来的相关章节进行论述。

（二）云南跨境通婚的发展现状

1. 云南省跨境民族分布及特点

云南省共有陆地边境线 4060 公里，从西至东南，分别与缅甸、老挝、越南 3 国接壤，中国的边境线在云南分为 3 段，其中，中缅段 1997 公里，中老段 710 公里，中越段 1353 公里。在边境线上，分布着云南省 8 个州（怒江州、保山市、德宏州、临沧市、普洱市、西双版纳州、红河州、文山州）的 25 个边境县。郑杭生先生指出，

① 方铁：《云南跨境民族的分布、来源及特点》，《广西民族大学学报》（哲学社会科学版）2007 年第 5 期。

② 安俭：《跨国民族问题与边疆稳定战略研究》，《广西民族学院学报》（哲学社会科学版）2004 年第 1 期。

③ 根据《中国边民与毗邻国边民婚姻登记办法》的规定，边民是指中国与毗邻国边界线两侧县级行政区域内有当地常住户口的中国公民和外国人。

④ 张妙丽：《我国边民跨境婚姻研究的回顾与展望》，《辽宁行政学院学报》2013 年第 9 期。

由于历史与地理环境等诸多因素，在我国广大边疆地区特别是漫长的西部边境沿线地带，历来以少数民族分布为主，其中仅跨国界分布的"跨境民族"就达 30 余个。[①] 就云南而言，云南是我国跨境民族最多的省份，跨境而居的少数民族有 16 个[②]，占云南省世居少数民族数（26 个）的 61.54%。这 16 个跨境少数民族主要分布在我国和缅甸、老挝、越南三个国家。根据方铁先生的总结，云南省的跨境民族在分布和来源上具有三大特点。第一，云南省跨境民族的类别与人口较多，20 个以上的跨境民族在某一地区密集分布于国界两侧的情形，在中国乃至全球也不多见。而就人口而言，居住云南边境诸县市的少数民族人口中，跨境民族人口占到 98% 以上。第二，跨境民族分布表现出"大聚居区"与"交错杂居与插花式分布"并存。第三，各跨境民族长期友好相处，相互关系较融洽。[③]

2. 云南典型边境地区跨境婚姻的发展现状

正是由于云南省大量跨境民族的存在，以及跨境民族在分布和来源上存在的特点，使得云南省的跨境婚姻现象以及因跨境婚姻而造成的诸多问题在全国均具有较强的代表性。这一点通过对当前已有的研究成果的梳理能够得到印证。笔者使用"跨境婚姻"和"跨境民族"两个关键词在中国期刊全文数据库（中国知网）的检索结果[④]表明，有关跨境婚姻和跨境民族的期刊文献基本关注的都是我国西南地区（主要是云南，部分涉及广西）的跨境婚姻问题。因此，跨境民族及其引发的跨境婚姻也是云南省经济社会发展中的一个特殊问题。

[①] 郑杭生：《民族社会学概论》，中国人民大学出版社，2005，第 201 页。

[②] 云南 16 个跨境少数民族分别是：傣族、壮族、苗族、景颇族、瑶族、哈尼族、德昂族、佤族、拉祜族、彝族、阿昌族、傈僳族、布依族、怒族、布朗族、独龙族。

[③] 方铁：《云南跨境民族的分布、来源及特点》，《广西民族大学学报》（哲学社会科学版）2007 年第 5 期。

[④] 检索时间为 2014 年 12 月 27 日。

关于云南省跨境婚姻的研究，目前大多是由人类学、社会学及民族学等领域的学者专家进行研究。根据保跃平的总结，20世纪90年代逐步增加的跨国婚姻现象开始引起了学者的关注，而就目前的研究文献内容来看，关于跨国婚姻的研究内容涵盖三个方面：第一，从社会变迁的视角梳理跨境婚姻产生的基础性原因及其演变过程和现状；第二，从结构视角剖析跨境婚姻形成的外在动力机制；第三，从社会秩序视角探讨跨境婚姻对社会稳定造成的负面影响及其对策建议。①

值得提出来的是，因为跨境婚姻的涉外性，有关跨境婚姻的问题比较敏感，再加上我国边境地区基层政府在统计等方面存在的一些不足，因而存在严重的资料收集难等问题。这一点也反映了现有的有关实证调查的研究文献不多。但是，一些学者及政府相关部门关于云南典型边境地区的田野调查和调研报告也确实反映了跨境婚姻的发展现状和存在的问题，仍然为本书的研究提供了重要的支撑。总体而言，云南边境地区的跨境婚姻数量逐年上升，这些跨境婚姻组建的家庭所生育子女的人口基数也在逐年增长。根据学者的推算，云南边境地区跨境婚姻，目前较为合理的估算，应该在3.5万~4.5万人之间，每户按四口之家计算，边境民族地区跨境婚姻涉及的总人口大约在14万~18万。② 此外，近年来云南边疆民族地区跨境婚姻的人口学特征表现在四个方面：第一，跨境婚姻以外方女性迁入为主，占总迁入人数比重超过80%；第二，嫁入的妇女年龄普遍偏小；第三，外籍女性文化素质较低；第四，婚姻形式以事实婚姻为主。③

---

① 保跃平：《跨境婚姻行为选择的主体性特征及制度困境——以云南边境地区为例》，《南方人口》2013年第4卷。

② 张金鹏、保跃平：《云南边疆民族地区跨境婚姻与社会稳定研究》，《云南民族大学学报》（哲学社会科学版）2013年第1期。

③ 张金鹏、保跃平：《云南边疆民族地区跨境婚姻与社会稳定研究》。

除了上述学者进行的大致整理和统计，笔者在云南调研期间，收集了题为《普洱市无国籍人情况调研报告》的材料，这是一份2013年向普洱市①人大常委会报告的调研材料，在材料中提供有关普洱市跨境婚姻的重要资料。依据公安部门在全市范围的调查，与境外边民通婚的情况如表 6-1 所示。从入境人员来看，普洱市的跨境婚姻中以缅甸妇女占大多数。并且，跨境婚姻家庭的分布较广，所生育的子女落户问题较大。

表 6-1　普洱市边民通婚情况

	通婚人数（人）	人员国籍分布	生育子女数（人）	备注
普洱市	1452	缅甸 1305 人、老挝 141 人、越南 6 人		
西盟县	578	缅甸第二特区（佤邦）	453	
澜沧县	306	缅甸	156	分布于全县 20 个乡、镇
孟连县	约 300	因界限不清具体数字无法准确统计	163（均未落户）	
江城县	109	老挝		
墨江县	71	缅甸（43 人）、老挝（24 人）、越南（4 人）		分布于 14 个乡、镇
镇沅县	25	缅甸（21 人）、老挝（3 人）、越南（1 人）	29（已落户 12 人）	
思茅区	16	老挝（1 人）、缅甸（15 人）	12	

---

① 普洱市国境线全长 462 公里，其中中缅段 303.3 公里、中老段 116 公里、中越段 42.7 公里；是云南面积最大的一个多民族边疆市，全市有 14 个民族跨境而居。

	通婚人数（人）	人员国籍分布	生育子女数（人）	备注
宁洱县	32	缅甸（23）、老挝（9人）	4	
景谷县	20	缅甸（19）、老挝（1）	19	
景东县	21	老挝（3人）、缅甸（17人）、越南（1人）		

注：江城、澜沧、孟连、西盟4个边境县入境者一部分已办理结婚登记，其余内地县均未办理结婚登记。

资料来源：依据笔者收集的《普洱市无国籍人情况调研报告》整理得到。

从促成云南省边境地区跨境婚姻的原因来看，主要包括以下几个方面，第一，历史悠久的世代共居一地的便利以及同属于一个民族的民族文化归属感是云南边境地区跨境婚姻存在的一个重要的基础性原因。第二，边境地区两国关系和好，为跨境少数民族的流动和跨境婚姻的存在奠定了良好的社会稳定环境。例如，从20世纪80年代后期至今，随着中越关系正常化，中越边民通婚数量剧增。第三，我国边境地区经济发展水平要高于邻国边境地区。例如诸多民族政策、边疆政策和社会保障制度等产生了较强的吸引力。第四，我国边境地区少数民族地区由于年轻女性人口流动加速，外出务工和外嫁现象普遍，导致边境少数民族男性，尤其是贫困家庭的男性找对象问题十分严重，而越南、缅甸等国边境地区剩女较多，这种性别人口上的差异加速了跨境婚姻的发展。此外，诸如跨境婚姻的成本低等也是促进云南民族地区跨境婚姻发展迅速的部分原因。

（三）跨境婚姻给农村最低生活保障制度带来的影响

1. 云南边境地区跨境婚姻家庭发展存在的问题

概括而言，云南边境地区跨国婚姻存在的问题主要是涉及国籍、户籍的认定问题，以及跨境婚姻家庭由于国籍、户籍无法得到认定而产生的相关的问题。此外，还包括跨境婚姻家庭自身的发展问题。

第一个问题是跨境家庭中的入境妇女及家庭子女的国籍与户籍问题。之所以存在跨境婚姻家庭中入境女方及组建家庭后生育的子女无法办理国籍和户籍的问题，一方面是由于这些少数民族长期甚至世代居住在边境地区，对于国家、国籍、户籍等现代化概念并没有形成认识，没有关于上述概念的意识。根据《普洱市无国籍人情况调研报告》的说法，两国边民世代在一片地方生产生活，到了结婚年龄，按照当地相近的风俗习惯，杀鸡、定嫁妆就成为了夫妻，不申领结婚证、不办户口，大部分形成了事实婚姻。很多人对现行的户口制度不了解，甚至有一部分连户口本都辨别不清，没有户口意识。因而主动申请中国国籍和当地户籍的主观积极性不够。另一方面，则是客观层面上的原因，由于婚姻登记手续的管理体制机制问题，根据董建中的研究，如果按照我国现有的法律规定，在行政管理健全的条件下，办理登记手续的流程十分简单。可是，对于越南、缅甸、老挝而言，因这些国家内部的政局不稳，管理规范性不足，手续复杂，办理人口跨国流动证明材料的费用高。因此，绝大多数入境通婚者都无法获得《管理试行办法》要求的所有的相关证件和证明材料等，从而使得在我国按程序进行结婚登记异常艰难。[①]

国籍和户籍之所以成为跨境婚姻家庭及其成员的一个重要问题，就在于：一方面，他们的各类法律关系（例如婚姻关系、财产关系等）能否得到我国宪法和法律的保护；另一方面，就是这些家庭及其成员能否和我国公民及当地户籍居民一样，参与政治、经济社会等各项活动，能否有资格享受我国经济社会发展的成果。例如，能否享受我国的民族优惠政策和社会保障政策等。由于上述诸多原因，

①　董建中：《云南边境民族地区跨境婚姻问题研究》，《西南民族大学学报》（人文社会科学版）2013 年第 5 期。

导致跨境婚姻大多以事实婚姻形式存在，婚姻关系属于非法状态，因而也无法在民政部门和公安部门办理相应的国籍申请和户籍申请等手续。

第二个问题是因国籍和户籍未能确定而导致跨境家庭参与经济社会活动受到限制。诸多进行田野调查的学者都进行了相关的论述。没有户口和身份证是导致跨境婚姻家庭发展受限的主要原因。没有国籍和户籍（身份证）一是限制了这些家庭的外出务工就业活动，二是限制了参与和分享当地经济社会发展。具体而言表现为：无法承包土地，国家惠农政策和农村最低生活保障待遇均没有资格申请，农村养老保险无法加入，年老的人没有资格获得老年补助待遇的帮扶。在一些地方，没有户籍的人是无法参加新型农村合作医疗的，更谈不上申请医疗救助等待遇了，甚至在办理独生子女证时也无法获得全额奖金。杨福泉等 2012 年在怒江州和德宏州调研发现，这两地的跨国婚姻相当普遍，很多缅甸姑娘嫁给云南边民，对解决男性边民目前非常棘手的找不到配偶的社会问题起了很大的缓解作用，很多缅甸新娘嫁过来很多年了，但是由于这些跨境婚姻家庭成员无法拥有户口和身份证，按照我国法律规定，属于非法婚姻家庭，因而法律对于这些家庭本可以获得的社会权益就无法进行保障；没有身份证，给他们外出打工、经商、上学、旅行、住宿都带来很大的困难，社会权益也难以保障，比如不能享受国家惠农政策、没有农村最低生活保障、不能参加农村养老保险等。[1] 三是子女教育与就业受限。即子女出生无法落户，继而不能享受九年义务教育，进而又影响子女将来就业。[2] 在现实生活中他们遇到了落户务工难、低龄化

---

[1] 杨福泉：《结合云南实际搞好社会管理的几点建议》，载云南省社会科学院等编《云南省情民情调研及检验献策文集》（第 3 集），2012，第 3 页。

[2] 白志红、李喜景：《中缅边境非法跨国婚姻对云南边境少数民族地区和谐稳定的影响分析——以云南省龙陵县徐家寨为例》，《昆明理工大学学报》（社会科学版）2011 年第 4 期。董建中：《云南边境民族地区跨境婚姻问题研究》，《西南民族大学学报》（人文社会科学版）2013 年第 5 期。

辍学、收入低、家庭生活困难、上学受歧视、容易误入歧途等一系列社会问题。①

第三个问题是跨境婚姻家庭自身存在的发展问题。从上述谈到的跨境婚姻出现和增长的原因中可以发现，跨境婚姻家庭的大多是由我国边境地区少数民族大龄单身男性和缅甸、越南、老挝等国边境贫困地区的女性。就双方的人口学特点及经济社会特点来看，跨境婚姻家庭中的男性表现出的是年纪偏大、受教育程度不高、家庭条件贫困、找本地的对象存在困难的特点。而入境到我国的邻国女性则表现出的是受教育水平低的特点。这种家庭的组建属于男方和女方的"弱弱结合"，因此这种类型的跨境婚姻家庭的发展能力会由于第一代成员的人力资本积累较差而受到限制。并且父母这一代的人力资本积累不足也会直接影响其家庭子女的人力资本的积累和个人发展能力的提升。因此，尽管跨境婚姻的存在有助于解决我国边境地区少数民族单身男性的结婚难问题，在一定程度上有利于当地的社会稳定。但是这种"弱弱结合"的跨境婚姻家庭同时也在制造新的贫困问题。此外，这些家庭由于国籍和户籍的问题而长期游离于当地的经济社会活动之外，因此本来就属于"弱弱组合"家庭获得家庭发展能力提升的机会变得很少，这种家庭第一代成员的人力资本积累的劣势会在上述情形下不断地积累，进而传递到第二代家庭成员，出现完全不同于"优势积累"效应的"劣势堆积"效应。随着家庭规模的变大，这些跨境婚姻家庭面临的贫困风险更多。这也在一定程度上给我国民族地区反贫困事业带来一定的挑战。

2. 跨境婚姻问题对农村最低生活保障制度发展的影响

通过上述分析发现，云南省跨境婚姻不仅存在诸多问题，而且跨境婚姻家庭的发展也存在诸多问题。那么云南跨境婚姻是如何给

---

① 赵淑娟：《中缅跨境婚姻子女的生存状况调查——以云南德宏州盈江县为例》，《今日中国论坛》2013 年第 1 期。

旨在保障基本生活和缓解贫困的农村最低生活保障制度带来影响和挑战的呢？

第一，主观原因和客观原因的存在，导致已经入境且以事实婚姻的方式组建的家庭中外方人员及子女无法落户的问题。这种人口流入的最终结果是形成了家庭这种稳定的社会单元结构，对于促进我国边境民族地区的社会稳定、巩固国家边境安全防卫、维系少数民族文化传承等方面发挥着积极作用。因此，这些家庭及其成员如果陷入贫困状态，我国应当给予非缴费型的社会救助帮助。但是，云南省跨境婚姻存在的跨境家庭成员没有国籍和户籍的情况则使得农村最低生活保障制度无法覆盖到这些家庭或者人群。这对于居住在同一个地区内的跨境婚姻家庭及其成员是不公平的。

第二，跨境婚姻家庭的"弱弱组合"结构加重了边境地区的贫困问题。从跨境婚姻家庭的形成来看，都是我国与邻国边境地区少数民族中人力资本积累不足的人员，是在我国经济社会发展水平的较强吸引力和同一少数民族文化吸引力的作用下形成的家庭。这些跨境婚姻家庭的发展能力低下使得致贫风险高、脱贫能力差；而且人口规模变大会加重家庭的贫困程度。换句话说，解决了"单身汉结婚难"问题的同时又伴生着贫困家庭数量的增加和贫困人员的增加。

第三，跨境婚姻家庭部分成员的无国籍、户籍状态则给农村最低生活保障制度的对象瞄准及实施带来不便。跨境婚姻家庭成员主要是嫁入的女方和生育的子女没有国籍和户籍，这一问题使得贫困的跨境婚姻家庭在申请农村最低生活保障制度救助时只有我国男性一人具有申请资格，而且也仅有其一个人符合领取最低生活保障待遇。这就导致最低生活保障制度尽管将待遇发放给了跨境婚姻家庭的某一成员，但是这种情况下的待遇发放不仅不能起到缓解该家庭的贫困程度的效果，而且也无法以社会保障的方式对跨境婚姻家庭维护边境民族地区社会稳定的作用产生正向的奖励效果。

第四，跨境婚姻由于牵涉国家合作问题，目前我国对于云南省边境地区这些仍然处于事实婚姻状态家庭是否应当加入到扶贫行动中来态度并不明确。这种不明确表现为一方面是在社会保障领域严格依照户籍资格确定社会保障制度的覆盖范围及待遇的发放，但是另一方面，我国在公共卫生服务等项目中又规定居住在我国境内的属于事实婚姻关系的跨境婚姻家庭中的未落户人员可以免费享受包括健康管理、免费婚检、孕产妇住院补助、新生儿疾病筛查等政策。并且在计划生育方面也同样在满足条件①的情况下可以享受我国的计划生育"奖优免补"等政策。因此，可以看出国家对于跨境婚姻家庭中的外籍人员的各项优惠政策待遇的给予仍然持谨慎态度，但是也可以透露出对这些家庭维护社会稳定方面的功能的正向激励。社会保障制度在增进国家认同感方面具有重要的作用，但是从目前我国对边境地区跨境婚姻外籍人员的社会保障权益的维护来看，仍然采取了区别对待的谨慎理念和方式。但就跨境婚姻家庭发挥的功能来看，目前农村最低生活保障制度无法覆盖这些家庭的外籍人员，导致该项制度并不能发挥增进边境地区少数民族及社会成员的国家认同感的作用。

三　境外势力对反贫作用空间的挤占

由于云南省地处我国西南边境，拥有的国境线长度占我国陆地国境线长度的近五分之一。而且，由于其在地理上处于中国与东南亚国家的连通要道、宗教信仰人数多、经济社会欠发达，云南省也

---

① 注：普洱市规定，对于涉外婚姻中的事实婚姻，经村委会证明，按当地习俗举行过民间婚礼仪式、共同生活一年以上且生育了一个子女的、有共同的居住地和共同财产、本地群众也认可他们是"夫妻"并符合计划生育"奖优免补"相关政策规定的，我国一方公民及其子女可以享受"奖优免补"有关奖励优待政策。

是受境外势力影响较大的边疆省份之一。

（一）境外势力挤占农村最低生活保障制度作用空间的原因

云南省边境农村地区的境外势力既包括一些其他非政府组织（例如基金会形式等），也包括一些境外的宗教组织。但是从云南省的境外势力渗透情况来看，是以宗教势力渗透为主，只不过具体实施渗透的主体有宗教组织和非宗教组织之分，在手段上都是以宗教活动和宗教信仰作为切入点，煽动边境地区社会成员，扰乱边境社会稳定。之所以云南省农村最低生活保障制度会面临境外势力挤占其作用空间的问题，其原因在于以下几个方面：第一，在我国境外活动的分裂势力和反华势力一直在利用各种问题对我国边境地区安全和社会稳定进行干扰和扰乱，这是政治层面的原因。根据云南省公安厅提供的材料，2008 年以来，随着国际国内形势的变化，云南省少数民族地区影响稳定的问题和因素不断增多：其中就包括境外利用基督教重点针对少数民族地区进行的渗透活动加剧。[①] 第二，云南省农村地区，尤其是边境少数民族聚居的农村地区，虽然得到了国家的大力扶持，经济社会发展水平不断提高，但是贫困问题严重，贫困程度深等问题依然突出，云南省边境农村地区的贫困状况则成为境外势力的渗透瞄准的重要方向。第三，我国实施的扶贫开发政策和包括社会保障制度在内的一系列社会政策在云南省边远农村的具体实践中存在的实现问题也导致境外势力在抢占扶贫阵地方面有一定的可乘之机。这些问题包括：扶贫开发项目的参与性不够、主动性不足、扶贫资源有限和项目实施不合理、救助待遇水平低、获取国家救助待遇成本高等。第四，云南省农村地区信教社会成员较多。云南省是我国

---

① 云南省公安厅国保总队：《我省公安机关维护民族团结稳定工作的情况——民族团结进步示范区建设座谈会发言材料》，收集时间：2014 年 1 月 10 日。

宗教种类最多、宗教形态最为多样的省份。在云南省八个大的跨境民族聚居的州、市，这些地区的各类宗教的信徒在云南省总的各类宗教信徒人数中的占比为 48.6%，占所在州、市总人口的比例为 15.6%，分布于云南省边疆地区的跨境民族以及这些民族聚居的地区的宗教信仰程度较高。[①] 边境农村居民（主要是少数民族）的宗教意识浓厚，但是由于经济社会发展水平偏低，再加上科学文化素质不高，因而使得边境地区给境外宗教势力提供了活动的土壤和空间。

总体而言，由于云南省地理位置的特殊性、少数民族的宗教信仰普遍性、作为西部边疆省份的各类政策惠及社会成员的高难度性，境外势力的渗透使云南省农村最低生活保障制度的缓贫作用和维护社会稳定的作用面临丢失"阵地"的可能性，上述两个作用的空间会因为境外势力的活动而受到压缩。

（二）境外势力挤占农村最低生活保障制度作用空间的表现

境外宗教势力对农村最低生活保障制度缓解贫困和维护社会稳定作用空间的挤占表现为境外宗教势力通过多种方式的渗透，以宗教活动的形式为云南省农村地区提供扶贫等方面的帮扶。

有学者将境外宗教活动的渗透概括为七个方面：一是直接派遣人员入境传教、投资建教堂。二是有组织地大量向境内传播宗教图书、音像等宣传品。三是利用教会学校和培训班吸引境内青年出境学习。四是在边境地区举办大型宗教庆典活动吸引境内信徒。五是利用民族语言和文字，通过广播和互联网等现代媒体进行渗透。六是利用旅游、探亲访友以及宗教、文化交流活动进行渗透。七是利用部分跨境民族生活贫困，以慈善事业、经济合作等为诱饵

---

① 张桥贵：《云南跨境民族宗教社会问题研究（之一）》，中国社会科学出版社，2008，第 50 页。

进行渗透。① 一些宗教场所利用开展宗教经文的传习、宗教活动组织等形式，进一步推动跨境民族人员的流动。与此同时，国际宗教组织在云南边疆地区以扶贫、社会活动等形式进行宗教渗透，还常常借用非政府组织的形式进行隐性活动。② 由于宗教具有特殊的生活组织、号召功能，因此往往能够鼓动、控制大批宗教信众，借以达到其政治目的。③

例如，境外缅甸卫理会、圣公会等救助组织以及美国南方基督教浸礼会等，有组织地加强对云南省沧源县的宗教渗透，以扶贫、助困、助学、助残、助医、助教等为理由，拉拢我国的基督教神职人员，在传教过程中误导信教群众，煽动不满情绪。其中，美国亚洲扶贫基金会香港办事处就在帮扶沧源县勐库镇培训乡村卫生员的过程中向群众宣传《圣经》，美国某公司北京办事处在捐资援建沧源佤族自治县邦丙乡完小后就向当地群众散发基督教宣传材料等。④ 再以云南省怒江傈僳族自治州为例，因为自然环境恶劣、发展基础薄弱等，怒江州各县居住在山区的人民群众过着十分贫穷的生活。再加上教育文化水平低等原因，别有用心的境外非政府组织倾向于选择在集边境、山区、民族、宗教等特点为一体的边境农村地区建立重点渗透区，谎称所谓的"非营利性、社会关怀"口号，借着扶助信教群众和贫困群众的幌子，专门使用一些小恩小惠对农村地区社会成员进行拉拢，产生蒙蔽老百姓的效果。⑤

---

① 高志英：《多元宗教与社会和谐——云南少数民族宗教信仰发展问题调查研究》，《云南行政学院学报》2008 年第 3 期。

② 陈文清、陈永香：《跨境民族共振效应与边疆地区的和谐发展——以云南跨境民族为例》，《楚雄师范学院学报》2010 年第 11 期。

③ 张桥贵：《浅议宗教工作与反宗教渗透》，《当代宗教文化》2007 年第 4 期。

④ 袁娥：《民族与国家何以和谐：云南沧源佤族民族认同与国家认同实证研究》，知识产权出版社，2012，第 263 页。

⑤ 沈玲等：《境外非政府组织在云南的活动现状与对策研究》，《昆明理工大学学报》（社会科学版）2013 年第 3 期。

无论是直接的宗教组织还是所谓的国际非政府组织，这些主体的手段都是以进行所谓的国际合作和交流，以宗教、救济、扶贫等途径，使得政治、经济和文化渗透问题在云南省边境地区越发严重，进而给我国国家安全和边境地区社会稳定带来负面影响。① 实际上，多数西方非政府组织都有宗教背景，很容易在信教群众中引起共鸣，使部分群众对党和国家的帮扶视而不见，对相关政策产生误读歧解，这种以长期性、渗透性影响为战略手段的"松土工程"，存在着与我国争夺群众基础、影响社会和谐稳定的隐患。②

正是由于境外宗教势力利用云南省边境农村地区的贫困问题严重，凭借宗教活动等平台为信教人员提供宗教式的互助和救助，使信教群众对境外宗教势力宣扬的价值观产生归属感，抨击我国民族政策、扶贫政策、社会保障制度在实际运行中存在的问题，弱化信教群众对上述国家实施的促进民族地区、边境地区经济社会发展的政策的好评和参与这些政策所产生的国家认同感、归属感，以达到境外宗教势力渗透和扰乱边疆社会稳定的目的。由于边境农村地区绝大多数是少数民族，信教群众数量大，因此这种境外宗教势力通过宗教互助、自行组织扶贫救助活动对农村最低生活保障制度和扶贫开发政策都会产生严重的负面影响。前面章节的分析表明，由于云南农村最低生活保障制度在待遇水平低、待遇的发放和领取成本高等方面的问题，使该项制度的缓贫效果的发挥会受到一定程度的限制。因此，境外宗教势力通过利用少数民族宗教信仰的力量，会导致宗教互助和组织的扶贫活动更容易得到信教群众的欢迎和好感。境外宗教势力在提供宗教互助和扶贫活动方面的主动性，值得高度警惕。农村最低生活保障制度和其他社会保障项目、扶贫开发政策对云南农村边境成员的吸引力不够，以及管理运行上的滞后与不

---

① 唐新民：《民族地区农村社会保障研究》，人民出版社，2008 年，第 318 页。
② 调研组：《境外非政府组织在怒江州的活动现状与管理对策》，载云南省社会科学院等编《云南省情民情调研及建言献策文集》第三集，第 38~39 页。

足，反而会为境外宗教势力的宗教互助和扶贫活动提供一定的空间。因此，作为旨在保障国民基本生活水平和维护社会稳定的农村最低生活保障制度，必须积极完善制度的运行和实施，增强缓解贫困、保障基本生活、维护国民社会保障权益等方面的作用，并与社会保障制度的其他项目、其他社会政策等产生反贫困的合力，消除境外宗教势力企图利用宗教互助和扶贫活动等实现渗透的可能性。

（三）农村最低生活保障制度应对境外势力挤占的思路

境外势力的渗透往往以宗教渗透为主，这种活动对云南省边境地区造成的影响包括政治、经济、文化等多个方面。"打铁还需自身硬"，之所以境外势力带来的宗教互助和扶贫行动会对云南省农村最低生活保障制度以及其他反贫困政策的作用空间产生挤占，关键在于云南省边境地区农村贫困问题尚未得到很好的解决。

因此，农村最低生活保障制度作为缓解贫困的重要社会保障制度安排，体现着国家对公民社会保障权益的尊重与保护，因此应当在实施中增强制度运行的主动性，增强农村最低生活保障待遇传递的及时性、可及性，确保待遇水平能够满足受助者的有效需求，在救助范围上真正做到"应保尽保"，从而增强农村最低生活保障制度的吸引力和优越性，不给境外宗教势力的宗教互助和扶贫救助活动可乘之机。

此外，完善云南省农村扶贫开发政策，增强扶贫政策及项目的可参与性、科学性，并完善其与农村最低生活保障制度的衔接，使农村扶贫开发政策和最低生活保障制度形成反贫困合力，较好地解决云南省边境地区农村有劳动能力贫困者和无劳动能力贫困者的贫困问题。同时，加强农村最低生活保障制度与专项社会救助项目的衔接，以及与其他反贫困政策在反贫困资源、机制方面的衔接与整合。从社会管理的视角出发，把关注边境农村贫困人员的生活质量纳入社会管理机制中，要通过多种政策和渠道，进一步改善云南边境地区农村各民族的生活、教育和医疗等，提供稳定生活安全预期，增强边境地区各民族的国家认同和爱国意识。①

务必注意的是，要实现抵御各种势力渗透，要重视的问题是改善云南省农村地区群众的生活水平。而且，近年来，为了加强对边疆的固防，越南政府在边疆少数民族地区实施了一系列优惠政策。比如，越南政府在边境地区向边境居民提供了比较完善的教育和医疗服务体系。从待遇内容来看，越南边民在教育和医疗福利方面获得的待遇要好于云南省边境地区农村居民所能获得的优惠待遇。这种情况使得云南省一些地区边民存在心理失衡的想法，认为我国是个泱泱大国，而在边民待遇方面不如小小邻国，这种心理失衡影响到一些边民的国家认同意识。② 笔者从云南调研过程中收集的云南省民族事务委员会的材料也表明，越南等邻国针对边民采取的一系列特殊优惠政策，对我国边民守土固边造成负面影响。③ 因此，除了完善农村最低生活保障制度和扶贫开发政策外，还需要从提升自身发展能力和驱动力的角度出发，以促进云南省农村经济社会发展契机，增加上级政府在财政方面的支持，重点在教育、医疗、社保、农村扶贫开发等方面加大专项财政支持，改善民族地区农村人民群众的物质生活和精神生活，进一步扩大"固基工程"的实施范围和力度，确保边境地区和民族地区人民群众公平地享受经济社会发展成果。通过以上措施，确保党和政府的向心力和凝聚力得以增强和提升，使党和政府的威信得以强化和认可，最终实现反渗透、反西化、反分离的群众基础和物质基础不断得到夯实，实

---

① 杨福泉：《关于民族地区社会管理创新的思考》，《云南社会科学》2012 年第6 期。

② 杨福泉、杨士杰：《云南省少小边穷地区新型农村合作医疗机制研究》，中国书籍出版社，2009，第 160～162 页。

③ 云南省民族事务委员会：《关于当前影响民族团结和社会稳定问题的情况报告》，收集时间：2014 年 1 月 7 日。

现民族团结和边疆稳定。[①]

四 特殊性问题制约云南农村最低生活保障的机理

本章重点分析云南省农村最低生活保障制度在运行中面临的三个方面的压力，具体包括农村少数民族多生多育、云南边民跨境通婚和境外势力的干扰。就这三个方面问题的成因而言，都与云南省的农村贫困问题息息相关，再加上云南省作为边境省份和民族地区这两个特点，使得农村最低生活保障制度在云南省的运行过程中，需要应对这些特殊性问题。概括而言，这些特殊性问题是农村最低生活保障制度外围运行环境的特殊性表现，而且可以推知的是，国家在云南省实行的其他社会保障制度项目，以及其他反贫困或者促进收入再分配的社会政策也会受到上述四个方面问题的影响和挑战。因此，正确认识社会保障制度在我国西部边境民族地区，尤其是农村地区运行中面临的一系列特殊性问题，对于我国在这些地区采取何种思路、运用何种方式实施社会保障制度具有重要的意义。

综合而言，农村少数民族多生多育、云南边民跨境通婚和境外势力的干扰这三个云南省面临的且不同于其他省份的特殊问题，对于农村最低生活保障制度的影响可以用图进行简要的提炼（图6-2）。这三个特殊问题给云南省农村最低生活保障制度带来的压力表现在以下五个方面：第一，申请最低生活保障救助的人数增多；第二，地方政府用于支持农村最低生活保障制度待遇和经费的财政支出不足；第三，农村最低生活保障制度缓贫作用空间受到挤压；第四，边境农村地区公民主动向国家申请社会救助的动力减弱，

---

① 调研组：《境外非政府组织在怒江州的活动现状与管理对策》，载云南省社会科学院等编《云南省情民情调研及建言献策文集》（第三集），2012，第41~42页。

对国家法定的社会救助权益认同感存在减弱的可能性；第五，农村最低生活保障制度的救助对象瞄准管理工作受到影响。

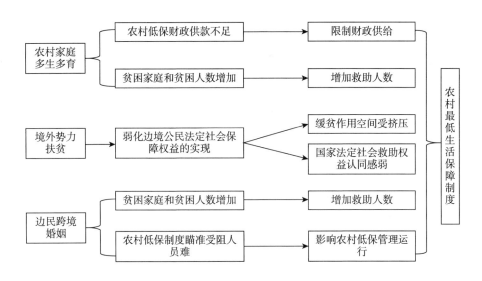

图6-2　特殊问题对云南农村最低生活保障的制约机理

通过前面章节的分析，云南农村最低生活保障制度在社会保障政策体系内扮演着重要的"兜底"角色，是缓解不具备劳动能力或者劳动能力不足人群贫困问题的重要制度安排。但是，由于云南省农村贫困问题十分严重，加之云南省用于发展社会事业的财政资金不足，使得农村最低生活保障制度在云南省缓解贫困方面的实际效果又难以发挥。包括上述谈到的农村最低生活保障制度面临的社会救助专项制度不完善、待遇水平低、筹资难、管理水平不足、待遇递送机制不顺畅等一般性问题都使得这项重要的缓贫制度有其重要之"名"，却难以发挥其重要缓贫作用之"实"。而本章归纳的云南农村最低生活保障制度面临的三个主要压力，使得该项制度的救助任务加重，救助能力受束缚，救助作用空间受挤占，救助管理运行受挑战。

就应对这些云南省特有的，且对农村最低生活保障制度发展和缓贫作用发挥构成压力的问题而言，不仅要从当前已经选定的"大扶贫"格局出发，更需要从社会政策反贫困体系的构建出发。比如，农村多生多育现象，则需要积极发挥人口政策在反贫困中的基础性作用，因为人口政策作用的发挥，能够从人这一因素上提供最基础性的反贫干预和调节，会在很大程度减轻其他社会政策反贫困的压力。其次，境外势力扶贫活动的干扰，则需要进一步完善我国民族政策的实施，同时这其中尤其要注重发挥好社会保障制度与民族政策的协同作用，增强惠及云南农村少数民族贫困人员政策的主动性和有效性，满足这些群体的有效需求。再次，对于边境跨境婚姻，需要发挥公安部门有关国籍和户籍，或者以后涉及的居住证等管理制度和方法的完善，以及与社会保障制度的协同作用。只有这些公共政策、社会政策形成反贫困体系，农村最低生活保障制度才能真正在遵循制度本身运行规律和遵循国情、云南省情的基础上，发挥其缓解贫困、缩小收入不平等、维护社会稳定、增强国家认同感的一系列作用。

第七章　云南省农村最低生活保障
制度与民族政策的衔接

　　因为云南省属于民族八省区之一，全省少数民族人口数占全省人口总数的 1/3（33.37%），是我国少数民族人口数在 1000 万以上的三大省区（广西、云南、贵州）之一，而且少数民族主要分布于云南省农村地区。因此，以农村最低生活保障制度的发展问题为切入点，研究并回答我国社会保障制度如何考虑民族地区和少数民族因素，是本书最终希望回答并解决的问题，这也是本书研究的重要意义所在。而就本书的切入点而言，需要梳理出农村最低生活保障制度与民族政策的衔接关系。以反贫困为共同目标，促进农村最低生活保障制度与民族政策的衔接整合，也是完善民族地区省份社会保障制度建设需要认真考虑的问题。本部分的内容是：从梳理我国民族政策扶持少数民族和民族地区经济社会发展的价值取向及实践出发，分析国外多民族国家社会保障制度对民族因素的考虑方式及方法，最后提出云南省农村最低生活保障制度与民族政策衔接整合的思路。

一　国家促进少数民族发展的政策价值取向

（一）国家促进少数民族发展的价值取向原则

　　我国是一个统一的多民族国家，《中华人民共和国宪法》第一章第四条规定，中华人民共和国各民族一律平等。国家保障各少数民族的合法权利和利益，维护和发展各民族的平等团结互助和谐关系。禁止对任何民族的歧视和压迫，禁止破坏民族团结和制造民族分裂的行为。国家根据各少数民族的特点和需要，帮助各少数民族地区加速经济和文化的发展。各少数民族聚居的地方实行区域自治，设立自治机关，行使自治权。各民族自治地方都是中华人民共和国不可分离的部分。各民族都有使用和发展自己的语言文字的自由，都有保持或者改革自己的风俗习惯的自由。① 自中华人民共和国建立以来，历经新民主主义革命、社会主义改造、公社化运动、改革开放、西部大开发等各个时期的技术革命和社会革命，我国民族地区的发展能力得到显著提升，发展环境与条件也有了明显改善，各民族间也形成了和谐的民族关系。进入 21 世纪后，我国社会转型加速，地区之间、城乡之间、不同群体之间的发展差距、贫富差距在一段时间内出现了拉大的趋势。在面对新形势下，如何更加科学合理地扶持少数民族和民族地区发展，以进一步缩小各民族之间和地区之间的事实上的不平等成为各学科关注的核心议题。而"第二代民族政策"的观点，提出了在新时期改变民族政策扶持少数民族和民族地区发展的一些激进观点，进而也激发了民族学界，也包括人类学界、社会学界等多领域专家对我国民族政策的热烈讨论，讨论的核心议题之一，就是对少数民族应该是优惠照顾还是一般对待？是以族群身份还是以个体权益进行帮扶？归纳起来，这些争论的本质在于以何种方式帮扶少数民族以缩小各民族间发展水平上的不平等。跳出学理上的争论，从少数民族的实际情况来看，受历史和现实条件等多方面制约，我国少数民族的社会经济发展水平相对落后；少数民族在参与现代化的进程中由于地理区位、语言、受教育水平、公共服务水平供给不足等各方面的影响，往往处于社会上的边缘弱势地位。② 由于参与现代化进程的能力不足，在有效地享受和实现法律赋予的各项平等权利方

---

① 《中华人民共和国宪法》，http://www.gov.cn/guoqing/2018-03/22/content_5276318.htm，访问时间：2018 年 3 月 23 日。

② 林艳、秉浩：《民族政策价值取向：优惠照顾还是一般对待？——民族理论前沿研究系列论文之七》，《黑龙江民族丛刊》2012 年第 12 期。

面存在诸多困难，因而在法定平等的政治权利基础上要想实现积极参与社会主义现代化进程和共享经济社会发展成果就必须通过扶助政策提升少数民族的发展能力。这一根本的现实成为我国制定和完善民族政策的现实依据。而实际上，随着各民族不同程度地参与到社会主义现代化建设过程中，各民族和民族地区的发展能力都有了质的变化，各民族间和地区间"事实上的不平等"在逐步缩小，但是不平等的具体表现内容和结构也随着时代的变化和社会转型而发生了变化。这些变化都构成了新时代我国完善民族政策，增强民族工作治理能力和治理效果的现实动力。党的十九大报告提出，不忘初心，牢记使命，高举中国特色社会主义伟大旗帜，团结带领全国各族人民决胜全面建成小康社会，奋力夺取新时代中国特色社会主义伟大胜利，为实现中华民族伟大复兴的中国梦不懈奋斗。

概括而言，我国促进少数民族发展的政策价值取向主要包括民族平等原则、促进全国各民族现代化、实现少数民族全面发展三个方面。下面本书将逐一阐述。

1. 民族平等原则

早在新中国成立之前，中国共产党就在马克思主义中国化的过程中，汲取马克思主义关于民族平等的重要观点，在革命时期就已经树立起促进民族平等、保障少数民族权益的理念。新中国成立之后，党和国家更是通过宪法规定、建立民族区域自治制度、实施民族政策等措施切实保障中国境内少数民族群众的切身利益和民族地区的快速发展。马克思主义理论作为处理中国的民族关系、民族地区发展和民族问题的核心理论支撑，主要提供了5个方面的内容指导，即民族的历史范畴、民族与社会发展、民族平等、反资产阶级民族理论、民族政治模式选择。① 而中国民族关系的历史格局也决定

---

① 石培培：《难以实现的平衡——中美肯定性行动政策比较研究》，《甘肃行政学院学报》2014 年第 6 期。

了中国必须坚持民族平等的原则。费孝通先生用"多元一体的格局"概括了我国民族关系的历史和现状。所谓"多元",就是"它所包括的 50 多个民族单位是多元"的,而一体就是中华民族"由许许多多孤立分散存在的民族单位,经过接触、混杂、联结和融合,同时也有分裂和消亡,形成一个你来我去,我来你去,你中有我,我中有你,而又各具个性的多元统一体"。[①]

在民族平等这一根本原则的指导下,我国形成了具有中国特色的社会主义民族理论,主要是强调民族平等、民族区域自治、要对少数民族给予帮扶,增进民族共同繁荣等基本理论方针[②]。少数民族由于受地理位置偏远、生存环境恶劣、教育水平偏低、人力资本积累欠缺、财富积累观念较弱、迷信和陋习等多重因素的影响,导致少数民族与汉族、民族地区与非民族地区之间在社会发育程度、经济发展水平、现代化实现程度等方面存在较大差距。如果以新中国成立为时间起点,我国境内各个民族的发展并不站在同一条起跑线上。邓小平指出,一旦任由各民族在不同的起点上自由竞争,那么,我们不可避免地会看着发展水平较低的民族被迫走上淘汰灭亡的道路[③]。缩小各个民族间的发展差距,以民族平等为原则,促进民族共同发展、共同繁荣进步成为我国解决少数民族经济社会发展问题中的出发点和落脚点。

基于民族平等价值理念指导下的民族政策的实施则直接改善了我国各个民族之间的民族关系,根据费孝通先生的说法,民族政策的执行使少数民族在政治上得到了平等,在社会上受到尊重和友爱,汉族和少数民族平等相处是十分自然的。而这种民族关系与西方的

---

① 费孝通:《中华民族的多元一体格局》,《费孝通文集》(第 11 卷),群言出版社,1999,第 381 页。

② 中共中央统战部:《民族问题文献汇编》,中共中央党校出版社,1991,第 233~239 页。

③ 《邓小平文选》(第 1 卷),人民出版社,1994,第 162 页。

民族歧视存在本质区别，例如加拿大蒙特利尔市的英法两个民族之间互相歧视，美国白人对有色人种的歧视和压迫，等等。[①] 因此，在民族政策作用下促成的平等、团结的民族关系也决定了我国在帮扶少数民族所采取的各项政策中始终贯彻着促进民族平等、团结、共同发展繁荣的理念。

2. 促进全国各民族现代化

讨论促进少数民族的发展，有一个问题是无法绕过去的，即"现代化"。文化人类学根据大量的田野调查结果表明，在整个全球化和现代化浪潮中，在现代化"强权"语境下，少数民族的自我发展变得受群体外成员所影响和左右。例如，一个具有代表性的观点，就是文化人类学学者认为的贫困概念的"他者"性建构问题。该观点的主要内容是认为由西方工业国家的学者通过对非西方国家的调查等，将西方国家工业化社会的标准（例如贫困标准等）运用于其他地区，定义这些非西方国家的贫困生活，并将这些地区列为蒙昧、野蛮的进化程度低的层次，最终形成几近于常识性的"贫困"他者性建构现象。[②] 而对于少数民族和民族地区的社会主义现代化问题的讨论，费孝通老前辈早在20世纪就已经给出了观点，费老认为，导致少数民族面临经济社会发展落后的原因主要是历史原因，而非少数民族自己导致自己的落后，责不在少数民族。对于少数民族，除了要帮助他们落实法律的平等之外，更急迫的工作是逐步实现各民族在社会主义发展进程中的事实平等。国家要进行四个现代化的建设，必须各民族进行合作。但是，少数民族在文化水平上的不平衡导致了他们在经济领域中难以实现发展差距的缩小，因此要实现各民族的现代化，就必须要提高生产和文化。在现代化过程中，要使

---

① 费孝通：《切实提高少数民族经济和文化》，《中国民族》1982年第8期。

② 王铭铭：《西学"中国化"的历史困境》，广西师范大学出版社，2005，第164~165页。

各民族之间的差距越来越小。[1] 费老在建议中尤其提到要加强少数民族的生产和教育水平的提升，也正是着力于提升少数民族的现代化程度，使其更好地参与到社会主义各民族共同发展进步的行动中来。

实际上，党和国家领导层及决策层也一直在重大指导性文件中明确了推进各民族现代化进程的目标和任务。三中全会以后，国家提出团结一致、克服困难以实现全国少数民族在政治、经济、文化各个领域的快速发展，有计划地使各民族事实上的平等得以实现的民族工作总的方针。党的十二大报告中早就提出，中国共产党在新的历史时期的总任务是：团结全国各族人民，克服一切困难与艰险，逐步实现四个现代化。梳理党中央的历次大会重要文献可以发现，历次党的代表大会报告均提出了推进全国各民族现代化建设的目标和任务。党的十九大报告更是提出，新时代中国特色社会主义思想，明确坚持和发展中国特色社会主义，总任务是实现社会主义现代化和中华民族伟大复兴，在全面建成小康社会的基础上，分两步走在本世纪中叶建成富强民主文明和谐美丽的社会主义现代化强国。[2]

各民族和民族地区全面实现现代化既是党的庄严承诺和历史使命，也是各民族在现代社会全球化进程中完成自我发展、文化自觉和主动参与人类文明进步的必然路径。因此，在制定促进各民族公平参与、公平发展的各项政策中，都应当将促进全国各民族现代化这一基本原则摆在重要位置，用以指导我国新时代民族政策的完善与调整。

3. 实现少数民族全面发展

全国各民族在政治上实现了法定的政治权利平等，而加快少数

---

① 费孝通：《切实提高少数民族经济和文化》，《中国民族》1982 年第 8 期。

② 《习近平：决胜全面建成小康社会夺取新时代中国特色社会主义伟大胜利——在中国共产党第十九次全国代表大会上的报告》，http://www.gov.cn/zhuanti/2017-10/27/content_ 5234876. htm，访问时间：2017 年 10 月 30 日。

民族发展的步伐，将少数民族的现代化水平提上来，最终还是需要落实到实现少数民族全面发展这一目标上来。我国民族政策实质上就是实现少数民族全面发展的政策。中华人民共和国成立初期，毛主席就提出要求，"作为代表人民利益的共产党就应理所当然地帮助少数民族发展人口、发展经济和文化"[1]。改革开放之后，在全国以经济建设为中心的前提下，党和国家决策层将促进少数民族以经济发展基础上的其他各个领域的发展目标作为做好民族工作的核心价值导向。江泽民同志指出，"在新的历史形势下，如何将民族工作做好，如何使民族团结得以增强，最关键的是需要积极创造各种有利条件，使少数民族和民族地区的经济文化等各项发展事业能加快步伐，不断实现各个民族走向共同繁荣"[2]。科学发展观的提出则更加强调了党和国家需要坚持以人为本的价值理念促进各民族的全面发展，强调"既要大力发展经济，又要大力发展各项社会事业，促进人的全面发展"[3]。习近平总书记在 2014 年中央民族工作会议上指出，中华人民共和国成立以来，少数民族和民族地区得到了很大发展，但一些民族地区群众困难多，困难群众多，同全国一道实现全面建设小康社会目标难度较大，必须加快发展，实现跨越式发展。要发挥好中央、发达地区、民族地区三个积极性，对边疆地区、贫困地区、生态保护区实行差别化的区域政策，优化转移支付和对口支援体制机制，把政策动力和内生潜力有机结合起来。[4] 按照党的十九大报告的部署，我国要在 2020 年全面建成小康社会，而这其中自然也包括少数民族和民族地区。实现少数民族和民族地区在内的全

---

① 国家民族事务委员会政策研究室：《中国共产党主要领导人论民族问题》，民族出版社，1994，第 57 页。

② 《江泽民文选》（第 1 卷），人民出版社，2006，第 183 页。

③ 《民族工作文献选编（2003-2009 年）》，中央文献出版社，2010，第 97 页。

④ 《中央民族工作会议暨国务院第六次全国民族团结进步表彰大会在京举行》，http://www.xinhuanet.com/politics/2014-09/29/c_ 1112683008.htm，访问时间：2014 年 10 月 17 日。

面小康是实现少数民族全面发展的重要表现之一。而另一个重要表现则是十九大提出的进入新时代社会主要矛盾的特点，统筹推进民族地区的五大文明建设（经济建设、政治建设、文化建设、社会建设、生态文明建设）全面协调发展。而在新时代的社会主义现代化建设规划中，第一阶段中，人民生活更为宽裕……城乡区域发展差距和居民生活水平差距显著缩小，基本公共服务均等化基本实现，全体人民共同富裕迈出坚实步伐……第二阶段中，全体人民共同富裕基本实现，我国人民将享有更加幸福安康的生活，中华民族将以更加昂扬的姿态屹立于世界民族之林。[1]

4. 我国民族政策的内容

在上述价值理念的指引下，我国帮扶少数民族和民族地区全面发展，制定了一系列民族政策和其他优惠政策。从扶持少数民族发展的法律法规内容来看，颁布于中华人民共和国成立初期的《中国人民政治协商会议共同纲领》将中国境内各民族的平等地位和平等权利以法律条文的形式进行了规定；1952 年颁布《中华人民共和国民族区域自治实施纲要》；1954 年的《中华人民共和国宪法》明确了我国 85 个自治机关；1984 年出台《中华人民共和国民族区域自治法》。此外，还出台了一系列涉及人口、教育、扶贫、财政、贸易等多个方面的少数民族优惠政策。截至 2002 年，我国共颁布各项少数民族优惠政策 123 项，其中继续执行的 78 项，占 63.4%，停止执行的为 45 项，占 36.6%。[2] 到了 21 世纪初期，国家又先后实施或出台了"兴边富民"工程、"扶持人口较少民族发展规划"、"少数民族事业发展规划"等一系列帮扶措施。新世纪的民族政策更为具体、

---

① 《习近平：决胜全面建成小康社会夺取新时代中国特色社会主义伟大胜利——在中国共产党第十九次全国代表大会上的报告》，http://www.gov.cn/zhuanti/2017-10/27/content_ 5234876. htm，访问时间：2017 年 10 月 30 日。

② 温军：《中国少数民族经济政策稳定性评估（1949-2002 年）》，《开发研究》2004 年第 3 期。

细化；民族扶贫政策的范围有所拓展；民族政策也将重点放在了解决民族地区的就业、社会保障、教育发展等民生问题上来。[①] 党的民族政策在云南省的实践则主要集中表现为立足民族平等开展民族识别、全面践行民族区域自治制度、实行倾斜政策加快经济社会发展、优先培养和使用少数民族干部、尊重少数民族习俗和宗教信仰、保障少数民族的语言文字权利、保护与发展民族文化等方面。以"兴边富民"工程为例，云南省政府针对边境地区先后实施了两轮"兴边富民"工程。2005~2010年，累计投入资金425亿元，较好地完成了基础设施、温饱安居、素质提高、社会保障和社会稳定、生态保护等惠及边境少数民族的政策工程。在新一轮的兴边富民"十二五"规划中，继续提出要完成"强化基础设施建设，消除发展制约瓶颈；构建特色产业体系，增强自我发展能力；发展公共服务事业，改善生产生活条件；稳定解决群众温饱，富裕边民巩固边防；加强生态环境保护，建设生态安全屏障"等五大任务。[②] 据统计，十二五期间，云南省25个边境县、市主要经济指标增速高于全省平均水平，生产总值由2010年的683亿元增至2015年的1437.6亿元，年均增长率为11.8%，增幅比全省平均水平高1个百分点；人均生产总值也从2010年的10362元增至2015年的20947元，年均增长率为11.3%。25个边境县、市的农村常住居民人均可支配收入从2010年的3114元增至2015年的7649元，年均增长率高达19.7%。[③]

国家决策层也高度评价了民族政策的实施。习近平总书记在2014年9月的中央民族工作会议上指出，这些正确的政策和制度，

① 李吉和、晏玲：《论新世纪我国民族政策发展的特点》，《西南民族大学学报》（人文社会科学版）2013年第5期。

② 《云南省兴边富民工程"十二五"规划》，http：//www. ynethnic. gov. cn/Item/ 8484. aspx，访问时间：2014年12月3日。

③ 《文山州人民政府关于转发云南省兴边富民工程"十三五"规划的通知》，http：//www. ynws. gov. cn/info/2009/172099. htm，访问时间：2017年8月21日。

保证了我国平等、团结、互助的社会主义民族关系的形成和巩固，保证了各民族在共同发展、共同繁荣的道路上不断前进，保证了我们多民族国家的政治统一、经济发展和社会稳定。支持民族地区加快经济社会发展，是中央的一项基本方针。少数民族和民族地区同全国一道实现全面建设小康社会目标难度较大，必须加快发展，实现跨越式发展。① 总体来看，民族优惠政策是在少数民族和民族地区发展水平偏低、发展具有特殊性的基础上，用倾斜性的制度和政策提升少数民族全面发展的能力。

（二）民族政策价值取向对建设我国社会保障制度的启示

我国少数民族经济社会发展落后同时表现出了民族性和区域性特征，因而我国的民族政策的实施往往包括既针对某一（些）特定民族的（比如人口较少民族）扶持政策，也有针对某些民族地区的扶持政策，例如"兴边富民"工程等。有学者认为，"民族优惠政策"是基于民族间事实上的不平等或发展差距而采取的利益补偿，而区域性"特殊政策"是基于区域性发展不平衡、地域差异而进行的特殊对待。②

通过上述分析发现，在民族平等、促进少数民族现代化以及少数民族全面发展的价值取向的引领下，中国民族政策的最大特点是体现对少数民族的优惠和照顾。但是我国的民族政策与美国 20 世纪 60 年代开始实施的"肯定性行动"（Affirmative Action）计划存在本质上的区别。美国"肯定性行动"计划具体是指美国政府推行的旨在消除对少数民族和妇女等相对弱势群体在就业、教育等领域的歧

---

① 《做好新时期民族工作的纲领性文献——深入学习贯彻习近平总书记在中央民族工作会议上的重要讲话》，http：//news. sxrb. com/sxxww/xwpd/gnxw/4186455. shtml，访问时间：2014 年 12 月 3 日。

② 林艳、秉浩：《民族政策价值取向：优惠照顾还是一般对待？——民族理论前沿研究系列论文之七》，《黑龙江民族丛刊》2012 年第 6 期。

视的各种政策和措施①，是一种典型的补偿性社会政策，其背后的理论支撑是在黑人等少数种族遭受到长期奴役歧视后，对这些种族作为一个整体予以的补偿。② 我国民族政策与美国的"肯定性行动"计划之所以存在本质的不同就在于两国的各民族间的关系存在本质区别。通过上述分析发现，我国各民族在各项权利上是平等的，各民族间的关系也是平等、团结、互助的关系，只是少数民族相比汉族而言在实现上述各项权利方面的能力相对偏低，因而需要通过优惠政策扶持少数民族的全面发展，提升其参与社会主义现代化建设的能力。

　　从政策内容和类别来看，社会保障制度建设应当归入社会建设领域之中，并且是社会建设领域的重要构成部分，也是我国社会主义现代化五大建设的重要建设内容之一。社会保障制度作为保障公民基本生活水平、改善民生、化解社会生活风险、增强居民生活安全预期、提升国民福祉水平的制度安排，在促进少数民族全面发展和提升少数民族现代化进程参与能力方面也将发挥不可替代的作用。具体而言，第一，社会保障制度的实施既能够为少数民族成员和家庭化解生活风险并提供基本生活保障，也能够提升当地社会事业的发展水平，缩小民族地区经济发展与社会发展水平之间的严重脱节。第二，社会保障制度待遇的提供是对社会成员平等公民权基础上的社会保障权利的实现，通过对少数民族社会成员公民权和社会保障权的维护与落实，可以真正确保少数民族公平地享有经济社会发展的成果，增进各民族对国家的认同。第三，社会保障制度的发展，维护和强化了少数民族公民权和社会保障权利的意识，也是提升少数民族和民族地区现代化程度的重要手段和措施。

---

①　刘宝存：《"肯定性行动计划"论争与美国少数民族高等教育的未来走向》，《西北民族研究》2001 年第 3 期。

②　石培培：《美国肯定性行动与中国民族优惠政策比较研究——兼论对我国民族政策转型的启示》，《佛山科学技术学院学报》（社会科学版）2014 年第 5 期。

社会保障作为社会政策的一部分，尽管不属于民族政策体系，但是社会保障制度的目标与民族政策的功能存在某些相似之处，比如帮助少数民族社会成员摆脱贫困，改善少数民族生活水平，提升社会事业发展水平，等等。尽管社会保障制度的实施并不以某一个民族身份为资格标准，往往以社会成员的户籍、居住地、收入水平、年龄、工作状态等作为资格标准，但是民族地区在实施社会保障制度时也面临诸多的困难。那么我国民族政策所坚持的价值取向对社会保障制度切实保障民族地区社会成员以及少数民族的权益有哪些启示呢？本书认为主要包括以下几个方面。第一，社会保障制度的制定应当切实维护和体现民族平等的原则，在社会保障制度的具体项目的受益资格设定方面，应当是坚持民族平等原则，不能以某一民族身份作为社会保障制度的受益资格。第二，在确定民族地区社会成员的社会保障待遇标准，尤其是保障少数民族社会成员基本生活水平的待遇标准方面，则需要考虑少数民族风俗习惯、饮食结构、消费特点等因素。例如，在设定最低生活保障标准时，基层政府应当综合考虑各民族的消费习惯和基本生活物品类别和数量上的民族特殊性。第三，社会救助类项目往往需要依靠地方财政的支持，民族地区由于经济发展水平相对较低，财政能力不足。为了确保同一制度下的民族地区和少数民族社会成员的平等的社会保障权利的实现，需要重点加强财政转移支付力度，为民族地区的社会救助制度的发展提供可靠的财政保障。

二 国外社会保障制度对民族因素的考虑

一个国家对于不同特殊群体的态度往往影响着这些群体参与国家制定的各项政策的程度，以及这些群体的利益实现及维护，甚至还会影响到这些群体在所在国家的社会地位及其与主流社会地位的距离。在讨论一国的社会保障制度建设是否考虑民族因素和如何考虑民族因素这一问题之前，需要先对某一国对待少数民族的态度进行讨论。

（一）欧洲典型国家保护少数民族的态度

欧洲是全球民族关系最为复杂的地区之一，少数民族人权问题一直以来是欧洲各国普遍关注的焦点。对于少数民族的概念界定，欧洲民族理论界在学术研究中大多将少数民族划入少数人（Minority）的范畴。代表性观点比如，联合国少数人权益研究专家Francesco Capotorti认为，少数人是指那些在客观标准上属于人口数量少，政治地位低下，在种族、宗教和语言等具有独特性，在主观标准上具有维系自己独特文化、传统、宗教和语言意愿的，居住在一国领土范围内的公民群体。[①] Jennifer Jackson Preece将少数民族定义为这样一个公民群体，即人口数量少，处于非主流社会政治地位，在本国居住繁衍的历史悠久，在种族、宗教、语言和文化方面具有与其他群体明显不同的特征，明确或含蓄表明群体身份意识，具有强烈的维护自身文化、传统、宗教或语言愿望的公民群体。[②] 从实践来看，在国际法中，少数民族属于民族或种族、宗教、语言的少数人概念范畴。从上述西方学者对于少数人和少数民族的定义来看，单就政治地位的描述而言，就不符合我国对于少数民族的定位和少数民族的实际情况。因此，在少数民族的定义上，欧洲各国与我国存在本质上的差别。

欧洲国家对外来民族的排斥和对外来文化的焦虑这一历史心结也决定了这些国家不太可能以出台专门政策的方式保护少数民族社会成员权利。费孝通先生曾经指出，在欧洲，民族被称为Nation，

① Francesco Capotorti, 1991, *Study on the Rights of Persons belonging to Ethnic, Religious and Linguistic Minorities*, United Nations, p. 164.

② Jennifer Jackson Preece, 1998, *National Minorities and the European Nation-States System*, Oxford University Press, p. 125.

但是国家和 Nation 在这一地区的人们看来应当是联为一体的，每一个民族都应当建立自己的主权国家，这样一来，主权国家又称为"Nation-state"。按照这样的逻辑，居住在欧洲大陆上的各个民族之间无法达成协议建立起统一的国家。① 以英国与法国为例，可以揭示欧盟成员国在处理少数民族问题上的不足。② Richard Jones 指出，在英国，"少数民族"是指已经在英国定居或在英国出生的移民。因此，长期居住但属于少数群体居民如苏格兰人和威尔士人则不属于少数民族。在对待少数民族移民的社会融合方面，英国采取的是既不强行同化也不充分关注的消极方式。③ Marc Weller 对法国的研究则表明，法国根本不承认国内少数民族的存在，始终坚持认为法兰西民族是法国唯一的民族。因此，对于居留在法国的外来者，法国将其统称为"旅居者"。在对待这些群体的社会融入时，法国则采取强制化的同化手段贯彻法兰西的文化价值观与生活方式。④ 在欧洲的历史乃至当今的现实中，对异质文化的焦虑或恐惧乃至对外来族群的仇外排外活动可谓几度沉浮却从未消亡。因此，欧盟内少数民族移民在东道国的社会融合困难重重。

引起欧洲各国关注少数民族群体权益的保护，与爆发在欧洲大陆上的两次世界大战有关。其原因在于："一战"导致了欧洲多民族帝国遭遇到解体的下场，同时也使得新民族国家建立起来了，"二战"的种族灭绝使欧洲各国当局和人们注意到了少数民族的脆弱性问题和弱势群体的问题导致各个国家的内部社会稳定以及全球安全面临诸多威胁。基于对国家安全和社会稳定的需要出发，

---

① 费孝通：《民族区域自治和少数民族的发展》，《群言》1987 年第 12 期。

② 赵纪周：《欧洲非政府组织与欧盟少数民族问题治理》，《西南民族大学学报》（人文社会科学版）2011 年第 4 期。

③ Richard Jones, 2000, *Welhengama Gnanapha. Ethnic Minority in English* Law, Staffordshire：Trentham Books Limited，p. xiv.

④ Marc Weller, 2008, *Denika Blacklock. The Protection of Minorities in the Wider Europe*，New York：Palgrave Macmillan，p. 212.

欧洲各国围绕如何有效地保护少数民族（更包括范围更大的少数人）进行了探讨。但是由于受自由主义和资本主义价值观的影响，以及普遍流行于欧洲大陆的民族主义的影响，欧洲各国普遍确立了以个人权利而非全体权利为基础来保护少数人权利态度、观点及价值取向。①

以个人权利而非全体权利为基础来保护少数人的权利的理念也在欧洲各类组织出台的有关保护少数民族权益的公约中得到了体现。例如 1948 年颁行的《世界人权宣言》（*Universal Declaration of Human Rights*）在保护少数人权益的内容规定中并没有体现出针对性和特殊性，而是在观点的表述上，认为少数人完全应当与普通民众享有同等的权利与自由，重点强调个人层面的权利，而没有关于少数民族集体权利方面的条款。② 欧洲委员会起草并于 1953 年 9 月生效的《欧洲人权公约》则遵循了二战后的人权保护理念，使用了"每个人""不得有任何人""人人"等词语，一以贯之地强调了基于个人权利基础上的对少数民族个人权利的保护而非群体权利的保护。就保护少数民族全体的权益内容而言，以东欧剧变为时代背景的《欧洲保护少数民族框架公约》要求每个缔约国必须承诺如下内容，即在必要的情况下，尽最大可能出台政策以实现"属于少数民族的人"和属于多数民族的人能获得有效的平等资格，以便公平地参与一切经济、社会、政治和文化生活领域。③

除了固有的价值理念和观念影响了欧洲各国对少数民族的权益是否给予保护以及如何进行保护之外，欧洲少数民族身份不固定的现实也影响了欧洲各国不倾向于采取专门的保护政策对某一少数民族全体给予倾斜性保护。著名哲学家 James Hamilton Tully 在其著作中指出，在全球化进程不断推进的背景下，民族迁徙变得更加频繁

---

① 廖敏文：《〈欧洲保护少数民族框架公约〉评述》，《民族研究》2004 年第 5 期。
② 廖敏文：《〈欧洲保护少数民族框架公约〉评述》，《民族研究》2004 年第 5 期。
③ 廖敏文：《〈欧洲保护少数民族框架公约〉评述》，《民族研究》2004 年第 5 期。

和便利。而就欧洲的情况来看，全球化和欧洲一体化的推进使欧洲
各类群体重叠的现象更为普遍，各群体间的相互作用和交往在加深，
这也最终导致少数民族成员的身份始终处于变动之中。在这样的社
会环境下，人们在不同时期和不同区域对于少数民族的定义则变得
更难，并形成多种有关少数民族的定义和认识。① 欧洲大陆上少数民
族身份变得不固定的事实实际上就进一步增大各国政府对本国领土
内少数民族群体给予优惠帮扶政策的实施，因为认定少数民族的标
准经常处于变动之中，因而使得各项旨在保障少数人权益的社会政
策或者经济政策等面临严峻的政策对象瞄准难题。这一现实原因，
也是导致欧洲各国并没有出台专门针对少数民族的倾斜性保护政策
的原因。

（二）美国保护少数民族的态度

美国是在近二百多年里发展起来的世界上最大的一个移民国家。
基于各个族群之间长期存在结构性的差异，"事实上的不平等"这种
状况是美国社会中各个种族、民族必须面对和抗争的社会问题之一。
根据马戎的总结，黑人长期受到歧视和压迫，始终未停止过反对种
族歧视的抗争。印第安人则在经历了白人殖民统治的过程中遭遇多
次大屠杀，人口规模下降速度很快，并被驱赶进并不适宜生存的
"保留地"之中。因此，印第安人很难接受到现代学校教育，以及参
与现代经济活动。而拉丁美洲裔也被美国白人采取"非我族类"的
歧视态度，成为实际上的"二等白人"。②

基于对少数民族的歧视和压迫而产生的良心上的自责及内疚，
以及为了缓和二战后极度紧张的种族关系，美国早在 20 世纪 60 年

---

① James Tully, 1995, *Strange Multiplicity: Constitutionalism in an Age of Diversity*, Cambridge University Press, p. 10.

② 马戎：《美国的种族与少数民族问题》，《北京大学学报》（哲学社会科学版）1997 年第 1 期。

代实施了对黑人具有补偿性的"肯定性行动计划"。正如上文已经提到的那样，"肯定性行动计划"旨在为少数种族，尤其是黑人，提供公平的就业和受教育机会。Krysan 将美国的种族与族群政策分为三种，分别是平等待遇政策、机会强化政策、均等结果政策。[①]

但是，尽管如此，美国崇尚个人自由和平等的观念决定了美国不可能以群体的身份为少数民族提供倾斜性的扶持和帮助。马戎认为，美国式"平等"的目标在于促进实现均等的机会和社会成员能够公平的参与竞争。显然，马克思提出的"法律上的平等"和"事实上的平等"概念与美国式"平等"的目标存在显著差别。[②] 美国的价值观强调和重视的是个人的权利。而且，美国 20世纪 60 年代开始实施的"肯定性行动计划"最终还是招致了美国民众的反对，造成了对白人的"反歧视"问题的不满。张爱民在对美国的"肯定性行动计划"进行述评时认为，"肯定性行动计划"将少数民族个人的命运与所属民族集团的命运绑在一起，其效果是强调了集团权利而淡化了个人权利。这不仅与 1964 年民权法案的诸多条款相抵触，更与美国"人人生而平等"的主流价值观念相违背。[③]

（三）典型多民族国家的社会保障制度实践

通过对典型的多民族国家的社会保障制度体系内容梳理发现，一些多民族国家尽管在社会保障或者社会政策中考虑了少数民族或者少数人的特殊性，但是这些国家并未单独为某一群体设计专门的

---

① Maria Krysan, 2000, "Prejudice, Politicsand Public Opinion: Understanding the Sources of Racial Policy Attitudes", *Annual Review of Sociology*, Vol. 26, pp. 135 ~ 168.

② 马戎：《美国的种族与少数民族问题》，《北京大学学报》（哲学社会科学版）1997 年第 1 期。

③ 张爱民：《美国"肯定性行动计划"述评》，《南开学报》2000 年第 3 期。

社会保障项目，即未从群体权利的角度去加大对少数人的扶持，而是以个人公民权或者社会保障权为基础保障少数人或者少数民族社会成员平等地参与到社会保障制度中来。而且从扶持的具体方式来看，也往往是通过对财政方面扶持的方式，保障少数民族社会成员平等地维护和实现社会保障及社会福利权益。

澳大利亚的社会保障制度对于民族因素的考虑体现为对于土著群体的社会福利水平的保障。"澳大利亚的历史就是一部移民史"，澳大利亚的英国殖民政府实行"白澳政策"使得土著居民和非英裔移民在各方面遭受了严重歧视。因此，土著民族和移民渴望平等和社会公正成为澳大利亚根深蒂固的文化构成要素之一。第二次世界大战之后《世界人权宣言》的颁布，宣扬"世界上每个人都有基本的权利，且这些基本权利不分种族、宗教、信仰、地位、文化、语言、出生地点"则推动了澳大利亚"白澳政策"的取消。惠特拉姆担任澳大利亚总理后正式取消该政策，并发动了影响深远的人权运动。这一运动的重要结果就是建立平等的养老保障制度和平等的医疗权利。[①] 澳大利亚家庭、住房、社区服务和土著事务部（FaHCSIA）在领导实施政府缩小土著差距的计划中，将重点放在改善土著居民生活现状上。对于土著群体福利的保障与提高，澳大利亚政府也是采取加大投入，改善土著社会成员对福利需求的有效满足。例如，2011～2012 年度预算案中规定多有政府部门应在缩小土著差距、支持土著居民参与经济和就业的服务中提供新的投资，未来 5 年内投入 1.13 亿澳元用于提供 15 个新的或扩大土著健康诊所及 40 个新的肾透析仪器。未来 4 年内投入 5070 万澳元用于提供学校培训和其他援助，帮助 6400 个土著学生有效地过渡到工作或进一步研究中。2011～2012 年增加新的投资改善偏远社区中土著居民住房和基础设施的质量。澳大利亚家庭、住房、社区服务和土著事务

---

① 周弘：《30 国（地区）社会保障制度报告》，中国劳动社会保障出版社，2011，第 406 页。

部还计划与各级政府一起在国家合作协定中关于偏远服务的提供上投入 2.91 亿澳元用以改善北领地、西澳大利亚州、昆士兰州、新南威尔士州和南澳大利亚州中优先考虑的 29 个偏远地方的土著居民服务的提供。[①]

而从加拿大的情况来看，加拿大是由英、法的北美殖民地演变成的今天的移民国家和多民族国家，甚至被称为"多民族的马赛克社会"。在独立建国后，在联邦权力长期处于薄弱的背景之下，地方主义倾向在加拿大各省盛行并被保留，这种倾向导致加拿大在国家统一的问题上面临着威胁，例如魁北克问题就是加拿大英裔和法裔之间的民族矛盾表象之一。地方政府拥有较高的自治权是加拿大整个行政体系的重大特色。然而，多元文化主义政策的实施，较好地维系了加拿大各民族之间的稳定民族关系。在地方政府自治色彩浓厚的社会背景下，加拿大的社会保障制度建设并没有出现针对某一个民族的社会保障项目，充其量表现为以社会保障制度及其项目在区域上的差异。具体而言，加拿大于 1927 年通过了《养老金法案》，但是该法案成立之初并未包括土著居民。到了 1951 年，在加拿大议会完成修改宪法之后，联邦政府通过《老年保障法》取代《养老金法案》，为 70 岁及以上年龄的老年人建立了普遍性的养老金制度，由联邦政府出资和负责管理，最重要的是此次立法，将土著加拿大居民也包含了进来。同时，在公众要求建立一项全民的、以雇用为基础的养老金计划的背景下，实行自治的魁北克省也建立了与联邦政府建立的内容大体相同的养老金计划。[②] 加拿大的医疗保障体系也是覆盖全民的，在不论性别、年龄和身体状况、个人支付能力的条件下，各省公民都在相同条件下从《医疗保障法》中受益。[③] 在社会救助方面，联邦政府或者省政府对于原住民的社会救助援助表现

---

① 杨翠迎、郭光芝：《澳大利亚社会保障制度》，上海人民出版社，2012，第 257 页。

② 于洪：《加拿大社会保障制度》，上海人民出版社，2011，第 4 页。

③ 于洪：《加拿大社会保障制度》，上海人民出版社，2011，第 5 页。

在资金的分担方面。针对加拿大的原住民，加拿大印第安和北美事务委员会向那些面向居住在保留区内的原住民个人和家庭的社会救助项目提供社会救助资金，而单个的原住民社区负责社会救助项目的实施。[①]

（四）国外不以民族身份设立专门社会保障制度的原因

通过上述分析发现，无论是欧洲福利国家，还是北美洲的美国和加拿大，以及大洋洲的澳大利亚，这些国家作为典型的多民族国家和移民国家，均面临着社会成员由不同民族构成的现实。然而，这些国家都没有以民族身份建立起专门的社会保障制度或项目。总体而言，主要是由于以下几个原因所造成的。

第一，西方资本主义国家的个人自由和人人平等观决定了多民族国家不可能以民族身份为标准而形成对民族集体权利的倾斜性保护。尽管在美国实行了"肯定性行动计划"，但是实际上美好的初衷面临的是实际效果的大打折扣，并引发了美国公众强烈的抗议和对"反歧视"的担忧。国家和社会的主流价值观决定了资本主义国家的决策层和公众不会允许基于以民族身份为典型代表的集体权利的倾斜性保护。

第二，社会保障制度强烈的再分配色彩和功能也决定了其不应以民族身份建立单独的制度或者项目。在全球社会保障制度的实践中，社会救助对象的申请资格往往包括年龄、工作状态、经济收入水平、家庭人口数、公民身份、居住权及居住时间长度，等等。这些资格标准背后体现的是社会保障制度对个人、家庭、国民福利水平的关注和改善。民族身份也是社会成员人口属性的指标之一，但是民族身份并不能用于判定社会成员福利水平和经济收入状况的标准，民族身份更多的是用于甄别社会成员在语言、宗教、文化、习

---

① 于洪：《加拿大社会保障制度》，上海人民出版社，2011，第289～290页。

俗等方面的区别。而且，在人口流动的社会中，很难说某一民族的所有社会成员均是十分贫困的或者是富裕的。社会保障制度，尤其是社会救助和社会福利制度，具有十分强烈的再分配色彩，政策目标之一就是实现和维护社会公平与正义，缩小社会成员的收入差距和福利水平差距则是社会保障制度最主要的手段，因此，这也决定了社会保障制度不应当以民族身份提供倾斜性帮扶。以民族身份为标准提供社会保障待遇不仅会在该民族群体内部造成新的不公平，同时也可能在整个社会群体中制造新的不公平。

第三，从世界社会保障管理体制和机制的发展趋势来看，推动社会保障项目的整合与统筹，消除项目的"碎片化"是各国推动社会保障体系改革的主流趋势。社会保障制度不同于区域经济制度或者民族优惠政策，其目标是使制度覆盖范围内的受保障者或者说全体国民的生活水平得到改善，并缩小社会成员间的差距。为促进社会成员间的公平，社会保障项目往往会在实践中逐步实现统一的缴费、统一的受益资格、统一的管理、统一的待遇。因此，以民族身份为依据出台专门的社会保障制度与该制度促进社会公平和走向制度整合的主流趋势是相反的。

第四，民族问题牵涉到国家安全和社会稳定的特点也决定了资本主义国家决策层不愿承担因制定专门保障少数民族或少数人的社会保障制度而引起的政治风险。欧美资本主义国家普遍实行的是议会选举制，竞选政治使得国家当局和决策层必须认真考虑协调不同社会群体间的利益。英国、法国、美国、加拿大、澳大利亚等都是深受自由主义和人人平等理念影响的国家，因此如果以集体权利或民族身份为标准制定社会保障制度，必然会与这些国家的核心价值观存在冲突，并且会制造新的不公平。以民族身份作为标准制定社会政策，将不仅仅引起社会成员个体间的公平感的改变，更会引其社会群体层面的抗议和不满。美国的"肯定性行动计划"已经给出了证实。一旦将问题上升到社会群体之间的冲突和不满，那么以民族身份为标准建立专门性的社会保障制度就不仅仅是不公平问题了，而是变成了民族问题。这则会严重影响到社会稳定和国家安全，尤其是在实行过种族歧视和压迫、存在地方政权独立自治等的国家，民族问题的影响将更为恶劣。因此，从当前欧美国家的现状来看，政治体制的特色也不允许政府当局建立以民族身份为标准的专门性社会保障制度。

实际上其他的多民族国家也没有依据民族身份建立专门保障少数民族群体的社会保障制度。例如，乌克兰一共有130多个少数民族，但是在实施社会保障制度中，并没有针对某一民族实施特殊的社会保障项目，该国仅对切尔诺贝利核爆炸事件的受害者给予特殊照顾，如在养老保障制度中无需缴费、在医疗服务方面完全免费享受，等等。而从存在种姓制问题的印度来看，也没有针对某一民族或种姓出台专门的社会保障制度。但是，印度的种姓多样性问题影响了该国养老保障筹资模式的选择。John B. Williamson 和 Fred C. Pampel 在《养老保险比较分析》一书中指出，印度在民族、宗教及语言等方面的多样性也是国家长期实行公积金制度而不是社会保险制度的原因之一，因为社会保险强调的风险共担以及对低收入者提供较好回报率在单一社会里更容易受到广泛支持。①

对分布在不同洲的典型的多民族国家的考察发现，无论是欧美发达工业化国家，还是亚洲的发展中国家，尽管社会政策的出台会受到民族因素的影响，但是并不存在单独为某一弱势民族建立专门的社会保障制度的情况。即便是对边远地区或者诸如土著原住民等的社会福利方面的扶持也只是在财政支持方面给予财政承担比例上的减轻，等等。

---

① 约翰·B. 威廉姆森、弗雷德·C. 帕姆佩尔：《养老保险比较分析》，马胜杰等译，法律出版社，2002，第 255~259 页。

三　中国当前社会保障制度发展对民族因素的考虑

从社会保险制度及项目来看，社会保险制度的覆盖范围以及待遇的领取资格往往是与参保者的劳动和就业有关，而且社会保险强调的是参保者之间的风险共担，国家和企业提供一定财力支持。且待遇水平往往与参保者就业时或劳动时的工资密切相关，而非与劳动者属于何种民族身份有关。根据我国《社会保险法》的规定，中华人民共和国境内的用人单位和个人均必须要严格按照法律条文规定缴纳社会保险费。在社会保险制度中并不将民族类别作为参考因素纳入参保者的缴费标准、待遇计发公式等当中。但是值得注意的是，由于我国西部民族地区的产业结构以第一产业为主，参与职工基本养老保险的人数较少，使得社会救助制度在社会保障反贫困中扮演着更重要的角色。从社会救助制度及项目来看，2014 年 5 月 1 日开始施行的《社会救助暂行办法》规定"国家对共同生活的家庭成员人均收入低于当地最低生活保障标准，且符合当地最低生活保障家庭财产状况规定的家庭，给予最低生活保障"①。也是规定按照家庭经济收入水平来确定最低生活保障对象。从社会福利制度及项目来看，我国的社会福利制度主要是针对老年人、残疾人、妇女儿童为政策对象，提供相关的津贴和福利服务。在社会福利制度的实施中也没有针对少数民族制定专门的社会福利政策。此处讨论的社会福利政策主要是指我国社会保障概念下的狭义的社会福利政策范畴。

实际上，从我国社会保障制度的建设情况来看，我国对于民族地区的社会保障制度目前的考虑主要是对民族地区的用于社会保障发展事业的资金进行扶持。例如，在社会救助制度中，中央政府和

---

① 《社会救助暂行办法》，http：//www.gov.cn/flfg/2014-02/27/content_ 2624221.htm，访问时间：2014 年 12 月 4 日。

各级地方政府采取财政责任按比例分担的方式，对政府财政能力较差的民族地区县级政府进行政府转移支付，提供社会救助资金补助，以维持社会救助制度的正常运转。赵刚指出，民族政策应当从民族之间、民族地区之间、民族内部群体之间等维度进行利益关系的调整。[①] 但是，社会救助制度尤其是旨在缓解贫困和保障社会成员基本生活水平的最低生活保障制度，其政策作用对象只能是单个贫困者，其瞄准的是社会个体而非群体。尽管贫困是一个相对概念，但是就社会救助制度而言，如果像其他民族优惠政策一样对某一民族群体或者某一区域实行倾斜保护，这种做法是违背社会救助制度促进社会公平公正这一内在规律的，反而会制造出新的群体间和地区间的不公平。因此，大到社会救助、小到农村最低生活保障制度的实施不应当为某一（某些）少数民族群体，或者某一（某些）少数民族地区制定特殊的社会救助政策。从当前的研究表明，对于民族地区社会救助制度发展的扶持应当表现为通过调整社会救助补助资金转移支付结构，完善中央和地方政府间关于农村最低生活保障补助资金的公共财政责任分担机制，通过财政力量，尤其是中央财政的力量来实现西部民族地区农村最低生活保障制度的"应保尽保"目标，即包括农村最低生活保障制度待遇的合理和覆盖范围的合理。

四　农村最低生活保障制度与民族政策的衔接思路

（一）社会保障制度与民族政策的关系

我国的民族政策在以民族平等为核心理念的基础上，对少数民族和民族地区进行了大力帮扶。从类别上来看，这些民族政策的内

[①] 赵刚：《科学发展观与我国少数民族政策的创新取向》，《延边大学学报》（社会科学版）2014 年第 3 期。

容主要分为对少数民族群体的优惠政策和对民族地区的区域发展扶持政策。本书根据国务院新闻办 2009 年发布的《中国的民族政策与各民族共同繁荣发展》白皮书的内容按照地区层面和民族层面对民族政策进行了梳理。在扶持民族地区发展的政策措施方面，主要包括西部大开发战略、"兴边富民"行动、民族地区转移支付、少数民族发展基金，等等。而在民族层面的措施则包括扶持人口较少民族发展规划、少数民族宽松的计划生育政策、少数民族高考加分政策、少数民族双语教育政策、培养少数民族干部、尊重少数民族风俗习惯、发展少数民族科教文卫事业、使用和发展少数民族语言文字、尊重和保护少数民族宗教信仰自由，等等。当然，扶持民族地区发展的区域政策和扶持少数民族发展的政策在具体执行中会存在一定的交叉，但总体而言，不妨碍我们从民族层面和地区层面理解我国民族政策内容体系。

民族政策实施的出发点往往考虑到我国民族地区和少数民族群体整体上表现出的相对欠发达的这一实情，再加上我国的少数民族分布呈现"大杂居、小聚居"的特点，因此在民族政策的设计中，施行民族优惠政策时都会从少数民族以及民族地区两个层面进行考虑。但是，同时也会存在无法确保单个社会成员直接受益的问题。而最低生活保障制度的实施，则刚好弥补了民族政策帮扶少数民族和民族地区发展在这方面的不足。

农村最低生活保障制度与民族政策的不同在于前者瞄准的是家庭或者个人，而后者瞄准的是区域或者群体。相比而言，最低生活保障制度在保障公民权和公民的基本生活水平时会面临更小的关于价值理论上的争论。并且，两者是以不同的路径来保障少数民族公民权的实现。最低生活保障制度是以保障基本生活的方式保障公民生存权和公民权，而民族政策则是以"倾斜性"扶持缩小少数民族的发展差距，最终落脚点仍然是保障少数民族的各项权利，公平享有社会主义现代化建设和改革开放的成果。

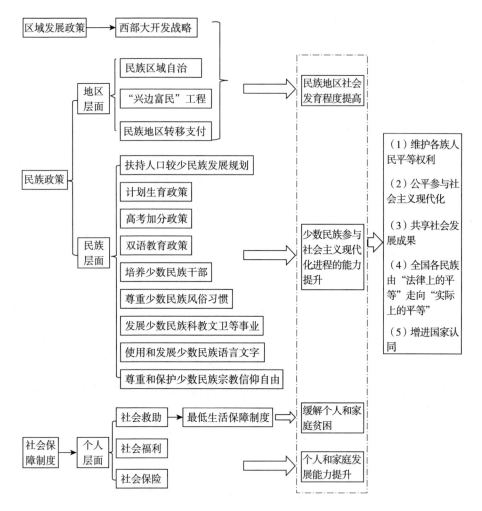

图 7-1 社会保障制度与民族政策的关系

　　基于阿玛蒂亚·森在《以自由看待发展》一书提出的"能力贫困"理论，本书从发展能力的提升这一视角出发，梳理出了社会保障制度与民族政策在提升我国少数民族发展能力方面的关系。总体而言，社会保障制度和民族政策的关系表现为，农村最低生活保障制度从个人层面提升个人和家庭的发展能力，而民族政策则从地区层面和民族层面提升少数民族和民族地区的发展能力，而个人层面发展能力的提升，又会促使少数民族成员能够更好的参与到民族政策的实施过程中，更好地参与和共享国家促进少数民族和民族地区发展等一系列优惠政策的成果。

具体而言，民族政策中"兴边富民"工程等惠及民族地区区域发展的地区优惠政策的实施，可以改变当前民族地区市场经济发展条件差、社会发育程度不高、基础设施较差、区域经济发展条件不足等一系列制约民族地区经济社会发展的问题。从而提升民族地区宏观经济社会的发展水平和发展能力。而扶持人口较少民族发展规划、双语教育政策等惠及少数民族的民族优惠政策的实施，则可以增强少数民族在社会主义现代化、社会主义市场经济活动、各民族交往交流中的参与能力。

社会保障制度通过社会救助、社会福利、社会保险等子项目的实施，以瞄准个人或家庭的方式，从不同方面直接提升个人和家庭的发展能力。第一，社会救助制度的实施，通过瞄准贫困成员个体，保障少数民族社会成员和家庭的基本生活。其中，最低生活保障制度则为贫困的少数民族个体或家庭提供最基本的生存保障，缓解贫困少数民族社会成员的贫困程度，为参与市场经济竞争的失败者或者劣势者提供社会成员自由发展最基本的保障。第二，社会福利项目则通过瞄准个人或家庭，满足个人或家庭在消除多维贫困方面的需求，通过普惠式待遇或者津贴待遇等方式，提升少数民族个体或家庭的福利水平，增强少数民族成员和家庭社会参与、社会融合、社会共享的能力。第三，社会保险制度则通过风险共担的方式，消除了少数民族成员参与市场经济竞争和现代化进程的顾虑，并通过为参与市场经济竞争活动但却失败者或者遭受损失的社会成员提供一定的补偿，为少数民族坚定信心持续参与现代化进程和市场经济活动提供持续的保障。

社会保障制度和民族政策围绕"提升发展能力"这一主题下的良性互动，则可以实现民族地区经济社会发展水平的提高，少数民族社会主义现代化进程参与能力的提高，以及少数民族社会成员个体和家庭发展能力的提升。基于地区、民族和个体（家庭）不同层面能力的提升，则会最终推动如下目标的实现：第一，维护各民族的平等权利；第二，公平参与社会主义现代化；第三，共享经济社会发展成果；第四，全国各民族由"法律上的平等"逐步走向"事实上的平等"；第五，增进少数民族的国家认同和社会稳定。

（二）农村最低生活保障制度与民族政策衔接中的角色定位

在少数民族人口占 1/3，且少数民族人口大多为农业人口的背景下，农村最低生活保障制度如何与我国的民族政策、其他反贫困政策分工协调，促进农村贫困成员的自由全面发展。农村最低生活保障制度与民族政策衔接中的角色定位直接关系着农村最低生活保障制度在云南反贫困行动中的角色定位。

促进贫困成员的发展是农村最低生活保障制度的落脚点，即包括对贫困者生存权的保障，为贫困者参与竞争和谋求发展提供最基础的保障。民族政策的落脚点则更是强调促进各民族团结进步、共同发展繁荣。费孝通先生就曾指出，要对少数民族地区实行"保而不护"的政策，换句话说就是"要保住边区发展的条件，而不是保护落后，不是护短"[1]。其他反贫困政策包括农村扶贫开发、人口政策、基本公共服务均等化等也都是旨在提升贫困者的发展能力和创造有利于贫困者提升发展能力的环境。因此，农村最低生活保障制度与民族政策衔接中的角色定位问题的逻辑起点就是如何促进以少数民族居多的农村贫困者的发展能力。

无论是从生存权理论出发，还是从阿玛蒂亚·森的能力贫困理论出发，农村最低生活保障制度在反贫困行动中的对象定位只能是家庭或者个人，而不应是以群体权利或者集体权利为资格基础

---

① 费孝通：《费孝通民族研究文集》，民族出版社，1988，第 403 页。

设立旨在保障基本生存生活水平的制度。实际上，有学者也讨论了不应单独为少数民族设立最低生活保障制度的观点，少数民族农民的低保、合作医疗问题是整个国家全体国民的问题，应通过农村最低生活保障制度的整体出台和建立城乡一体化的社会救助来解决。[①]

因此，农村最低生活保障制度与民族政策衔接中的角色定位是：以个人生存权为基础，向处于绝对贫困状态的公民提供最基本的生活保障。而对于在提供农村最低生活保障财政资金方面能力不足的地方政府，应当由各级政府采取财政责任分担的办法，对其进行财政保障能力上的倾斜性支持。但这种财政保障能力上的倾斜性支持也只能是对基于科学贫困线基础上的资金缺口进行合理的倾斜性支持。具体而言，包括中央政府、省政府、市、州政府等的倾斜性支持。

此外，农村最低生活保障制度与民族政策衔接中的角色定位，在整个反贫困行动中需要处理好以下几个问题。

第一，低保标准对少数民族饮食结构特殊性的考虑。按照规定，我国农村最低生活保障标准按照能够维持当地农村居民全年基本生活所必需的吃饭、穿衣、用水、用电等费用确定。但是，一方面，我国城乡居民的饮食结构不仅存在地区差异，还存在民族间的差异。少数民族居民由于受地域、经济状况、民族信仰以及传统习俗的影响，膳食结构各有特点。[②] 另一方面，少数民族还存在一些带有明显民族特色和归属感的饮食消费以及穿着消费，这些消费往往是少数民族正常参与本民族传统习俗活动和传承本民族特色文化的必要载体和必须消费。因此，结合这两个方面的原因，云南省至少州、市

---

① 郑功成：《促进民族地区发展的三个关键性因素》，《中国人大》2007 年第 3 期。
② 翟凤英等：《中国 12 个少数民族居民的食物摄入状况及其特点》，《卫生研究》2007 年第 5 期。

一级的政府和民政部门在制定本辖区内各个区县的农村最低生活保障待遇标准时应当充分考虑这种基本生活结构方面的特殊性和差异性。

第二，处理好农村最低生活保障制度与农村扶贫开发政策的关系。农村扶贫开发政策与农村最低生活保障制度制度是农村反贫困行动的两个最为重要的制度安排，前面的章节也论及了云南农村扶贫开发政策的特点以及给农村最低生活保障制度的缓贫作用带来的压力。就两项制度的目标而言，农村扶贫开发政策重在开发式扶贫，重点强调的是对贫困人员发展能力的提升，在政策实施中也是体现为增加贫困者或贫困家庭参与经济发展的机会，增强贫困劳动者改善收入状况的能力。当农村扶贫开发政策在提升贫困者发展能力方面的效果越好时，陷入绝对贫困的人员数量则会越少，农村最低生活保障制度的救助压力才会越小。农村最低生活保障制度保障的是贫困者的生存权，但是最终目标是使这些贫困者能够摆脱基本生存方面的贫困而能够无后顾之忧地继续参与扶贫开发活动，确保个人发展权的实现。因此，基于实现发展权的这一终极目标，农村扶贫开发政策需要走在农村最低生活保障制度的前面，避免因开发式扶贫不到位，而让众多的贫困者还仍然处于生存权的维护阶段。

第三，区分好农村最低生活保障制度与民族政策扶持思路的差异。谈及需要处理好农村最低生活保障制度与民族政策的关系这一问题，就在于这两个政策都存在不同方式的对边境地区、民族地区的倾斜性扶持。然而，在政策的实际运行中，基层政府和官员往往容易混淆农村最低生活保障制度与民族政策实行倾斜性扶持的原则，从而在一定程度上使农村最低生活保障制度成为推行民族政策的一个组成部分，将本来以保障个人生存权的农村最低生活保障制度变为以地区资格或民族身份资格来实施的社会政策。

第八章　新时代完善云南省农村最低生活保障制度的对策建议

本书已经对云南省农村最低生活保障制度的重要性"兜底"角色、制度发展现状、客观缓贫效果、主观评价、面临的主要问题、制度发展的特殊性、农村最低生活保障制度与民族政策的衔接等进行了大概的论述。

对云南省农村最低生活保障制度发展的一般问题和面临的特殊问题分析发现，云南省农村最低生活保障制度当前需要重点解决的问题包括保障水平的公平性问题、资金筹集问题、制度管理运行的规范化问题、提升制度缓贫效果的问题。此外，农村最低生活保障制度的发展还需要从制度外的其他社会政策或者公共政策的完善入手，消除由于其他社会政策或公共政策运行的不足而给农村最低生活保障制度的可持续运行造成的障碍和压力。总的来说，完善云南省农村最低生活保障制度的发展需要从制度内和制度外两个层面入手，提出相应的对策建议。

一　云南省农村最低生活保障制度未来发展的总体思路

（一）未来发展总体思路的内容

云南省作为西南地区民族省份之一，严重的贫困问题、欠发达的经济社会条件，以及建设滞后的社会保障制度使得当前云南省农村最低生活保障制度在农村反贫困行动中出现了诸多问题，例如反贫困任务承压过重、制度自身规律让位于维稳功能、保障水平不公平、资金自筹能力差、缓贫效果有限、规范化管理能力与动力弱，等等。这些问题从不同方面制约着云南省农村最低生活保障制度缓解贫困目标的实现。而精准扶贫的实施，则更是突出了农村社会救助，尤其是农村最低生活保障制度的兜底保障作用。兜底保障作用的被强调，一方面使得农村最低生活保障制度的改革完善受到重视，另一方面则也给现行以云南为代表的民族地区省份的农村最低生活保障制度增加了更大的救助压力和改革要求。而我国乡村振兴战略的推进，也会对农村最低生活保障制度的优化提出诸多现实要求，即对农村最低生活保障制度与其他社会保障制度、社会政策和民族政策的协同整合提出更多更高的要求。

最低生活保障制度是社会救助体系中的核心部分，制度目标在于帮助陷入绝对贫困的社会成员维持基本生存，并促进贫困社会成员积极参与到社会劳动中，提升贫困个体与家庭的自我发展能力。因此，云南省农村最低生活保障制度未来发展的总体思路的立足点应当在此。但是，制度运行环境的特殊性也决定了云南省农村最低生活保障制度需要考虑到民族地区、边境地区和少数民族的特殊性。如何将这些特殊性融入进来则是民族地区农村最低生活保障制度发展总体思路需要充分考虑的关键问题。提升反贫困效果和农村贫困社会成员自我发展能力是如何融合特殊性的现实背景和共同目标。

结合前述章节内容的分析，本书认为云南省农村最低生活保障制度未来发展的总体思路是：在新时代加快完成精准扶贫、脱贫攻坚和决胜全面建成小康社会的时代背景下，以提升缓贫效果和增强自我发展能力为总体目标，从个人层面的生存权、发展权保障和地区层面的财政能力扶持两个角度出发，充分考虑少数民族社会成员基本饮食、生活消费结构和民族地区县级政府财政能力弱的特殊性，建立起符合少数民族食物消费结构的最低生活保障标准，并确立科学明确的多级政府财政责任分担机制，解决当前存在的缓贫效果有限、保障水平不公平的问题，实现民族地区社会成员由早期的"纵向公平感"平稳过渡到拥有较强的"横向公平感"。实现农村最低生活保障制度自身规律良性发挥基础上的社会稳定功能的发挥，让该项制度的运行回归制度自身规律和理性之中。

（二）落实未来发展总体思路的关键原则

1. 提升发展能力的原则

要解决云南省等西部民族省份的农村贫困问题，最终需要通过提升农村社会成员的个人发展能力和农村家庭的发展能力，实现"贫困循环"的打破。自身发展愿望和发展能力的增强，才能形成农村反贫困行动的强大驱动力。因此，西部农村反贫困政策体系的首要原则应当是提升发展能力。农村最低生活保障制度作为社会保障制度政策体系中的关键组成部分，在云南省这类民族省份的农村社会保障制度体系中承担着重要"兜底"功能。在扶贫开发反贫困效果边际递减的形势下，以农村最低生活保障制度保障通过保障生存权，进而提升受助者发展能力是该项制度未来发展思路目标定位的必然选择。云南省农村最低生活保障制度在未来的发展中坚持提升发展能力的原则，不仅仅是由严峻的贫困问题所决定的，同时也是更好地实现农村最低生活保障制度与农村扶贫开发政策衔接、农村最低生活保障制度与民族政策衔接所决定的。这一方面要求云南省农村最低生活保障制度在制定保障标准时体现地区特色、民族特色，确立好科学合理的农村最低生活保障标准，以确保受助者得到合理有效的保障待遇；另一方面要求从社会救助体系改革的视角出发，调节好农村最低生活保障和专项救助制度的衔接关系，以专项救助的完善来打通农村最低生活保障制度在保障生存权的时候提升发展能力的通道。

2. 基于个人权利的原则

云南省农村最低生活保障制度的发展总体思路要始终坚持不以

群体权利为依据，不将民族身份作为确定最低生活保障标准和待遇的原则。研究已经表明，无论是欧洲福利国家，还是北美洲的美国和加拿大，以及大洋洲的澳大利亚，这些国家作为典型的多民族国家和移民国家，都没有以民族身份而建立起专门的社会保障制度或项目。其考虑的思路或在于：第一，西方资本主义国家的个人自由和人人平等观决定了多民族国家不可能以民族身份为标准而形成对民族集体权利的倾斜性保护；第二，社会保障制度强烈的再分配色彩和功能也决定了其不应以民族身份建立单独的制度或者项目；第三，推动社会保障项目的整合与统筹，消除项目的"碎片化"是各国推动社会保障体系改革的主流趋势；第四，民族问题牵涉到国家安全和社会稳定的特点也决定了资本主义国家的决策层不愿承担因制定专门保障少数民族或少数人的社会保障制度而引起的政治风险。

因此，在实践中，无论是欧美发达工业化国家，还是亚洲的发展中国家，尽管社会政策的出台会受到民族因素的影响，但是并不存在单独为某一弱势民族建立专门的社会保障制度的情况。即便是对边远地区或者诸如土著原住民等的社会福利方面的扶持也只是在财政支持方面给予财政承担比例上的减轻，等等。

社会救助制度尤其是旨在缓解贫困和保障社会成员基本生活水平的最低生活保障制度，其政策作用对象只能是单个贫困者，其瞄准的是社会个体而非群体。尽管贫困是一个相对概念，但是就社会救助制度而言，如果像其他民族优惠政策一样对某一民族群体或者某一区域实行倾斜保护，这种做法是违背社会救助制度促进社会公平公正这一内在规律的，反而会制造出新的群体间和地区间的不公平。因此，大到社会救助、小到农村最低生活保障制度的实施不应当为某一（某些）少数民族群体，或者某一（某些）少数民族地区制定特殊的社会救助政策。

3. 保障标准差异性的原则

云南省属于民族八省区之一，全省少数民族人口数占全省人口总数的 1/3（33.37%），是我国少数民族人口数在 1000 万以上的三大省区（广西、云南、贵州）之一，而且少数民族主要分布于云南省农村地区。再加上，农村地区的贫困人员主要是少数民族。因此，云南省农村最低生活保障制度的救助对象中，有很大部分是少数民族社会成员。而在一些民族自治县，或者绝大部分是各个少数民族聚居的市、县，少数民族社会成员构成了城乡农村最低生活保障制度的主要救助对象。在这种情况下，意味着这些地区的贫困者的基本生活消费结构，以及对基本生存所需的消费品内容的理解会与其他地区不一样。这种对生存消费理解上的不一样主要是因为不同民族文化的影响。因此，在这样的民族文化差异化背景下，加上农村最低生活保障制度的属地管理原则，结合某行政区内少数民族的生存消费的差异性来制定保障标准，以实现既保障"生理人"的最低营养需求，又保障"民族人"的有尊严的本民族基本生活。这种做法，既体现了对生存权的真正落实，也体现了对我国少数民族文化的尊重。

具体而言，在制定保障标准时充分考虑少数民族饮食结构和基本生活消费的民族特色，在计算食物贫困线和非食物贫困线的过程中体现云南省少数民族的上述差异。我国地区间人口饮食结构差异很大，也是我国各地在制定最低生活保障制度标准必须考虑的一个重要现实因素。就农村最低生活保障制度的保障标准而言，不仅要保障基本生存，同时还需要考虑到受助者的基本衣着、居住、出行等基本生活需要。云南省农村地区的少数民族类别众多，除了在饮食结构上存在明显差异，而且在民族服饰、传统民居还有一些必须参与的民族民俗活动等，这两大方面使得云南省制定农村最低生活保障标准时需要给予考虑。

4. 财政倾斜支持的原则

从云南省农村最低生活保障制度存在的主要问题来看，地方财政能力不足是主要原因。这一方面是受区域经济发展水平不高的影响，另一方面则是受贫困问题严重的影响。云南省的情况表明，恰恰是需要进行农村最低生活保障救助的人数越多的地方，地方的财政能力不足。因而引发了一系列政策效果大打折扣和政策目标扭曲的不良后果。地方财政能力低下直接制约了农村最低生活保障制度减贫效果的发挥。

因此，在地方财政能力得到明显改善之前，弥补云南省农村最低生活保障资金缺口的主要办法就是给由中央财政实施对云南省的专项财政转移的倾斜性支持，建立起科学合理的多级政府财政责任分担机制。其中，合理性的一个重要表现就是对云南省农村贫困人口比例高、贫困问题严重的县、市进行财政上的倾斜性支持。通过调整社会救助补助资金转移支付结构，完善中央和地方政府间关于农村最低生活保障补助资金的公共财政责任分担机制，通过财政力量，尤其是中央财政的力量来实现西部民族地区农村最低生活保障制度的"应保尽保"目标，即包括农村最低生活保障制度待遇的合理和覆盖范围的合理。

5. 政策衔接式反贫的原则

从目前来看，农村最低生活保障制度承受了过重的，并且有一些并不属于其职能范围内的减贫压力。这些压力的来源在上文中已经进行过详细的分析和归纳。在以提升发展能力为最终目标的情况下，云南省农村最低生活保障制度在面对如此严重的农村贫困问题和特殊的制度运行环境的条件下，在未来的发展中就必须要与其他反贫困政策进行衔接整合，发挥政策体系的反贫困效应，而非单个的农村最低生活保障制度"兜底"性救助。具体而言，在落实上述总体思路中，需要重点处理好最低生活保障制度与农村扶贫开发政策的关系、最低生活保障制度与民族政策的关系。当然，以反贫困目标的实现而言，最低生活保障制度除了还需要处理好其与其他社会救助项目、社会福利制度和社会保险制度的关系，也需要增强其与人口政策等在内的一系列起反贫困作用的社会政策的协同与整合，等等。

二　云南省农村最低生活保障制度未来发展的对策建议

（一）合理确定保障标准，提升制度保障水平与公平性

前述分析表明，云南省农村最低生活保障制度实际保障水平存在较大差异，在一定程度实际上是地区间保障水平的不公平的体现。尽管当前用于农村最低生活保障制度的财政支出有限，但是制定合理的保障标准，才能更加科学地为下一步制定合理的财政责任分担机制提供重要依据。就云南省农村地区而言，制定合理的农村最低生活保障标准需要从以下几个方面入手：

第一，在制度理念上需要实现"重覆盖、轻待遇"向"重覆盖和重待遇相结合"转变。这就要求一方面各级政府要进一步加大农村最低生活保障财政资金的转移支付力度，并将农村最低生活保障户救助工作在政府绩效考核内容的权重提高；另一方面则要求完善民族地区农村最低生活保障待遇的科学动态调整机制解决实际购买力低的难题。有研究表明，同样的低保待遇金往往在民族地区、偏远山区等地方的实际购买下降，原因就在于这些地区低保待遇的计算并未考虑到西部偏远民族地区农村物价高的实情。

第二，在制定保障标准时允分考虑少数民族饮食结构和基本生活消费的民族特色，在计算食物贫困线和非食物贫困线的过程中体现云南省少数民族的上述差异。我国地区间人口饮食结构差异很大，也是我国各地在制定最低生活保障制度标准必须考虑的一个重要现实因素。就农村最低生活保障制度的保障标准而言，不仅要保障基本生存，同时还需要考虑到受助者的基本衣着、居住、出行等基本

生活需要。云南省农村地区的少数民族类别众多，除了在饮食结构上存在明显差异，而且在民族服饰、传统民居还有一些必需参与的民族民俗活动等，这两大方面使得云南省制定农村最低生活保障标准时需要给予考虑。

第三，在标准制定和调整的具体方法上，建议参考杨立雄教授提出的"M-Y"最低生活保障标准确定法。该方法在马丁法的基础上进行了修正与改进，采用改进的计算办法分别对食物线和非食物线进行计算与调整，很好地兼顾了贫困的"绝对内核"和"相对价值"。

（二）完善财政责任分担机制，确保制度良性运行

在现有社会救助资金规模十分有限的情况下，需要通过专门的资金投入，进一步加大对云南省农村地区的支持力度。财政责任分担机制不明确是我国城乡社会救助制度发展存在的一个普遍问题，在这一背景下，社会救助支出的确定更多的是由不同层级的政府博弈能力来确定的，因而各级政府的责任分担方式和办法具有很强的不稳定性。从当前我国农村最低生活保障制度的财政责任实践来看，中央财政对中西部地区的中央财政扶持力度更大。例如云南省贫困地区的县在农村最低生活保障财政资金方面几乎完全来自中央政府和省级政府财政的补助。但是，这些几乎是全额依靠上级政府财政支出的地区，农村最低生活保障制度水平则相对处于高位。而主要依靠地方本级财政承担资金供给的县的农村最低生活保障制度实际保障水平则相对偏低。总体上来看，由于资金供给的不足，云南省农村最低生活保障制度在"应保尽保"和实际保障水平方面都并不高。而且，在包括中央政府和省级政府的财政补助在内的总量资金不足的情况下，地方政府则会采取"有重点"的财政支持方式，例如对边境地区的农村或者藏区农村等给予资金支持上的重点照顾，而其他不属于边境地区或者藏区但贫困问题同样十分严重的地区则

无法获得同样的财政支持，最终导致农村最低生活保障制度实际保障水平存在地区间的较大差异和不公平。财政理论与国外的制度发展得出的一个基本观点是：应当以中央负责型的筹资体制为社会救助制度提供财政资金的支持。① 解决当前云南省农村最低生活保障制度发展过程中面临的财政不足问题，中央政府需要在促进地区间横向公平的角度依据"因素法"等办法合理确定对云南省农村最低生活保障制度的财政分担比例。从财政供给的层面逐步消除云南省农村最低生活保障制度保障水平存在的过大差异和不公平问题。因此，建立一套合理的财政责任分担机制，以摆脱之前的灵活性很强的不稳定筹资办法，是当务之急。

（三）加强专业人才队伍建设，逐步实现制度管理规范化

对于云南省农村最低生活保障制度运行面临的专业人才队伍薄弱的问题，解决思路应当如下。

第一，要建立合理的从事农村最低生活保障制度管理运行工作人员的工资激励机制，解决这些工作人员的工资待遇问题，保持其认真做好该项工作的积极性，而实际上提升公职人员的工资水平是整个西部地区省份留得住人才必须解决的关键问题。笔者认为，西部省份，尤其是民族地区普遍面临"外面人才进不来、自有的人才留不住"的问题，这一问题严重地影响着这些地区公共事业的运行与绩效，建立具有激励性的工资待遇则是破解这一难题的关键措施。从云南省农村最低生活保障制度来看，不仅工作人员数量不够，导致实际工作承担的任务严重"超载"，并且云南省农村交通不便、农村居民居住较为分散，需要工作人员自行承担额外的许多管理成本。这种情况下，极易导致从事农村最低生活保障制度管理业务的工作

---

① 杨红燕：《中央与地方政府间社会救助支出责任划分——理论基础、国际经验与改革思路》，《中国软科学》2011年第1期。

人员动力不足或者将责任下移、敷衍了事。而且由于云南省很多贫困地区县的农村最低生活保障资金主要或者全部来自上级政府财政，则会更加强化工作人员的上述心态。因此，建立合理的工资待遇机制是确保当前云南省农村最低生活保障制度管理人员队伍稳定的首要任务。

第二，加强工作人员在关键管理环节的技能培训，提升管理的专业化水平。管理水平的专业化是我国很多地区农村最低生活保障制度运行面临的普遍性问题。由于涉及家庭收入的核实、入户调查、保障对象的动态管理、待遇的发放与监督等，农村最低生活保障制度的管理工作人员承担者重要的角色，是促成农村最低生活保障制度待遇递送机制顺畅的关键行为主体。而且，加强专业化水平培训对于云南省农村地区尤其重要。因为在实践中，农村最低生活保障制度的资格审查、调查、待遇发放等大多由政府工作人员完成，这些政府工作人员中很多都是来自不同民族，他们工作的公平性会直接影响着申请者及农村居民对农村最低生活保障制度的评价。由于他们处理农村最低生活保障制度业务时的不专业导致的不公平，有可能会被认为负责这些事务的民族干部对本民族的居民的偏袒，会对农村地区少数民族之间的民族关系造成不利影响，因此，在多民族聚居的云南省农村地区，由民族干部负责管理的农村最低生活保障制度必须强调管理人员的专业性。那么，提升管理的专业化水平可以具体从以下几个方面入手：一是招收社会工作、社会保障等对口专业的人才充实基层管理队伍；二是开展比如家计调查、动态管理、待遇发放与监督等业务环节的专题性培训，以及其他的岗位培训等。

第三，完善农村最低生活保障制度救助待遇的递送渠道。在制度管理和运行上，更加注重提升制度的公平性和待遇递送能力建设。中国农村最低生活保障制度普遍面临制度管理和运行方面的问题，而民族地区由于经济社会发展相对靠后、社会发育程度低，导致农村最低生活保障制度存在经办人员不足、业务专业能力不强、最低生活保障制度保障对象确定成本高、待遇发放传递渠道不畅通等一系列问题。笔者在云南实地调研也发现，最低生活保障制度救助家庭在领取低保金方面存在诸多不方便和获取待遇成本高等难题。上文农村最低生活保障制度救助家庭成员的主观评价中对制度管理水平评价相对较低也反映了这一点。因此，为民族地区最低生活保障制度经办业务人员提供专业化培训显得十分必要。建议协调有关部门，加强培养民族地区基层社会救助工作人员，让既熟悉民族语言、民族文化，又能准确把握、严格执行社会救助政策的高素质人员扎根基层开展社会救助工作，更好地落实救助政策，服务民族地区困难群众。在工作经费上，给民族地区一定的支持和倾斜，为基层提供必要的办公条件，做到有人办事、有钱办事。此外也可以引入社会工作的力量参与到最低生活保障制度的运行过程中，以此来提高最低生活保障制度救助对象确定办法的公平性、低保金递送的可及性和方便度。

此外，加强保障对象的动态管理与资金使用监督。这一点对于云南省的农村最低生活保障制度管理规范化而言也是尤为重要，这两项工作的实施都是旨在提高农村最低生活保障制度的公平性。

（四）加强专项救助制度建设，减轻农村最低生活保障制度缓贫负担

云南省农村因病致贫的现象较为严重，而这一类致贫风险实际上可以通过专项救助制度的完善得以化解，从而避免因病致贫等的贫困者陷入绝对贫困，进而施加压力于农村最低生活保障制度。但是就云南省而言，社会救助制度的发展仍然主要是推进农村最低生活保障制度，对于专项救助制度的发展则关注不够，医疗救助、住房救助、教育救助等由于理念和资金方面的问题并不完善。总体而言，云南省专项救助制度不完善表现为两个主要方面。第一，专项

救助资金十分缺乏。云南省农村专项社会救助项目中主要以医疗救助制度最为重要。但是医疗救助的资金十分有限，该项制度在云南农村的实践中往往表现为大部分医疗救助资金仅能资助农村最低生活保障对象缴费参加新型农村合作医疗，而提供住院救助的资金严重不足。笔者在调研过程中发现，为了充分化解农村最低生活保障对象的因大病致贫的风险，一些县级民政部门在不多的医疗救助资金中还挤出一部分用于购买商业保险。而实际上，在当地商业保险不发达的情况下，这样的举措也只是无奈之举。第二，农村最低生活保障制度"待遇捆绑"现象十分严重。基本上只有农村最低生活保障对象才能申请专项救助。而其他绝对贫困线之上的贫困者很难申请专项救助的帮扶。专项救助制度发展不足，使得农村最低生活保障制度承担了"额外"的救助压力。

因此，建议在制定合理的农村最低生活保障线的基础上，参考美国依据基准贫困线制定多条相对贫困线的办法，按照贫困线标准的120%、150%、180%甚至200%的参数划定享受专项救助的资格线，使得家庭人均收入虽在农村最低生活保障标准之上，但却极易因病致贫、因病返贫的相对贫困人员可以申请专项救助制度的帮扶，从而使得最低生活保障制度保障对象的动态管理机制成为可能，提高制度运行的效率。

（五）畅通农村最低生活保障制度与农村扶贫开发政策衔接

解决我国农村贫困问题的主要方式依然应当依靠开发式扶贫政策，主要通过提升贫困家庭和贫困者的自身发展能力，反贫困的目标才能真正实现。农村最低生活保障制度与农村扶贫开发政策做法衔接在云南省尤其显得重要，农村少数民族贫困者自身人力资本积累不足限制了其在开发式扶贫政策及活动中的参与程度，以及限制了其抵御因农村扶贫开发政策带来的市场经济风险的能力。正是农村扶贫开发政策参与主体的这种特点使得做好农村最低生活保障制度与农村扶贫开发政策的衔接很有必要。2010 年国家出台《关于做好农村最低生活保障制度和扶贫开发政策有效衔接扩大试点工作的意见》正是寄希望通过社会保障制度与扶贫开发政策的衔接来解决扶贫开发政策的低效率问题。在当前的精准扶贫中，云南也出台了专门的意见，强调加强农村最低生活保障与扶贫开发项目的衔接工作，也进行了一定的探索。就促进农村最低生活保障制度健康可持续发展的目标来看，首先要提升云南省农村地区农村扶贫开发政策的反贫绩效，在此基础上则是做好两项制度的衔接。

在提升农村扶贫开发政策反贫绩效方面，第一，是在制定扶贫项目，尤其是制定产业扶贫项目计划，要充分考虑到云南农村地区贫困家庭的市场风险抵御能力，在开发产业扶贫项目的同时要建立参与者的市场风险化解体制，将参与者的损失降到最低，避免因产业扶贫项目失利而加深贫困者贫困程度的现象。第二，在扶贫政策中增强对云南农村贫困家庭的劳动技能培训、职业培训，增强其从事现代化产业劳动的劳动力素质。通过对参与扶贫开发项目的贫困家庭的人力资源的提升与开发，增强这些贫困家庭在扶贫开发政策中的参与能力和抵御市场经济风险的能力。最终通过提升这些贫困家庭成员的人力资本的素质与积累，增强家庭及其成员的自我发展能力，提高他们抵御贫困的能力。而通过两项制度的衔接，激励贫困家庭劳动力积极参加培训，提升劳动技能，也是精准扶贫在完成大量的基础设施建设、异地搬迁、产业发展之后应该高度重视的扶贫新转向。也只有这样，才能与乡村振兴战略形成良好的衔接，为乡村振兴储备好大量的高素质、高技能的农村劳动力，帮助贫困家庭可持续生计的稳定形成。

在畅通两项制度的衔接方面，第一，正确认识两项制度在反贫困行动中的角色和职能。这是做好衔接的前提基础，对于农村最低生活保障制度与农村扶贫开发政策的差异性，有一些写着进行了讨论。但是如果从生存权和发展权的视角去分析的话，就很容易发现，农村最低生活保障制度实际上扮演着为农村扶贫开发政策反贫困作用"兜底"的功能。在两项制度的实际运行中，应当认识到：最低生活保障制度保障绝对贫困人员的个人生存权，并希望通过非基本生存权的保障以增加其实现自我发展权的机会，实现对贫困困境的摆脱。其覆盖的人群主要包括没有劳动能力的老年人、残疾人和儿童等贫困者，以及其他有劳动能力且参与了扶贫开发行动但却失利的暂时性绝对贫困者。两项制度在覆盖对象上有着明确分工。第二，实现两项制度的有效衔接，还需要完善农村社会救助体系中的专项救助项目，以此来化解因参与扶贫开发政策而失利陷入暂时性贫困人员的致贫风险，从而减少有劳动能力的扶贫开发政策参与者陷入绝对贫困的可能性，缓解最低生活保障制度的救助压力。第三，就是在实际工作中，民政部门和扶贫部门在贫困者的动态贫困信息，统计数据等方面实现工作机制上的衔接，通过信息资源共享实现两项制度的动态管理，减少重复救助、或者遗漏救助等现象的存在。提升两项制度实现各自反贫困目标的效率。

（六）增强人口政策反贫困基础性作用，提升家庭自我发展能力

在云南农村反贫困工作中必须高度重视人口控制工作。[①] 由于人及家庭作为整个经济社会发展过程中的重要参与主体，人口与家庭的结构、功能等因素往往影响着其他社会政策在反贫困方面效果的实现程度。从这个意义上讲，人口政策的反贫困效果在整个反贫困行动和战略中具有基础性和根本性作用。有研究表明，人口出生率下降能够显著的增加城乡家庭人均收入和降低恩格尔系数，人口政策在提高家庭收入和降低家庭食品消费支出方面存在显著的减贫效

---

① 沈艳萍：《云南农村贫困问题缓解途径探讨》，《全国商情》（理论研究）2011年第9期。

应。并且，人口出生率下降对民族八省区城乡家庭人均收入的提高和降低恩格尔系数的积极作用更大。①

而前面的研究表明，云南省民族地区农村少数民族家庭多生多育的情况一方面增加了农村最低生活保障制度需要救助的人数和救助的力度，另一方面则间接地减弱了基层政府农村最低生活保障制度的财政供给能力。农村最低生活保障制度缓解缓贫作用的发挥与家庭人口规模密切相关，所有反贫困行动最终都要落脚到人这一因素上来。而因多生多育导致的贫困现象除了可以通过最低生活保障制度提供生存保障进行缓解外，最根本的还是需要发挥人口对云南农村家庭生育意愿和行为的积极引导，消除因多生多育而导致的致贫风险。那么具体而言，促进人口政策发挥缓解家庭经济性贫困作用，可以采取以下措施。

第一，人口政策在实际运行方面应当加强宣传，更加突出和明晰人口政策在促进人口发展与经济社会发展相协调方面的目标，逐步树立民族地区少数民族家庭对人口政策的正确认识。上述分析表明，少数民族受本民族传统生育文化的影响较大，仍然在一定程度上约束了人口政策反贫困目标的实现。因此，应当充分挖掘和宣传民族地区各少数民族中强调人与自然均衡和谐发展的理念，在形成对人口政策的正确认识的基础上，树立合理生育的观念和氛围。第二，政府应加大对参与人口政策反贫困行动的家庭的扶助力度，并创新扶助方式；从提升家庭发展能力的视角加强人口政策在资金式帮扶和个性化服务式帮扶方面的结合，提升人口政策的反贫困效果。就西部贫困民族地区而言，由于少数民族家庭致贫原因和民族地区贫困结构的差异性，人口政策在强调控制人口数量、提高人口素质的同时，更应注重从家庭发展的角度提供个性化帮扶，最终实现"人口控得住、素质上得去、家庭富得起"的反贫困目标。第三，加

---

① 宁亚芳：《西部民族地区人口政策缓贫效应检验》，《中国人口科学》2014年第6期。

强人口政策与其他社会政策在反贫困作用、角色和资源方面的衔接与整合，发挥人口政策在干预人口规模、优生保健以及提升人口素质等方面的基础性反贫困作用的同时，形成人口政策与社会保障、惠农政策、扶贫发开、公共服务等其他社会政策反贫困的合力，增强民族地区反贫困行动的效果。

（七）完善国籍户籍管理办法，落实贫困跨境婚姻家庭的低保申请资格

云南省边境地区存在的跨境婚姻问题并非简单的移民问题，跨境婚姻现象的存在又具有其特点。但是，跨境婚姻对我国边境地区社会发展的好处也是较为明显的。一方面表现为，解决我国边境地区少数民族男性结婚难问题，缓解因当地女性外流务工、外嫁而造成的农村地区男女人口比例失调问题。云南省跨境婚姻的男女双方大多是属于同一个跨境而居的民族，具有共同族群文化归属感双方组建的家庭也会相对和谐。因此，跨境婚姻的存在可以在解决边境地区我方少数民族男性结婚难问题的基础上维护边境地区农村的社会稳定。另一方面的好处则表现为，增强维护我国西南边境地区的国防安全。从国家边防安全维护的角度看，增强边境地区的安全与稳定关键需要有大量的公民在边境地区生产生活，以此形成我国对边境地区的实际控制和维护。而跨境婚姻的存在，并且是以外方女性流入我国边境地区组建家庭的方式存在，则可以充实我国边境地区的人口数量，为我国边境地区国防安全建设提供有利因素。

跨境婚姻的形成除了具有民族文化、历史传统方面的原因，另外一个重要的原因则是我国边境地区经济社会发展水平要高于越南、老挝、缅甸等国家的边境地区，经济发展水平上的吸引力是促成跨境婚姻的原因之一。而这种以婚姻组建家庭方式的人口流入与欧洲国家面临的劳动力流动对流入国社会福利的影响是不同的。欧洲学

者认为欧洲各国社会福利水平高对外来移民形成了"福利磁石"效应，劳动力的流入以及所产生的经济福利资源的流出会影响移民流入国公民的福利水平，因此一些国家主张对这些移民采取区别对待或者限制（拒绝）福利给予的办法。但是，云南省的跨境婚姻以组建家庭的方式明显区别于简单的劳动力的流入，跨境婚姻所组建的家庭是以稳定的社会单元的形式存在于我国边境地区，并发挥着上文论及的两个方面的作用。因此，基于这两个层面，我国政府应当积极地看待云南省边境地区的跨境婚姻，并积极引导发挥跨境婚姻家庭的有利作用。

跨境婚姻对农村最低生活保障制度带来的挑战就在于这些家庭中的外来女性及组建家庭后生育的子女有无资格申请社会救助以及参加或者享受其他的社会保障政策。而破解这一问题的关键环节在于积极引导这些家庭完成国籍和户籍资格的确认。解决这一问题的思路应当包括两个方面，一方面是对边境跨境婚姻的国籍管理办法进行改善，另一方面则是如何对已经属于事实婚姻的跨境婚姻家庭社会保障权益的赋予进行规范。

具体来看，在完善国籍与户籍的管理方面可采取以下措施。第一，可以充分利用中国—东盟自由贸易发展的大环境、大平台，以及"一带一路"建设、西南桥头堡建设等国际多方面合作的平台与机制，完善云南省边境地区跨境婚姻家庭的国籍管理与认定问题。将研究视角放到全球化、区域合作的大背景下，选择使用具有国际法思维的办法应对非法婚姻移民等新难题，通过谈判、协商与协调，建立联席制度、合作机制，使非法婚姻移民问题从单边国内法律控制向国际合作法律控制转变。[①] 第二，通过做好相关法律法规的宣传，增强边民的法制观念。公安、外交、计生、教育、卫生、民政等职能部门应当采取多种形式宣传《中国公民出境入境管理法》

---

① 罗柳宁、吴俊杰：《中越边境跨国婚姻研究现状及研究设想》，《东南亚纵横》2009 年第 1 期。

《外国人入境出境管理法》《护照法》《婚姻法》《计划生育管理办法》等，使边民认识到通过合法程序办理入籍、落户、婚姻登记的重要性。第三，创新和完善当前边境地区国籍管理办法，精简国籍申请办理的业务流程及办理成本，提升入境人员国籍认定的效率。

在跨境婚姻家庭成员社会保障权益的赋予办法方面，第一，对于能够按照合法途径办理国籍确认以及户籍确认的跨境婚姻家庭，当该家庭陷入贫困时，则可以依法以家庭为单位申请社会救助；第二，对于已经属于事实婚姻但无法按照法定国籍管理办法落实国籍的跨境婚姻家庭的入境女方，采取根据连续居住时间和当地村委会考核相结合的办法，赋予其类似于居住权的资格。可凭借这一资格赋予其与当地户籍居民同等的申请社会救助的资格。在具体执行中，例如可以根据跨境婚姻家庭主动向民政部门申请婚姻情况，入境女方在家庭所在地连续居住时间满 1~3 年，且经村委会考核无违法犯罪行为的条件，为其办理合法居住权。然后可以以合法居住权的凭证依法申请各项帮扶或者享受国家的惠农政策等。目前，云南省德宏傣族景颇族自治州已经进行了类似的尝试。[①]

随着我国户籍制度的改革，以及国籍管理办法的创新与完善，跨境婚姻的国籍与户籍认定难的问题会逐步得到解决，因此，这一问题对云南农村最低生活保障制度造成的压力也会逐步得到缓解。从居住权的思路去解决跨境婚姻家庭申请社会救助或者参与其他社会保障制度难的问题，则有可能成为我国边境省份社会保障制度发

---

① 2010 年，德宏傣族景颇族自治州州公安局、州民政局联合发布施行《德宏州边民入境通婚备案登记证管理规定（试行）》，规定与德宏州常住户籍人口按照中国法律办理了结婚登记，或者以夫妻名义同居生活，并居住在德宏州行政区域内的缅籍边民，应当办理《边民入境通婚备案登记证》。持该证可以在德宏州行政区域内居住、经商、务工、通行，并享有中国法律法规以及德宏州地方政府给予境外边民的各项权益。截至 2010 年 7 月，德宏州公安部门办理缅籍边民入境通婚登记 8616 人，其中女性 7793 人，男性 823 人，已办领《边民入境通婚登记证》7037 人。参见赵淑娟《中缅跨境婚姻子女的生存状况调查——以云南德宏州盈江县为例》，《今日中国论坛》2013 年第 1 期。

展的一种具有中国特色的社会保障制度实践。

（八）增强地方政府财政增收能力，提升保障资金自筹水平

地方政府的财政能力，尤其是用于社会保障事业的财政资金不足是制约农村最低生活保障制度发展的主要问题。云南省最低生活保障制度面临的地方政府财政支持不足的问题不仅制约了该项制度"应保尽保"目标的实现，也制约了保障水平的合理提升，还制约了制度的管理运行。当前农村最低生活保障制度筹资的过程中，贫困地区的县级政府主要或者全部依靠上级政府的财政资助，地方财政自我筹集水平过低。只有提升地方财政增收能力，实现事权与财权的相匹配，才能调动地方政府在农村最低生活保障制度管理中的积极性和主动性。而要增强云南省地方政府财政增收能力，最关键的是要建立科学合理的矿产资源和自然资源市场定价机制，使云南省在各类资源输出中，能够通过市场机制获得相应的经济收益。例如，在生态资源方面，应当建立生态建设和资源开发补偿机制，尊重和体现云南在资源供给中的地位，对云南资源开发区的社会成员给予应有的利益补偿，实现云南民族地区资源开发与各类资源开发利益共享的可持续发展局面。

（九）增强农村社会事业建设，提升民族地区农民自我发展能力

在前述的分析中发现，影响云南农村最低生活保障制度发展的问题有很大一部分是来自于贫困者自身发展能力不足，具体表现为受教育水平低，劳动技能较差，在农村扶贫开发政策中的参与程度有限，等等。个体发展能力的不足也限制了农村最低生活保障制度缓贫目标的实现以及该项制度反贫困压力的减轻。提升云南省民族地区农民的自我发展能力，也是完善农村最低生活保障制度发展的重要着力点。因此应当从增强农村社会事业建设的角度入手，提升

农民的自我发展能力。具体包括以下几个方面。第一，在民族地区将社会事业发展纳入政府绩效考核指标，并占更重的权重；同时各级政府实现行政理念向基于社会成员的真实需求为导向转变。第二，创新经济社会发展资源的整合配置模式，加强边境民族地区、农村地区等欠发达地区的基本公共服务资源的配置，重点提升这些地区的医疗、教育、基础设施建设等方面的发展水平，充分注重缩小同一地区内各民族间社会事业的差距。第三，加大培养和提升基层政府工作人员和教师、医生等公共服务提供者的素质与技能，畅通各项扶持政策和社会福利服务等的传递机制和路径，使国家和省级政府的扶持政策有畅通、明确、稳定的传输通道。此外，政府可以加强与非政府组织在提供公共服务等领域的合作与共同建设，一方面实现更多的吸引扶持欠发达民族地区社会事业发展的资源，另一方面可以通过非政府组织提升各类扶持资源的有效性。

参考文献

中文部分

[1]〔英〕庇古:《福利经济学》(上、下卷),朱泱、张胜纪、吴良健译,商务印书馆,2006。

[2] 毕红霞、薛兴利、李升:《论农村最低生活保障财政支持的适度性与政策优化》,《农业经济问题》2012年第1期。

[3] 畅秀平、畅晋华、原帅:《农村最低生活保障家庭的分析研究——基于上海的调查数据》,《当代世界与社会主义》2012年第5期。

[4] 陈建东、马骁、秦芹:《最低生活保障制度是否缩小了居民收入差距》,《财政研究》2010年第4期。

[5] 陈建东、杨雯、冯瑛:《最低生活保障与个人所得税的收入分配效应实证研究》,《经济体制改革》2011年第1期。

[6] 褚福灵:《中国社会保障发展指数报告2012》,经济科学出版社,2013。

[7] 戴建兵:《我国农村最低生活保障力度及其横向公平性分析》,《人口与经济》2012年第5期。

[8] 邓大松、王增文:《"硬制度"与"软环境"下的农村最低生活保障对象的识别》,《中国人口科学》2008年第5期。

[9] 樊胜根:《公共支出、经济增长和贫困:来自发展中国家的启示》,科学出版社,2009。

[10] 方菲、李华燊:《农村最低生活保障制度运行中的失范效

应研究》,《中州学刊》2010 年第 2 期。

[11]〔法〕弗朗索瓦·布吉尼翁、〔巴〕路易斯·A. 佩雷拉·达席尔瓦编著《经济政策对贫困和收入分配的影响评估技术和方法》,史玲玲、周泳敏译,中国人民大学出版社,2007。

[12] 高霖宇:《社会保障对收入分配的调节效应研究》,经济科学出版社,2009。

[13] 葛珺沂、葛长敏:《云南少数民族地区农村贫困问题研究:以红河哈尼族彝族自治州为例》,知识产权出版社,2013。

[14] 耿羽:《错位分配:当前农村最低生活保障的实践状况人口与发展》2012 年第 1 期。

[15]〔美〕哈瑞尔·罗杰斯:《美国的贫困与反贫困》(第 2 版),刘杰译,中国社会科学出版社,2012。

[16] 郝时远、王延中:《中国农村社会保障调查报告》,方志出版社,2009。

[17] 韩建民、韩旭峰、朱院利:《西部农村贫困与反贫困路径选择》,中国农业出版社,2012。

[18] 何立新、佐藤宏:《不同视角下的中国城镇社会保障制度与收入再分配——基于年度收入和终生收入的经验分析》,《世界经济文汇》2008 年第 5 期。

[19] 何植民:《农村最低生活保障政策评价指标体系的构建——基于群组决策分析模型的运用》,《中国行政管理》2013 年第 11 期。

[20] 何晖、邓大松:《中国农村最低生活保障制度运行绩效评价——基于中国 31 个省区的 AHP 法研究》,《江西社会科学》2010 年第 11 期。

[21] 黄瑞芹:《民族贫困地区农村最低生活保障目标瞄准效率研究——基于两个贫困民族自治县的农户调查》,《江汉论坛》2013 年第 3 期。

［22］洪名勇、姚慧琴：《西部民生与反贫困研究》，经济科学出版社，2013。

［23］焦克源、包国宪：《西部新型农村社会救助制度研究》，中国社会科学出版社，2012。

［24］焦克源、张婷：《农村最低生活保障制度实践的异化及其矫正——基于西北农村最低生活保障制度实践的调研》，《云南社会科学》2011 年第 5 期。

［25］蓝红星：《中国少数民族地区贫困问题研究》，经济科学出版社，2013。

［26］李建秋：《农村最低生活保障制度：财政支付分析》，《华北水利水电大学学报》（社会科学版）2017 年第 4 期。

［26］李俊杰等：《集中连片特困地区反贫困研究——以乌蒙山区为例》，科学出版社，2014。

［27］李若青：《云南扶持人口较少民族发展政策实践研究》，中国社会科学出版社，2013。

［28］李实、赖德胜、罗楚亮等：《中国收入分配研究报告》，社会科学文献出版社，2013。

［29］李实、杨穗：《中国城市低保政策对收入分配和贫困的影响作用》，《中国人口科学》2009 年第 5 期。

［30］刘晓梅、王文君、西萌：《我国低保资金绩效评估之思考》，《宏观经济研究》2014 年第 3 期。

［31］柳拯：《中国农村最低生活保障制度政策过程与实施效果研究》，中国社会出版社，2009。

［32］马戎：《当前中国民族问题研究的选题与思路》，《中央民族大学学报》（哲学社会科学版）2007 年第 3 期。

［33］马戎：《如何进一步思考我国现实中的民族问题——关于"第二代民族政策"的讨论》，《中央民族大学学报》（哲学社会科学版）2013 年第 4 期。

[34] 民政部政策研究中心课题组:《"中国城乡困难家庭社会政策支持系统建设"课题研究报告(2009—2011)》(共三册),中国社会出版社,2013。

[35] 农村贫困定性调查课题组编:《中国 12 村贫困调查——全四卷》,社会科学文献出版社,2009。

[36] 仇晓洁:《中国农村社会保障财政支出问题研究》,中国社会科学出版社,2012。

[37] 世界银行:《从贫困地区到贫困人群:中国扶贫议程的演进中国贫困和不平等问题评估》,世界银行,2009。

[38] 万相昱:《微观模拟模型与收入分配政策评价》,中国社会科学出版社,2013。

[39] 王爱平、刘更光、关信平:《中国城乡困难家庭社会政策支持系统建设蓝皮书 2012》,中国社会出版社,2013。

[40] 王晓东:《西部地区农村最低生活保障制度发展的偏差与修正》,《经济体制改革》2011 年第 5 期。

[41] 王延中:《中国社会保障发展报告 No.5:社会保障与收入再分配》(2012 版),社会科学文献出版社,2013。

[42] 王延中:《中国社会保障收入再分配状况调查》,社会科学文献出版社,2013。

[43] 王延中、龙玉其:《社会保障与收入分配:问题、经验与完善机制》,《学术研究》2013 年第 4 期。

[44] 王增文:《农村最低生活保障救助水平的评估》,《中国人口·资源与环境》2010 年第 1 期。

[45] 王增文:《农村最低生活保障制度的济贫效果实证分析——基于中国 31 个省市自治区的农村最低生活保障状况比较的研究》,《贵州社会科学》2009 年第 12 期。

[46] 谢冰:《西部民族地区农村最低生活保障问题研究——基于基本公共服务均等化的视角》,《中南民族大学学报》(人文社会

科学版）2011 年第 2 期。

［47］谢东梅：《农村最低生活保障制度分配效果与瞄准效率研究》，中国农业出版社，2010。

［48］解垩：《中国农村最低生活保障：瞄准效率及消费效应》，《经济管理》2016 年第 9 期。

［49］薛进军：《不平等的增长：收入分配的国际比较》，社会科学文献出版社，2013。

［49］姚刚：《国外公共政策绩效评估研究与借鉴》，《深圳大学学报》（人文社会科学版）2008 年第 4 期。

［50］姚红义：《我国中西部农村最低生活保障资金需求与供给模式分析》，《青海社会科学》2010 年第 6 期。

［51］杨翠迎、冯广刚：《最低生活保障支出对缩小居民收入差距效果的实证研究》，《人口学刊》2014 年第 3 期。

［52］杨立雄：《最低生活保障制度存在的问题及改革建议》，《中国软科学》2011 年第 8 期。

［53］杨立雄：《物价波动、收入增长和地区差距对中国贫困线的影响》，《经济理论与经济管理》2009 年第 11 期。

［54］杨立雄、胡姝：《中国农村贫困线研究》，中国经济出版社，2013。

［55］杨穗、高琴、李实：《中国社会福利和收入再分配：1988—2007 年》，《经济理论与经济管理》2013 年第 3 期。

［56］杨栋会：《云南民族"直过区"居民收入差距和贫困研究》，科学出版社，2012。

［57］杨桂红、张肖虎：《城镇贫困与社会救助：以云南省为例》，经济科学出版社，2007。

［58］杨国涛：《中国西部农村贫困演进与分布研究》，中国财政经济出版社，2009。

［59］叶慧：《农村最低生活保障制度满意度调查——以西南民

族扶贫县 596 户农户为例》,《中南民族大学学报》(人文社会科学版)2014 年第 1 期。

[60] 易红梅、张林秀:《农村最低生活保障政策在实施过程中的瞄准分析》,《中国人口·资源与环境》2011 年第 6 期。

[61] 余芳梅、施国庆:《西方国家公共政策评估研究综述》,《国外社会科学》2012 年第 4 期。

[62] 岳希明、李实、王萍萍:《透视中国农村贫困》,经济科学出版社,2007。

[63] 〔英〕约翰·梅纳德·凯恩斯:《就业、利息和货币通论》,陆梦龙译,中国社会科学出版社,2009。

[64] 张建华:《贫困测度与政策评估:基于中国转型时期城镇贫困问题的研究》,人民出版社,2010。

[65] 赵莉晓:《创新政策评估理论方法研究——基于公共政策评估逻辑框架的视角》,《科学学研究》2014 年第 2 期。

[66] 赵曼:《农村社会保障制度研究》,经济科学出版社,2012。

[67] 郑宝华:《云南农村发展报告——桥头堡战略下的云南农村发展(2011-2012)》,云南大学出版社,2012。

[68] 郑宝华:《云南农村发展报告:瞄准目标整体推进提高扶贫开发成效(2010-2011)》,云南大学出版社,2011。

[69] 郑功成:《社会保障:调节收入分配的基本制度保障》,《中国党政干部论坛》2010 年第 6 期。

[70] 郑功成:《中国社会保障改革与发展战略(救助与福利卷)》,人民出版社,2011。

[71] 中国经济改革研究基金会、中国经济体制改革研究会:《收入分配与公共政策》,上海远东出版社,2005。

[72] 中国行政管理学会课题组:《政府公共政策绩效评估研究》,《中国行政管理》2013 年第 3 期。

[73] 朱合理：《新型民族地区农村社会保障研究》，湖北人民出版社，2013。

[74] 朱俊生、庹国柱、董晓波、张琦：《中国社会保护政策减贫效应研究》，首都经济贸易大学出版社，2013。

[75] 朱玲：《减贫与包容——发展经济学研究》，中国社会科学出版社，2013。

[76] 朱德云：《我国贫困群体社会救助的经济学分析》，上海三联书店，2009。

[77] 祝建华：《城市居民最低生活保障制度的评估与重构》，中国社会科学出版社，2011。

[78] 庄巨忠编《亚洲的贫困、收入差距与包容性增长：度量、政策问题与国别研究》，亚洲的贫困/收入差距与包容性增长翻译组译，中国财政经济出版社，2012。

[79] 左常升：《国际减贫理论与前沿问题（2013）》，中国农业出版社，2013。

英文部分

[1] Arrow, K. J. 1979. "The Trade-off between Growth and Equity." In Greenfield, H. I., A. M. Levenson, W. Hamovitch, and et al., eds, *Theory for Economic Efficiency*: *Essays in Honor of Abba P. Lerner*. Cambridge, MA: MIT Press, pp. 1–11.

[2] Atkinson, A. B. 1995. *Incomes and the Welfare State*. Cambridge: Cambridge University Press.

[3] Atkinson, T. B. Cantillon, E. Marlier, and B. Nolan. 2002. *Social Indicators*: *The EU and Social Inclusion*. Oxford: Oxford University Press.

[4] Barrientos, A., M. Niño-Zarazúa, and M. Maitrot. 2010. Social Assistance in Developing Countries (Database Version 5). Manchester: Brooks World Poverty Institute.

[5] Bebbington, A. J., A. A. Dani, A. de Haan, and M. Walton, eds. 2008. *Institutional Pathways to Equity: Addressing Inequality Traps.* Washington DC: The World Bank.

[6] Beckerman, W. 1979a. "The Impact of Income Maintenance Payments on Poverty in Britain." *The Economic Journal* 89: 261–279.

[7] Beckerman, W. 1979b. "Poverty and the Impact of Income Maintenance Programmes." Geneva: International Labor Office.

[8] Behrendt, C. 2000a. "Do Means-tested Transfers Alleviate Poverty? Evidence on Germany, Sweden and the United Kingdom from the Luxembourg Income Study." *Journal of European Social Policy* 10 (1): 23–41.

[9] Behrendt, C. 2002. "Holes in the Safety Net? Social Security and the Alleviation of Poverty in a Comparative Perspective." In R. Sigg and C. Behrendt, eds., *Social Security in the Global Village*. New Brunswick, NJ/London: Transaction Publishers, pp. 333–358.

[10] Besharov, D. 2006. *Two Cheers for Welfare Reform.* American Enterprise Institute, Washington D. C.

[11] Besley, T. 1990. "Means Testing Versus Universal Provisions in Poverty Alleviation Programmes." *Economica* 57 (225): 119–129.

[12] Brady, D. 2005. "The Welfare State and Relative Poverty in Rich Western Democracies, 1967–1997." *Social Forces* 84: 1329–1364.

[13] Caminada, Koen, Kees Goudswaard, and Ferry Koster. 2010. "Social Income Transfers and Poverty Alleviation in OECD Countries." *MPRA Paper* No. 27345, posted 10. December 2010 Available at: http://mpra. ub. uni-muenchen. de/27345/.

[14] Caminada, K., K. Goudswaard and F. Koster. 2012. "Social Income Transfers and Poverty: A Cross-country Analysis for OECD

Countries. " *International Journal of Social Welfare* 21 (2): 115-126.

[15] Cantillon, B. , N. Van Mechelen, O. Pintelon, and A. Van den Heede. 2012. "Household Work Intensity and the Adequacy of Social Protection in the EU. " University of Antwerp, Centre for Social Policy (CSB), Working Paper 12/04.

[16] Cantillon, B. 2011. "The Paradox of the Social Investment State: Growth, Employment and Poverty in the Lisbon Era. " *Journal of European Social Policy* 21 (5): 432-449.

[17] Carter, M. R. and C. B. Barrett. 2006. "The Economics of Poverty Traps and Persistent Poverty: An Asset-Based Approach. " *Journal of Development Studies* 42 (2): 178-199.

[18] Citro, Constance F. , and Robert T. Michael, eds. 1995. *Measuring Poverty: A New Approach.* National Academies Press, Washington, DC.

[19] Clark, J. R. and Dwight R. Lee. 2008. "Government Transfers and Inequality: An Anatomy of Political Failure. " *Public Finance and Management* 8 (2): 265-301.

[20] Commander, S. , and U. Lee. 1998. "How does Public Policy Affect the Income Distribution? Evidence from Russia, 1992 – 1996. " European Bank for Reconstruction and Development (EBRD), London.

[21] Cornia, G. A., and F. Stewart. 1995. "Two Errors of Targeting. " In Dominique van de Walle and Kimberly Nead, eds. , *Public Spending and the Poor* . Johns Hopkins University Press for the World Bank.

[22] Cox, D. , B. E. Hansen and E. Jiminez. 2004. "How Responsive are Private Transfers to Income? Evidence from a Laissez-faire Economy. " *Journal of Public Economics* 88: 2193-2219.

[23] Creedy, J. 1996. "Comparing Tax and Transfer Systems:

Poverty, Inequality and Target Efficiency. " *Economica* 63: 163-174.

[24] Dallinger, U. 2010. "Public Support for Redistribution: What Explains Cross-national Differences?" *Journal of European Social Policy* 20: 333-349.

[25] Danziger, S. , and M. Jäntti. 1992. "Does the Welfare State Work? Evidence on Antipoverty Effects from the Luxembourg Income Study. " Luxembourg Income Study Working Paper, No. 74.

[26] Devereux, S. 2000. "Social Safety Nets for Poverty Alleviation in Southern Africa. " ESCOR Research Report R7017. London: Department for International Development.

[27] Duclos, J. -Y. and A. Araar. 2004. *Poverty and Equity: Measurement, Policy and Estimation with DAD.* Quebec: CIRPEE, Université Laval.

[28] Dutta, P. , S. Howes, and R. Murgai. 2010. "Small but Effective: India's Targeted Unconditional Cash Transfers. " *Economic and Political Weekly* 65: 63-70.

[29] Esping-Andersen, Gosta, and John Myles. 2009. "The Welfare State and Redistribution. " Unpublished paper, Available at: http: //dcpis. upf. edu/~ gosta-esping-andersen/materials/welfare _ state. pdf.

[30] Esping-Andersen, G. and J. Myles. 2009. "Economic Inequality and the Welfare State. " In W. Salverda, B. Nolan and T. Smeeding, eds. , *The Oxford Handbook of Economic Inequality.* Oxford: Oxford University Press.

[31] European Commission. 2007. "Efficiency and Effectiveness of Social Spending. Achievements and Challenges. " Background note for the informal ECOFIN of 4-5 April 2008, Directorate-General for Economic and Financial Affairs, Brussels, ECFIN/E3 (2007) /REP/50604.

[32] Fiszbein, A. and N. Schady. 2009. *Conditional Cash Transfers. Reducing Present and Future Poverty.* Washington DC: The World Bank.

[33] Foster, J., J. Greer, and E. Thorbecke. 1984. "A Class of Decomposable Poverty Measures." *Econometrica* 52: 761–765.

[34] Fox, Mary Kay, William Hamilton, and Biing-Hwan Lin. 2004. "Effects of Food Assistance Programs on Nutrition and Health: Volume 3, Literature Review." USDA, Economic Research Service. Available at: http://www. ers. usda. gov/publications/fanrr19-3/.

[35] Fritzell, J. and V. M. Ritakallio. 2004. "Societal Shifts and Changed Patterns of Poverty." LIS Working Paper Series No. 393. Syracuse, NY: Syracuse University.

[36] Förster, Michael F. 1994. "The Effects of Net Transfers on Low Incomes among Non-elderly Families." *OECD Economic Studies* 22: 181–221.

[37] Galasso, Emanuela, and Martin Ravallion. 2005. "Decentralized Targeting of an Anti-Poverty Program." *Journal of Public Economics* 85: 705–727.

[38] Grossman, Jean. 1994. "Evaluating Social Policies: Principles and U. S. Experience." *World Bank Research Observer* 9 (2): 159–180.

[39] Hatrey, Harry et. al. 1996. *Measuring Program Outcomes: A Practical Approach, The United Way of America.* Alexandria, VA.

[40] Heady, Christopher, Theodore Mitrakos, Panos Tsakloglou. 2001. "The Distributional Impact of Social Transfers in the European Union: Evidence from the ECHP." IZA Discussion paper series, No. 356, Available at: http://hdl. handle. net/10419/21216.

[41] Herrmann, P., A. Tausch, A. Heshmati, and C. S. Bajalan. 2008. "Efficiency and Effectiveness of Social Spending." IZA Discussion Paper 3482, May, 1–54.

[42] Hölsch, K. , and M. Kraus. 2002. "European Schemes of Social Assistance: An Empirical Analysis of Setups and Distributive Impacts. " Luxembourg Income Study Working Paper No. 312.

[43] Iceland, John, Kathleen Short, Thesia Garner, and David Johnson. 2001. "Are Children Worse Off? Evaluating Well-Being Using the New (and Improved) Measure of Poverty. " *Journal of Human Resources* 36 (2): 398-412.

[44] Jalan, J. , and M. Ravallion. 2003. "Estimating the Benefit Incidence of an Antipoverty Program by Propensity-Score Matching. " *Journal of Business and Economic Statistics* 21 (1): 19-30.

[45] Jolliffe, Dean. 2006. "The Cost of the Living and the Geographic Distribution of Poverty. " ERR-16, USDA, Economic Research Service. September. Available at: http://www. ers. usda. gov/ publications/err16/.

[46] Kakwani, N. 1980. "On a Class of Poverty Measures. " *Econometrica* 48: 437-446.

[47] Kakwani, N. 1980. *Income Inequality and Poverty: Methods of Estimation and Policy Applications.* Washington DC: Oxford University Press for the World Bank.

[48] Kenworthy, Lane. 1999. "Do Social-Welfare Policies Reduce Poverty? A Cross-National Assessment. " *Social Forces* 77 (3): 1119-1139.

[49] Kenworthy, Lane. 1999. "Do Social-Welfare Policies Reduce Poverty? A Cross-National Assessment. " *Social Forces* 77 (3): 1119-1139.

[50] Korpi, W. and J. Palme. 1998. "The Paradox of Redistribution and Strategies of Equality. " *American Sociological Review* 63: 661-687.

[51] Kraus, M. 2004. "Social Security Strategies and Redistributive

Effects in European Social Transfer Systems. " *Review of Income and Wealth* 50 (3): 431-457.

[52] Lal, Deepak, and Anuj Sharma. 2009. "Private Household Transfers and Poverty Alleviation in Rural India. " *The Journal of Applied Economic Research* 3 (2):97-112.

[53] Lal, Deepak, and H. Myint. 1996. *The Political Economy of Poverty, Equity and Growth.* Oxford: Clarendon Press.

[54] Lambert, Peter J. , Runa Nesbakken, and T. O. Thoresen. 2010. "On the Meaning and Measurement of Redistribution in Cross-Country Comparisons. " Working Paper No. 532, Luxembourg Income Study.

[55] LeFebvre, M. 2007. "The Redistributive Effects of Pension Systems in Europe: A Survey of the Evidence. " LIS Working Paper, 457.

[56] Longford, Nicholas T. , and Catia Nicodemo. 2010. "The Contribution of Social Transfers to the Reduction of Poverty (No. 5223) . " IZA Discussion paper series//Forschungsinstitut zur Zukunft der Arbeit.

[57] Longford, N. T. , and C. Nicodemo. 2010. "The Contribution of Social Transfers to the Reduction of Poverty (No. 5223) . " IZA Discussion paper series//Forschungsinstitut zur Zukunft der Arbeit.

[58] Mahler, Vincent, and David Jesuit. 2004. "State Redistribution in Comparative Perspective: A Cross-National Analysis of the Developed Countries. " Luxembourg Income Study Working Paper, No. 392.

[59] McFate, K. , T. M. Smeeding, and L. Rainwater. 1995. "Markets and States: Poverty Trends and Transfer System Effectiveness in the 1980s. " In K. McFate, R. Lawson and W. J. Wilson, eds. , *Poverty, Inequality, and the Future of Social Policy.* New York: Russell Sage Foundation.

[60] Mitchell, D. 1991. *Income Transfers in Ten Welfare States.*

Aldershot：Avebury.

［61］Myrdal，G. 1968. *Asian Drama：An Inquiry into the Poverty of Nation*，Vol. II. Pantheon，New York.

［62］Nelson，K. 2003. "Fighting Poverty. Comparative Studies on Social Insurance，Means-tested Benefits and Income Redistribution. " Dissertation Series No. 60. Stockholm University：Swedish Institute for Social Research.

［63］Nguyen-Viet，C. 2007. "Do Foreign Remittances Matter to Poverty and Inequality? Evidence from Vietnam. " *Economics Bulletin* 15 (1)：1-11.

［64］OECD. 1998. *The Battle against Exclusion：Social Assistance in Australia，Finland，Sweden and the United Kingdom.* Paris：OECD.

［65］Okun，Arthur Melvin . 1975. *Equality and Efficiency：The Big Trade Off.* Washington，Brookings.

［66］Petrongolo，B. 2007. "What are the Long-term Effects of UI? Evidence from the UK JSA Reform. " Discussion Paper，No. 841. London：Centre for Economic Performance，London School of Economics Journal of Public Economics.

［67］Ravallion，Martin. 2000. "Monitoring Targeting Performance when Decentralized Allocations to the Poor are Unobserved. " *World Bank Economic Review* 14 (2)：331-45.

［68］Ravallion，M. ，D. van de Walle， and M. Gautam. 1995. "Testing a Social Safety Net. " *Journal of Public Economics* 57 (2)：175-199.

［69］Ravallion，M. 1988. "Expected Poverty under Risk-Induced Welfare Variability. " *Economic Journal* 98：1171-1182.

［70］Rawlings，Laura B. ， and Gloria M. Rubio. 2005. "Evaluating the Impact of Conditional Cash Transfer Programs. " *The World Bank*

Research Observer 20（1）: 29-55.

［71］Rawlings, Laura. 2004. "Conditional Cash Transfer Programs: Experimenting with Service Delivery Alternatives." World Bank, Latin America and Caribbean Region, Human Development Department, Washington, D. C.

［72］Sainsbury, D. , and A. Morissens. 2002. "Poverty in Europe in the Mid-1990s: the Effectiveness of Means-tested Benefits." *Journal of European Social Policy* 12（4）: 307-328.

［73］Samuelson, Paul. 1954. "The Pure Theory of Public Expenditure." *Review of Economics and Statistics* 36（4）: 387-389.

［74］Scholz, John Karl, Robert Moffitt, and Benjamin Cowan. 2009. "Trends in Income Support." In *Changing Poverty, Changing Policies*, edited by M. Cancian and S. Danziger. New York: Russell Sage Foundation, pp. 203-241.

［75］Sen, Amartya. 1976. "Poverty: An Ordinal Approach to Measurement." *Econometrica*（46）: 437-446.

［76］Shaver, S. 1998. "Universality and Selectivity in Income Support: An Assessment of the Issues." *Journal of Social Policy* 27（2）: 231-254.

［77］Shorrocks, A. F. 1983. "The Impact of Income Components on the Distribution of Family Incomes." *Quarterly Journal of Economics*, 97: 311-326.

［78］Smeeding, T. M. 2006. "Poor People in Rich Nations: The United States in Comparative Perspective." *Journal of Economic Perspectives* 20（1）: 69-90.

［79］Szulc, Adam. 2012. "Social Policy and Poverty: Checking the Efficiency of the Social Assistance System in Poland." *Eastern European Economics* 50（5）: 66-92.

[80] Szulc, A. 2009. "Social Policy and Poverty: Checking the Efficiency of the Social Assistance System in Poland. " Working Paper no. 1, Institute of Statistics and Demography, Warsaw School of Economics, Warsaw , Available at www. sgh. waw. pl/instytuty/isd/publikacie/Adam_ Szulc1. pdf.

[81] Tausch, Arno. 2011. "The Efficiency and Effectiveness of Social Spending in the EU－27 and the OECD: A 2011 Re-Analysis. " MPRA Paper No. 33516. Available at http://mpra. ub. uni-muenchen. de/33516/.

[82] Tiehen, Laura, Dean Jolliffe, and Craig Gundersen. 2012. "Alleviating Poverty in the United States: The Critical Role of SNAP Benefits. " ERR － 132, U. S. Department of Agriculture, Economic Research Service.

后 记

本书是在我的博士学位论文基础上修改完成的。基于在中国社会科学院民族学与人类学研究所工作期间的多次田野调查所获得的资料，我对博士学位论文部分章节的内容进行了增补充实。

博士研究生的学习，就是一段充满未知和挑战的人生道路。在这条道路上，有求而不得时的困惑，有独自探索时的迷茫，还有意外收获时的兴奋，也有真知达至时的从容。

本书的完成，除了汇集了跨学科的知识，也凝聚了师长亲友们的关爱。

三年的博士研究生学习时光，首先要感谢我的导师王延中老师。正是在他的指导和带引下，我有幸迈入从民族维度分析社会保障制度的研究领域，对民族地区的社会发展问题，以及社会保障制度与民族政策的关系产生了浓厚的研究兴趣。王老师不仅提供机会让我能深入民族八省区农村贫困地区进行实地调查和走访，对所研究的问题有了感性认识；还从"21世纪初少数民族地区经济社会发展综合调查"项目中提供了宝贵的实证数据，为我的论文写作提供了理性分析的支撑。王老师的思维方式与工作效率也时刻鞭策着我要惜时、勤勉、奋进，王老师的人格魅力更让我由衷地敬佩。从博士学位论文的选题、结构安排、写作直至最后书稿内容的增补，王老师都给予了精心指导。此外，也要特别感谢和蔼可亲的师母，对我们生活和工作无微不至的关心。

本书的完成，要感谢郑功成教授。郑老师在课堂上给我们传递中国和世界社会保障制度的前沿动态，使我们拥有宽阔的研究视野。郑老师作为社会保障学界"灵魂式"的舵手，不仅给我们这些后学晚辈指明了未来研究发力的方向，而且为我们耕耘出了社会保障研究的一片沃土。我还要感谢仇雨临教授、潘锦棠教授在博士研究生学习过程中给予的指导。此外，要感谢我的硕士生导师杨立雄教授。正是得益于他的指导和培养，我在社会救助与反贫困方面培育起了强烈的研究兴趣，为博士学位论文的写作打下了良好的基础。

博士学位论文的完成和本书的增补更是得到了我父母的大力支持。我出身于小山村的一个农民家庭。父亲的刚毅和开明、母亲的勤劳和踏实，不仅给了我健康的身体，也从小就塑造了我耐心、执着和能吃苦的性格特点。也正是他们的强力支持，让我顺利地获得博士学位。长期经济上的压力，以及孩子长期不在身边，使得我的父母要比一般农村家庭的父母付出更多。尽管父母对于我的博士学习内容不是很懂，但是他们时时劝诫我要珍惜机会、吃苦耐劳、踏实做好学习工作中的每一件事。非常感谢我的父母，让我的人生道路走得顺利和幸福。

本书的出版，要特别感谢社会科学文献出版社周志静同志的巨大努力和全力支持，也要感谢袁卫华老师的热心指导，正是二位的鼓励、帮助和编辑的团队的高效工作，让本书得以出版。

本书仅仅是我科研道路上的起点，研究的主题也具有学科的交叉性，但在内容上还有不少需要改进的地方。中国社会保障制度在民族地区的发展，以及社会保障制度与民族政策的整合，都是值得深入研究的理论和现实问题。深入开展这一研究既有可能对我国农村反贫困行动提供针对性的建议，也有可能在此过程中提炼出具有中国特色的社会保障制度发展经验。通过经济学、社会学和民族学的跨学科创新研究更是本书的一个重大突破和创新。基于此，我将在未来的科研道路上进一步探索这一主题，丰富中国社会保障制度的研究领域。

宁亚芳

2018 年 3 月

图书在版编目（CIP）数据

云南省农村最低生活保障发展研究／宁亚芳著．--

北京：社会科学文献出版社，2018.4

ISBN 978-7-5201-2639-7

Ⅰ.①云…　Ⅱ.①宁…　Ⅲ.①农村-社会保障制度-

研究-云南　Ⅳ.①F323.89

中国版本图书馆 CIP 数据核字（2018）第 075319 号

云南省农村最低生活保障发展研究

著　　者／宁亚芳

出 版 人／谢寿光
项目统筹／宋月华　周志静
责任编辑／袁卫华

出　　版／社会科学文献出版社·人文分社（010）59367215
　　　　　　地址：北京市北三环中路甲 29 号院华龙大厦　邮编：100029
　　　　　　网址：www.ssap.com.cn
发　　行／市场营销中心（010）59367081　59367018
印　　装／三河市龙林印务有限公司

规　　格／开　本：787mm×1092mm　1/16
　　　　　　印　张：18.5　字　数：270 千字
版　　次／2018 年 4 月第 1 版　2018 年 4 月第 1 次印刷
书　　号／ISBN 978-7-5201-2639-7
定　　价／98.00 元

本书如有印装质量问题，请与读者服务中心（010-59367028）联系